古典文獻研究輯刊

五 編

潘美月・杜潔祥 主編

第 19 冊

黃宗羲《明儒學案》之研究

韓學宏 著

國家圖書館出版品預行編目資料

黃宗羲《明儒學案》之研究／韓學宏著 — 初版 — 台北縣永和市：花木蘭文化出版社，2007〔民96〕

目 4+174 面；19×26 公分（古典文獻研究輯刊 五編；第 19 冊）
ISBN：978-986-6831-45-4（全套精裝）
ISBN：978-986-6831-64-5（精裝）

1.（清）黃宗羲 2.明儒學案 3.學術思想 4.研究考訂
126   96017614

ISBN - 978-986-6831-64-5

9 789866 831645

古典文獻研究輯刊
五 編 第十九冊   ISBN：978-986-6831-64-5

黃宗羲《明儒學案》之研究

作 者 韓學宏
主 編 潘美月 杜潔祥
企劃出版 北京大學文化資源研究中心
出 版 花木蘭文化出版社
發 行 所 花木蘭文化出版社
發 行 人 高小娟
聯絡地址 台北縣永和市中正路五九五號七樓之三
　　　　 電話：02-2923-1455／傳真：02-2923-1452
電子信箱 sut81518@ms59.hinet.net
初 版 2007 年 9 月
定 價 五編 30 冊（精裝）新台幣 46,500 元

黃宗羲《明儒學案》之研究

韓學宏　著

作者簡介

韓學宏，馬來西亞人，政治大學中文所博士。現職為長庚大學通識教育中心助理教授，兼藝文中心主任。首屆趙廷箴文教基金會得主之一，斐陶斐榮譽會員，曾獲教育部國語文論文競賽大專組第一名，同時考取政大、中山、輔大博士班，近年研究鳥類文化。專著：《黃道周經世思想之研究》、《唐詩鳥類圖鑑》、《宋詞鳥類圖鑑》（第 29 屆金鼎獎入選圖書）。單篇論文：〈全唐詩中的黃鶯與黃鸝〉、〈穴烏、穴鳥與寒鴉〉、〈試釋《禮記・月令篇》的「鷹化為鳩」〉、〈三峽祖師廟的鳥類構圖試探〉等，其他鳥類文章散見於報章期刊。

提　　要

　　有關《明儒學案》的研究，本文從考釋「學案體」，介紹《明儒學案》之成書與內容，對「師說」與《明儒學案》作一比較研究，說明黃宗羲的學術史觀以及其陳述學術史的方法，使我們對《明儒學案》一書有了更深入的了解。本篇論文首先指出「學案」一詞具有幾層涵義，在「明儒學案的成書與內容」中，指出作者有意識的在書名上加入一儒字，顯然是以傳承孔孟之學的儒者為其編撰對象。

　　全書 19 學案當中，可歸納成十個學案（學派），其他不能歸派者，統入諸儒學案當中。具有劃時代意義的明儒有 11 人。至於學案所收儒者在 280 人以上。

　　有關前人對於《明儒學案》的評價，除了肯定黃宗羲《明儒學案》的貢獻之外，對於《明儒學案》一些原始資料即發生疑誤之處，本文也詳加辨析，不管是傳目文字，或是引述之原著資料，乃至於是黃宗羲在陳述一己之見解，或判斷評價其中出現的疑誤，諸如「師說・羅汝芳傳」等，筆者曾辨析其中可能的疑誤與陷阱，使我們在引述時不得不多加留意。

目

錄

第一章　緒　論

一、研究動機

梁啓超云：「中國有完善的學術史，自梨洲之著學案始。《明儒學案》六二卷，梨洲一手著成，《宋元學案》則由梨洲發凡起例，僅成十七卷而卒，經他的兒子耒史（黃百家）及全謝山（祖望）兩次補續而成，所以欲知梨洲著作面目，當從《明儒學案》求之。」〔註1〕誠如梁氏所云，想要了解黃宗羲在學術史上的成就，當由研究《明儒學案》入手，此其一；

黃宗羲首創「學案體」之學術史編撰體例，有關「學案體」之內容，以及「學案體」之詳細體例爲何？最直接有效的理解方式，就是對《明儒學案》作一全面的研究，相關問題即可迎刃而解，此其二；

有關黃宗羲與乃師劉宗周之師徒關係，其學術異同，歷來多所爭議，尤其是對《明儒學案》卷首即載「師說」，這代表黃氏對明儒的看法，或是一本於其師之說，還是另有他意呢？只有將《明儒學案》與「師說」作一對比，我們才可以較爲清楚的了解師徒二人對於明儒的評價異同，此其三；

《明儒學案》既然被稱爲中國第一部學術史，對於後世編撰學術史之影響甚鉅，如果我們不能對本書有一較爲透徹的研究與了解，對本書之學術史觀與方法論就不能有一相應的認識，則無法達成吸收本書之長處與突破本書的某些限制這一目標。因此，爲了使往後學術史論著，能精益求精，全面研究《明儒學案》，是刻不容緩的工作，此其四；

黃宗羲著有《明儒學案》、《宋元學案》，如果我們不對《明儒學案》作一全面的研究，則無法得知《明儒學案》與《宋元學案》的異同，只有對《明儒學案》作一

〔註1〕詳參氏著《中國近三百年學術史》，台北：華正書局，民國73年8月，頁54。

全面的研究，才能進一步去比較與研究《明儒學案》與《宋元學案》的異同，此其
五；

　　《明儒學案》六二卷，在介紹各明儒之學術當中，也表達了黃宗羲的一些思想
觀點，唯有全面的研究本書，才能對黃宗羲在本書所呈顯的思想有一徹底的了解，
此其六。

　　在上述六點動機中，本文側重在對前四點動機著力，至於「明儒學案」所呈顯
的思想觀點，以及《明儒學案》與《宋元學案》的比較研究，由於學力與時間的限
制，無法在本論文當中完成，尚待研究者的共同投入，作持續性的探討與研究。

二、文獻檢討

　　明清之際的學術，尤其是清初三大家——黃宗羲、顧炎武、王夫之的學術，
特別受到研究者的青睞。其中，有關黃宗羲的研究，除了全面研究其學術思想，
如古清美《黃梨洲之生平及學術思想》、許錟輝《黃宗羲》等著述外，更側重在研
究他的經世思想、政治思想以及史學成就，這方面的著作，有張高評《黃梨洲及
其史學》、李東三《黃梨洲及其《明夷待訪錄》之研究》、林朝和《黃梨洲政治哲
學之研究》、鄭吉雄《經世與經世——清代浙東學者的學術思想》、李紀祥《明末
清初儒學之發展》、齊婉先《黃宗羲經世思想之研究》、楊自平《黃梨洲歷史性儒
學之建立》等著述。

　　除此之外，學界還常定期與不定期的舉行學術討論會，讓各處專家學者發表研
究心得，共同討論與溝通相關的問題，使這一方面的論題得以深化與普及。在台灣
方面，國立中山大學自九十年代以來，定期舉行「國際清代學術研討會」，至今已舉
行四屆，〔註2〕中央研究院文哲研究所籌備處亦於 1992 年 12 月舉辦「清代經學國
際研討會」，1996 年 6 月舉辦「明代經學國際研討會」，〔註3〕都曾對活躍於明清之
際的黃宗羲之學術，有關政治、歷史、理學等課題，多所觸及。

　　在大陸方面，由於地緣的關係，使浙江省寧波市一向成為研究浙東之學的中心。
1984 年 11 月便曾舉行了「黃宗羲與浙東學派學術討論會」，1986 年 10 月又舉行首
屆「國際黃宗羲學術討論會」。〔註4〕1993 年 3 月，在寧波大學所舉辦的「九十三年
浙東學術國際研討會」之中，黃宗羲之學術亦是與會代表所重點研討的人物之一。

〔註 2〕各屆研討會所發表之論文，中山大學都將之編印成集，供各大學圖書館典藏。
〔註 3〕中央研究院文哲研究所對兩次之研討會所發表之論文，都已結集出版，以供學者參
　　　考。
〔註 4〕吳光選輯了約六十篇編成《黃宗羲論》一書，杭州：浙江古籍出版社，1987 年 12
　　　月，頁 537。

〔註5〕1995 年 10 月，當地又舉行「紀念黃宗羲逝世三百週年暨國際學術研討會」，就黃宗羲的學術淵源、學術思想、政治思想、學術成就等問題展開深入討論。〔註6〕顯示黃宗羲之學術成就日漸受到當代學者的重視。

　　雖然黃宗羲之學術，在兩岸許多探討明、清思想的研討會上都曾提及，不過，有關專門研究其個別著述的，以《明夷待訪錄》爲最多，不論是單篇論文或是專門論著，都很全面；而以《明儒學案》爲題研究黃宗羲之學術者相對的較少，以單篇論文型態作探討的，有余金華〈《明儒學案》的結構與功能分析〉、司徒琳〈《明夷待訪錄》與《明儒學案》的再評價〉、山井湧〈《明儒學案》考辨〉、陳正夫〈試論《明儒學案》〉、盧鍾鋒〈略論《明儒學案》學術風格的新特點〉、朱仲玉〈試論黃宗羲《明儒學案》〉、〔註7〕趙九成〈《明儒學案》的版本〉、〔註8〕羅聯絡〈《明儒學案》辨微錄〉、〔註9〕倉修良〈黃宗羲與《明儒學案》〉、〔註10〕沈芝盈〈《明儒學案》前言〉、〔註11〕、成中英〈談《明儒學案》中的明儒氣象〉〔註12〕、陳榮捷〈論《明儒學案》之師說〉、〔註13〕、陳錦忠〈黃宗羲《明儒學案》著成因緣與其體例性質初探〉、〔註14〕古清美〈從《明儒學案》談黃梨洲思想上的幾個問題〉、〔註15〕曾春海〈經典導讀《明儒學案》〉〔註16〕等。

　　專著方面，劉述先《黃宗羲心學的定位》一書，評價了黃宗羲在宋明理學中的貢獻，有關黃宗羲《明儒學案》的問題，是集中在第五章「黃宗羲《明儒學案》義理的解析」一章中，〔註17〕侯外盧等主編《宋明理學史》曾闢專章討論「《明儒

〔註5〕本次研討會，曾選輯四十六篇編成《論浙東學術》一書，收有六篇以黃宗羲之學爲題的論文，方祖猷、滕復主編，北京：中國社會科學出版社，1995 年 2 月。

〔註6〕有關本次會議之主要內容，可參看〈紀念黃宗羲逝世三百周年暨國際學術研討會綜述〉一文，收於《浙江學刊》，1996 年第一期（總第九十六期），頁 85，121-122。

〔註7〕以上論文，都收入同註 4 書中。

〔註8〕收於《大眾報‧圖書》，1936 年 3 月 19 日。

〔註9〕收於《建設》，台北，1966 年 11 月～1967 年 8 月，第十五卷第六期至第十六卷第三期。

〔註10〕收於《杭州大學學報》，1983 年第四期。

〔註11〕收於沈芝盈所點校之《明儒學案》中，北京：中華書局，1985 年 10 月。

〔註12〕收於《幼獅月刊》，第四七卷第二期，1977 年 5 月。

〔註13〕收於《幼獅月刊》，第四八卷第一期，1978 年 7 月。

〔註14〕收於《東海學報》第二十五期，1984 年 6 月。

〔註15〕收於氏著《明代理學論文集》，台北：大安出版社，1990 年 5 月。

〔註16〕收於《哲學與文化》，十九卷四期，民國 81 年 4 月。

〔註17〕本書雖然大體上已勾勒出《明儒學案》的體例與思想重心，不過，一如作者所說：「由於《明儒學案》卷秩浩繁，所以我只能取一跳島戰術，選取一些我認爲有重要性與代表性的問題，加以考查，由之以見一斑。結果不免掛一漏萬，尚盼海內外學者加

學案》及其對明代理學的總結」，〔註18〕李明友《一本萬殊──黃宗羲的哲學與哲學史觀》，論述黃宗羲的哲學史觀時，只以「窮心之萬殊」與「一本萬殊」兩章專門探討；〔註19〕陳祖武《中國學案史》中，亦闢專章探討「黃宗羲與《明儒學案》」，〔註20〕張高評《黃梨洲及其史學》，亦曾就「學案作法」作一介紹。〔註21〕

　　經由這些單篇論文或書中專門篇章的論述，我們可知歷來研究《明儒學案》，多是從個案的研究為主，對《明儒學案》作旁敲側擊式、舉隅性質的研究，許多的觀念與理論見解，都需要進一步由對《明儒學案》的整體性的研究中，驗證各觀點理論的效力如何。

　　因此，在我們對《明儒學案》的內容已經有了一定認識的時候，正是統合各家的研究成果，對《明儒學案》作全面爬梳工作的時機，本文的論述，多是承接以上的研究成果來立論的。

　　以彈正。」台北：允晨文化公司，民國 75 年 10 月，頁 130。
〔註18〕《宋明理學史》下卷，北京：人民出版社，1987 年 6 月。
〔註19〕本書由北京：人民出版社，1994 年 5 月出版。
〔註20〕本書由台北：文津出版社，民國 83 年 4 月出版。
〔註21〕本書由台北：文津出版社，民國 78 年 10 月出版。

第二章 「學案體」考釋

　　倉修良指出，大陸「自 1949 年以來，評論黃宗羲的文章雖然不少，但大都偏重於論述他的政治思想和哲學觀點，面對他在史學上的貢獻，很少論及，當然對於他所創立的這種學案體更是很少有人問津。」〔註 1〕不過，近年來已有陳金生、陳祖武等對這問題作探討。而在台灣方面，則有阮芝生、黃進興等學者對此作進一步的探討，本文即在這些先進的研究基礎上，做進一步的探討。

　　《明儒學案》一名，本篇擬分成「明儒」與「儒學」兩個詞組加以探討，以明瞭黃宗羲以《明儒學案》命名的原因；其後，再將歷來討論「學案與公案」的關係做一釐清；最後再考釋出「學案」體例的義涵。

第一節　釋「明儒」

　　「明」字，顧名思義，指的是「明朝」、「明代」而言，在理學界一片道統說的風雲當中，文學上一片「文必秦漢，詩必盛唐」的前後七子貴古賤今的思潮下，黃宗羲能堅定信念，有著異於常人的真知卓識，肯定「當代儒學」的貢獻，〔註 2〕〈明儒學案發凡〉云：

> 嘗謂有明文章事功，皆不及前代，獨於理學，前代之所不及也。牛毛繭絲，無不辨晰，真能發先儒之所未發。〔註 3〕

〔註 1〕詳參氏著《中國史學名著評介》，第二卷，頁 1174-1175。
〔註 2〕文學上，則有明末公安、竟陵派倡導獨抒性靈，正視當代文學的主張。
〔註 3〕黃氏於〈留別海昌同學序〉云：「……蓋未幾而道學之中又有異同，鄧潛谷（元錫）又分理學、心學為二。夫一儒也，列而為文苑，為儒林、為理學、為心學，豈非析之欲極精乎？」。顯示了黃氏在《明儒學案》中，雖未以「道學」、「理學」、「心學」之稱為本書命名，然而，在書中卻可見黃氏常以「理學」或「心學」稱呼所述及的明儒思想，例如此處即以「理學」稱呼明代儒學者。引自《黃宗羲全集》第十冊，

黃氏以爲，明代在「文章」與「事功」上的貢獻，都比不上漢、唐等前朝，只有在「儒學」研究上的成果，是前此各朝所無法匹敵的，可見黃宗羲對於「明代理學」豐富的內涵深具信心。另一方面，黃氏在論及明代之人物時，亦頗具信心，認爲較之前代，不遑多讓，黃氏云：

> 明之爲治，未嘗遜於漢、唐也，則明之人物，其不遜於漢、唐明矣。
> 其不及三代之英者，君亢臣卑，動以法制束縛其手足，蓋有才而不能盡也。
> （〈明名臣言行錄序〉，《黃宗羲全集》第十冊，頁52。簡作「頁10-52」，下同。）

黃氏以爲，明代人物，較之漢、唐，不但毫不遜色，而且較之「三代之英」，在才幹上亦不遑多讓，只可惜沒有施展的空間，所謂「有才而不能盡也。」對於「明代理學」與「明代人物」的深具信念，促使他在著述時能慧眼獨具，將編著重心完全放在「明代」之上。較之同是明代的學術史著述，諸如：（一）劉元卿《諸儒學案》八卷，輯錄自宋代周、程、張、邵，元代的金履祥、許謙，以至明代的薛瑄、胡居仁等二十六家學說。〔註4〕（二）周汝登《聖學宗傳》十八卷，輯錄起自三皇五帝，終迄明儒羅汝芳，共著錄古今歷史人物八十九人。〔註5〕（三）孫奇逢《理學宗傳》二六卷，上起漢儒董仲舒、下至明儒劉宗周，共一百七十人。〔註6〕很明顯的，黃

頁627。（簡作「頁10-627」，下同。）有關「牛毛繭絲」一詞，卷三六「泰州五·周汝登學案」亦曾提及：「故學陽明者，與議陽明者，均失陽明立言之旨，可謂繭絲牛毛乎！」

〔註4〕《諸儒學案》全書今佚。然依據《四庫全書總目》卷八九，《子部·儒家類存目》二，「《諸儒學案》條」介紹云：「凡八卷，依次輯錄周敦頤、程顥、程頤、張載、邵雍、楊時、羅從彥、李侗、朱熹、陸九淵、楊簡、金履祥、許謙、薛瑄、胡居仁、陳獻章、羅欽順、王守仁、王艮、鄒守益、王畿、歐陽德、羅洪先、胡直、羅汝芳等二十六家論學語錄，再益以其師耿定向之說，蓋不忘其學之所自也。」陳祖武云：「皆爲入案者語錄的匯編。」（《中國學案史》，頁133。）倉修良亦指出：「劉氏《諸儒學案》僅輯二十六家語錄。……故雖名曰「學案」，與黃氏所創立之學案體並不相同。」（《中國史學評名著評介》，第二卷，頁1175。）

〔註5〕全書先以五卷勾勒宋元以前學術大要。卷一、卷二，溯源伏羲、神農、黃帝，中經唐堯、虞舜、夏禹，下及文王、武王、周公、衛武公，凡著錄十八人。卷三至卷五，依次著錄孔子及孔門諸弟子以及漢唐大儒，凡十六人。卷六至卷十一，專記宋元諸儒，自穆修、胡瑗、李之才、邵雍後，始及周敦頤。在著錄二程及程門諸弟子之後，加了一個爲朱子斥爲「雜學」的張九成。隨後才是朱熹、張栻、呂祖謙、陸九淵，再嗣以朱陸嫡傳蔡沈、楊簡，經眞德秀而終元儒許衡、吳澄、黃澤，共三十二人。卷十二以下，皆爲明儒。先以一卷述薛瑄、吳與弼、陳獻章，卷十三起，則是王守仁及陽明學派門人，從徐愛、錢德洪、王畿，直到羅洪先、王棟、羅汝芳，凡二十三人。有關本書之評價，可參陳祖武《中國學案史》，（頁65-66）。

〔註6〕前十一卷依次爲著者所稱之「宋明理學十一子」，即周敦頤、程顥、程頤、張載、邵

氏已將劉、周、孫三人以採取從古到今，近於通史之性質的編撰模式，轉變成將焦點與重心擺放在「當代」（即「明代」）儒者身上，這不得不說是黃氏的眼光獨具。當然，這或多或少是受到乃師劉宗周所著《皇明道統錄》的啟迪。〔註7〕

而「儒」字的豐富義涵，則可在黃氏編著《明儒學案》以前所寫〈移史館論不宜立理學傳書〉一文，看出黃氏對於「儒」字之定義：

> 夫《十七史》以來，止有儒林。以鄒、魯之盛，司馬遷但言〈孔子世家〉、〈孔子弟子列傳〉、〈孟子列傳〉而已，未嘗加以道學之名也。儒林亦為傳經而設，以處夫不及為弟子者，猶之傳孔子之弟子也。歷代因之，亦是此意。周、程諸子，道德雖盛，以視孔子，則猶然在弟子之列，入之儒林，正為允當。今無故而出之為道學，在周、程未必加重，而於大一統之義乖矣。統天地人曰儒，以魯國而止儒一人，儒之名目，原自不輕。儒者，成德之名，猶之曰賢、曰聖也。道學者，以道為學，未成乎名也，猶之曰志於道。志道可以為名乎？欲重而反輕，稱名而背義，此元人之陋也。且其立此一門，止為周、程、張、朱而設，以門人附之。程氏門人，朱子最取呂與叔，以為高於諸公；朱氏門人，以蔡西山為第一，（按：道學傳）皆不與焉：其錯亂乖謬無所折衷可知。聖朝秉筆諸公，不自居三代以上人物，而師法元人之陋，可乎？（頁10-211~215。）

在引文當中，黃氏明白的指出：「統天地日儒。」表明的「儒者」的特質，是追求能統合「天、地、人」三才的學問。簡言之，亦即「天人合一」之學。〔註8〕因此，

雍、朱熹、陸九淵、薛瑄、王守仁、羅洪先、顧憲成。附載張載弟戩、邵雍子伯溫及陸九淵兄九齡、九韶，與十一子合成十五人，為「宗傳」之重要人物。卷十二至卷十四分別為漢、隋、唐儒考十三人。漢儒考著錄董仲舒、鄭玄，而附以申培、倪寬、毛萇。隋儒考著錄王通，其門人董常、薛收、仇璋、姚義附載其後。唐儒考著錄韓愈，而附以門人李翱、趙德。卷十五至十八為宋儒考，上起胡瑗，下迄金履祥，共著錄程門、朱門、陸門諸弟子及學自成家的儒士凡五十四人。卷十九為元儒考，依次著錄劉因、許謙、姚樞、許衡諸大儒，附以趙復、黃澤、陳櫟等一代學者凡十八人。卷二○至卷二五為明儒考，肇自曹端、吳興弼、胡居仁，終以鄒元標、劉宗周，共著錄一代理學諸儒凡六十四人。卷二六以「補遺」標題，依次著錄宋儒張九成、楊簡，明儒王畿、羅汝芳（門人楊起元附）、周汝登凡六人。全書計載及歷代學者一百七十人。（相關評價可參陳祖武《中國學案史》，頁98。）

〔註7〕依據黃進興之見，《皇明道統錄》雖與《明儒學案》同為專門論述明代學術的著述。不過，其最大的不同，在於劉氏仍有「道統」的判斷的其中，與黃氏跳脫「道統」的羈絆，更全面而持平的對明代學術作論述，在學術史觀上，顯然是有很大差別的。詳參氏著〈「學案」體裁產生的思想背景〉，收於《漢學研究》，第二卷，第一期，民國73年6月，頁218。

〔註8〕在中國哲學史上，「天人合一」之學在不同的時期有不同的內容。此處所指的「天人

黃氏《明儒學案》書名當中「儒」字的意涵，即是指「儒者」而言，這當中包括了當日所常使用的「道學家」、「理學家」、「心學家」等舉凡追求成聖成賢的人物。黃氏認為，選用「儒」字，而不用其他名稱，是因為「儒」字是「成德者」的專稱，其意義是與「聖」、「賢」相同的。

　　黃氏著述〈移史館論不宜立理學傳書〉，顧名思義，就是認為自《十七史》以來，有關儒者的記載，在《史記》中有〈孔子世家〉、〈仲尼弟子列傳〉、〈孟子荀卿列傳〉、〈儒林列傳〉。其中，〈儒林列傳〉之內容與〈仲尼弟子列傳〉相同的，都是記載孔子門人之學問，只是有及門與不及門之別而已。其後各朝都延用「儒林」之名，直到元人編撰《宋史》，才專立〈道學傳〉一目，以收錄宋代專談「道學」（即理學）的周敦頤、張載、程顥、程頤、朱熹等傳承孔、孟之學的儒者。黃氏以為，周、程等人亦是傳承孔、孟之學者，是以列入「儒林」當中，視為孔門的後學，是理所當然的。可惜，《宋史》卻另以〈道學傳〉的稱呼傳承孔、孟之學的周、程等儒者，在黃氏看來，這樣的安排，未必對於周、程等儒者真的有更重視的意涵，反而造成孔門儒學一脈相傳的統系受到破壞。因此，黃氏反對另立「道學傳」以收編儒者之學。因為「道學」是以儒「道」為「學」問，是有志於「儒道」之學問之意，還未能成為全部儒者的統稱。更何況元人在編《宋史·道學傳》時，只是「為周、程、張、朱而設」，並未為全部儒者著想，所以「道學」之名是有欠周詳的。至於清初儒者在編撰《名史》之時，也擬仿效〈道學傳〉之例，將明儒之談理學者，另立〈理學傳〉以載之。黃氏當然加以反對，是以著成〈移史館論不宜立理學傳書〉一文，具體陳述一己堅決反對的立場所在，云：

　　　　某竊謂道學一門所當去也，一切總歸儒林，則學術之異同皆可無論，以待後之學者擇而取之。若其必欲留此，則薛、胡、陳、王，有明業以其理學配享廟庭。諸公所修者《明史》也，《明史》自合從明，而有所去取其間，猶如明朝閣部，其位一定，今以閣部不當從而顛倒其位，可乎？不可乎？（頁 10-215）

黃氏認為須將元代以來「道學傳」之內容完全都融入「儒林傳」中，以免孔孟以來的儒學至宋明而有「道學」與「儒學」的分別。如果仿《宋史》別立了「道學傳」，

────────────────

合一」之學，是指孟子倡導「盡性知天」之學以來，（《孟子·盡心篇上》云：「盡其心者，知其性也；知其性，則知天矣。」）以至《中庸》「參贊天地之化育」，（原文云：「唯天下至誠，為能盡其性；能盡其性，則能盡人之性；能盡人之性，則能物之性；能盡物之性，則可以贊天地之化育；可以贊天地之化育，則可以與天地參矣。」以及《易傳》「天人合德」「一系列儒家有關「天人合一」條，頁 75，北京：中國社會科學出版社，1994 年 5 月」。）

而又不將已配享孔廟的明儒全部納入，則其編史之用心是可議的。爲何黃氏會反對清初史館另立〈理學傳〉呢？除了上述引文所云：「儒之名目，原自不輕。儒者，成德之名，猶之曰賢、曰聖也。」所以不宜另立名目之外，另一方面，黃氏也認爲學問之名目越多，而逃之者愈巧，黃宗羲云：

> 嘗謂學問之事，析之者愈精，而逃之者愈巧。三代以上，祇有儒之名而已，司馬子長因之而傳儒林；漢之衰也，始有雕蟲壯夫不爲之技，於是分文苑於外，不以亂儒；宋之爲儒者，有事功經制改頭換面之異，《宋史》立道學一門以別之，所以坊其流也；蓋未幾而道學之中又有異同，鄧潛谷又分理學、心學爲二。夫一儒也，裂而爲文苑、爲儒林、爲理學、爲心學，豈非析之欲其極精乎？（〈留別海昌同學序〉，頁10-627。）

黃氏指出，三代以上，傳承堯舜禹湯文武周公之學者，只以「儒」之名稱之，直到《史記》，才以「儒林」來載錄傳承孔門之學者。其後，則漸分漸細，至《漢書》，除了「儒林傳」之外，又有「文苑傳」；到《宋史》，則於「儒林傳」、「文苑傳」之外，又立「道學傳」；時至今日，明代鄧潛谷（元錫）又將「道學」，分成「心學」與「理學」。使得清初學者再編撰《明史》之時，又想以「理學傳」之名載錄明代談論理學的儒者。

當然，從學術分工與思辨細密的角度來看，這是值得慶幸之事，一如前述黃氏於〈明儒學案·發凡〉中曾贊美明代儒者之治學云：「牛毛繭絲，無不辨晰，眞能發先儒之所未發。」對於明儒對先儒所未曾闡明者加以深入探討與論述，以求能夠朝向學術的整全，以及豐富學術的內涵前進，未嘗不是一件好事。不過，若從實踐角度，亦即對於生民之淑世胸懷而言，則黃氏所擔心的，即是「析之者愈精，而逃之者愈巧」的危機，也就是當各類學者從「儒」之名分化出去以後，往往是將事功與修養學問截然二分，宋代陳亮與朱熹之論辨，便是因爲側重點不同而出現事功與講學何者應該優先的歧異，如果進一步將「儒者之學」分化爲「儒學」、「道學」、「理學」、「文苑」四類，則傳統儒者經世濟民之心，很可能在這種不厭其煩的分合之間，喪失殆盡，這是黃氏憂心之所在。

因此，黃氏企圖將言「心學」者，言「理學」者，全都回歸到「儒林」之中，黃氏曾深深慨嘆明代談「心學」、說「理學」者之數典忘祖，云：

> 奈何今之言心學者，則無事乎讀書窮理。言理學者，其所讀之書不過經生之章句，其所窮之理不過字義之從違，薄文苑爲詞章，惜儒林於皓首，封己守殘，摘索不出一卷之內，其規爲措注，與纖兒細士不見長短。天崩地解，落然無與吾事，猶且說同道異。自附於所謂道學者，豈非逃之者之愈巧乎？（頁10-628）

可知當日之言「心學」者，已甚少讀書窮理；言「理學」者皓首窮經，只不過是爲了章句訓詁而已，而與一己之心性修養毫無關連，卻自以爲有得，而輕視「文苑」之士的文學創作。對當日處於危急存亡之秋的國勢，毫不關心，只斤斤計較於字句間的差別，而自以爲是傳承自周、程以來所倡導的「道學」。黃氏爲了矯正他們的觀點，便在著述《明儒學案》時，以「儒」名書，而不以其他的名稱稱之，並進一步闡釋「儒者之學」的內涵，使「逃之愈巧者」知所歸趨，云：

> 儒者之學，經緯天地。而後世乃以語錄爲究竟，僅附答問一二條於伊、洛門下，便廁儒者之列，假其名以欺世。治財賦者，則目爲聚斂；開閫扞邊者，則目爲粗材；讀書作文者，則目爲玩物喪志；留心政事者，則目爲俗吏。徒以「生民立極、天地立心、萬世開太平」之闊論，鈐束天下。一旦有大夫之憂，當報國之日，則蒙然張口，如坐雲霧。世道以是潦倒泥腐，遂使尚論者以爲立功建業別是法門，而非儒者之所與也。（〈贈編修弁玉吳君墓誌銘〉，頁 10-421。）

黃氏在此開宗明義的重新說出「儒者」的使命，使「心學者」與「理學者」知曉「儒者」的歸趨所在。因此，本書會以「儒」爲命名，其第一層涵義是以傳承孔門之學的「儒者」爲主，當然，這「儒學」一辭的義涵，是包含了談論「心學」、「理學」「道學」等內容的學問。使儒學歸於一統便是黃氏苦心所在。

這種觀念，與同爲明末清初的學者顧炎武的見解是相近的，顧氏〈施愚山書〉云：

> 然愚獨以爲「理學」之名，自宋人始有之。古之所謂理學，經學也，非數十年不能通也。故曰：君子之於《春秋》，沒身而已。今之所謂理學，禪學也，不取之《五經》，而但資之語錄；校諸帖括之文而尤易也。〔註9〕

引文中，顧氏認爲可以用「經學」之名概括「理學」之名，與顧氏相較，黃氏則是以「儒學」之名概括此後史書編撰過程中分流的「文苑」、「道學」、「心理」、「理學」等異名。他們的苦心，顯然都是希望以孔、孟儒學來爲王學空疏的學風注入實踐與淑世之內容。

第二節　釋「學案」

《明儒學案》成書之前，黃宗羲曾編撰了《明史案》、《明文案》、《南雷文案》等以「案」名篇的著作，〔註10〕因此，可在探討本書命名源由之時，一併的加以考

〔註 9〕引自《中國哲學史資料選輯》，清代之部，台北，九思出版社，民國 67 年 8 月。
〔註10〕《明史案》，卷二四四，主要是修舉一代史事，以供後哲採摘參定；《明文案》，二一

察。其中，相較於《明「史」案》與《明「文」案》之編撰內容以「文」、「史」為範圍而言，本書實是以「學術」或「思想」為主，然而，在作者有意識的加入一「儒」字，而使本書全名成為《明儒學案》後，使本書的編撰內容限制在以傳承孔、孟之學的儒者為範圍，而將其他明代學術的內容如佛學、道教、諸子之學以及基督教教義等排除在編選範圍外。

有關「案」字，它的定義，關係與影響到本書的體例形式，對本書屬於何種體裁的論著具有關鍵性的指標作用。「案」字作為書名，可以從兩個路徑加以探討，其一是黃氏有多種以「案」命名的著述，依據吳光所列的〈黃宗羲著作總目表〉，〔註11〕黃氏以「案」命名的著述有：《明史案》、《明文案》、《宋元文案》等，屬「文選彙編類」；《明儒學案》、《宋元學案》、《二程學案》等，屬「自撰專著類」；《南雷文案》屬「自撰詩文集類」。三類合起來共有七種以「案」名篇之著述，其中，《宋元文案》已佚，卷數不明。《二程學案》一卷亦已佚，留存的五種當中，《宋元學案》著成於《明儒學案》之後，故在討論「學案」命名之時，不宜在此一併論述，只要考訂了《明儒學案》之命名，則《宋元學案》之命名將不辨自明矣。因此，只剩下《明儒學案》、《明史案》、《明文案》、《南雷文案》四種，在此作進一步探討。以下即分述之：

（一）《明史案》二四四卷

已佚的《明史案》，根據錢林《文獻徵存錄》謂：「條舉一代之事，供采擷，備參定也。」〔註12〕由上述所云可以得知，《明史案》之內容，是條舉有明一代之史事，以供閱覽者之採擷參定，其「案」之義涵呼之欲出，我們若再對以「文案」命名的黃氏著述作探討，自可明瞭。

（二）《明文案》二一七卷

《明文案·序上》云：

> 某自戊申（康熙七年，1668）以來即為明文之選，中間作輟不一，然於諸家文集蒐擇亦已過半，至乙卯（康熙十四年，1675）七月，《文案》

七卷，是編選明代千家文集中的精華；《南雷文案》，是黃氏自選所作十之二三成書。
〔註11〕詳參氏著《黃宗羲著作彙考》，附錄一，頁265-272。台北：學生書局，民國79年5月。
〔註12〕詳參謝國楨《黃梨洲著述考》，收於頁12-241。另：倉修良認為《明史案》是一部有關記載明代史事的各種著作匯編，《行朝錄》亦收在其中，也有他人之作，後來此書散失，因而有的本是《明史案》中他人著作，也被列入《行朝錄》當中，這就是今日《行朝錄》有些內容不是黃氏所作之原因所在。由此，「案」顯然亦具有「選抄」的意涵。（〈黃宗羲的史學貢獻〉，《黃宗羲論》，頁329。）

成，得二○七卷。

黃氏在清朝康熙十五年（1676）以後始編著成《明儒學案》，可見這是在編成《明儒學案》之前，即已著手編選《明文案》，而既然二書之名，一以「學案」命名，一以「文案」命名，而黃氏在序文中一再申述其「為『明』『文』之『選』」，於「諸家『文』集『蒐擇』亦已過半」，我們可以由此推知「學案」之名，一如「文案」，是對明代的儒者之學，加以「選抄」、「蒐擇」，作為參考之用。

我們再觀察序文的另一段記載，云：

> 若以《文案》與四選〔註13〕並列，文章之盛，似謂過之。夫其人不能及於前代而其文反能過於前代者，良由不名一轍，唯視其一往深情，從而捃摭之。鉅家鴻筆以浮淺受黜，稀名短句以幽遠見收。今古之情無盡，而一人之情有至有不至。凡情之至者，其文未有不至者也，則天地間街談巷語、邪許呻吟、無一非文，而遊女、田夫、波臣、戍客，無一非文人也。
>
> （頁 10-18。）

由上文可以察覺，《明文案》之名，是與此前之《昭明文選》、《文粹》、《文鑑》、《文類》等古文總集是性質相類的著述，所以，我們也知道「案」與「選」、「粹」、「鑑」、「類」等字義也是相近的，亦即「案」有「選抄」的涵義。這可進一步從黃宗羲其他同樣以「文案」為名的著述來作證明。

（三）《南雷文案》十一卷

除了《明文案》是以「文案」命名外，《南雷文案》亦以「文案」名篇，其義涵為何，亦可由鄭梁《南雷文案・序》中窺出其端倪：

> 先生手選其所作十之二三，曰《南雷文案》，授萬子斯大為之校讎。
>
> 斯大謂梁曰：「集例有序，斯序恐當屬子矣。」（頁 11-440。）

由引文中「先生手『選』其所作十之二三」成書的內容看來，則「文『案』」同樣具有「文『選』」之意涵。

結合《明文案》之命名，我們由此可知，「案」具有「選」、「粹」、「鑑」等，亦即「選抄」的義涵。雖然說這在傳統，單就字面作詁訓時會產生扞格之處，不過，如果我們從這幾本著述在命名上所採取的相同文法形式來看，是可以將「案」釋為「選抄」的。〔註14〕

〔註13〕四選，指《昭明文選》、《唐文粹》、《宋文鑑》、《元文類》四種文選。

〔註14〕申小龍引述張世祿之見解，指出「字義的訓釋除了文字，音韻上的個體靜態依據外，更有文字應用中的群體動態聯繫，後者更為根本。」並以「語文的實際運用形態（而備用形態）為釋義的最高原則。」本處所作的譯義嘗試，似可用此一原則視之。（申

因此，同理可知，《明儒學案》之釋名，必然是指黃氏對明代儒者之學術作一「選抄」的工作，以提供後學者作參考之用。一如《明儒學案・原序》所云：

> 與同門…操其大要，以著於篇，聽學者從而自擇，中衢之樽，持瓦甌
> 檘杓而往，無不滿腹而去者。

「操其大要，以著於篇」亦即是「選抄」各儒者之學的「大要」，以編成《明儒學案》一書。

另一方面，再證諸於《明儒學案》全書，「案」字出現的場所，亦有多處，其義涵則又有「論評」的意涵。卷二「崇仁二・胡居仁學案」云：

> 先生一生得力於敬，故其持守可觀。周翠渠（瑛）曰：「君學之所至
> 兮，雖淺深予有未知。觀君學之所向兮，得正路抑又何疑。倘歲月之少延
> 兮，必日躋乎遠大。痛壽命之弗永兮，若深造而未艾。」此定案也。

本段文字，需要注意的是引文的最後一句：「此定案也。」提及了與本書書名《明儒學案》之「案」字，「此定案也」的義涵是指上述所引錄有關周瑛對於胡居仁的評價，「這是確定的論評」，不容懷疑。也就是「此定論也」的意思。這種語句，也可以在全書的其他地方得到佐證，卷五○「諸儒中四・王廷相學案」云：

> 先生主張橫渠之論理氣，以為「氣外無性」，此定論也。

這段引文之句法，與前述所引者相同，一言「此定案也」、一言「此定論也」，故「案」應有「論」的義涵，亦即有「論評」之意。卷四六「諸儒上四・陳眞晟學案」傳末云：「是故東白得眞之言，亦定論也。」其中「定論」之義，亦當以「定案」、「定評」視之。此外，在卷十八「江右王門三・羅洪先學案」小傳末所記載：

> 鄧定宇曰：「陽明必為聖學無疑，然及門之士，概多矛盾。其私淑而
> 有得者，莫如念菴。」此定論也。

與前述引文更為雷同，二者之論斷都出現在引用其他儒者的見解之後。前述引文後黃氏下了「此定案也」之評語，而這裏黃氏在引文後所下的是「此定論也」的評語，由此可知在「案」字有「論」的義涵，「論」即「論評」之義。

由此一義涵出發，我們來看卷五三「諸儒下一・李中學案」所云：

> 故其所言，皆是得力處，以為「學只有存養，省察是存養內一件。儒
> 者之學，理一而分殊，分不患其不殊，所難者理一耳。」若非功夫親切，
> 不敢如此道也。夫「理不患其不一，所難者分殊耳」，此李延平之言也。
> 蓋延平以救龍㑧之失，而先生反之者，欲其事事從源頭而出，以救零星裝

小龍《語文的闡譯》，頁508。）

合之非。兩家各有攸當，非與先儒爲翻案耳。

此處所要留意的，是「翻案」一詞，本有兩種解釋。其一爲「推翻已經判定的案子」；其二爲「推翻已經論定的學說。」〔註15〕兩種解釋，其基本義涵相同，即推翻已論定或判定的事物，此中「案」之義涵，亦含有「論評」之義，則是不爭的事實。

　　總之，由以上論述可知，「案」具有兩層的義涵：第一層是「選抄」的義涵；第二層則是「論評」的義涵。

第三節　「學案」與「公案」

　　近來某些學者認爲「學案」一詞，與佛教「公案」一詞似乎有所關聯，如陳祖武所進行的考察結果，便認爲二者是相關聯的，陳氏云：

　　　因此，我以爲，「學案」作爲書名在晚明的出現，它或許是由當時禪宗慣用的「公案」一語衍化而來，其初始形態當是「學術公案」，後經簡煉遂成「學案」。〔註16〕

陳氏認爲「學案」即是「學術公案」的簡稱，曾春海亦有類似的看法，他說：

　　　「學案」，一詞轉自「公案」，「公案」指治公事之几案，即公事得一解決之方。因此，「學案」意指學術之方案與答案。〔註17〕

這種觀點，早年錢穆與阮芝生曾提及，錢氏曾說「『學案』也是起於禪宗」、阮氏也曾指出學案體裁「可以說遠祖《高僧傳》，中法《伊洛淵源錄》，近取《理學宗傳》等書」，〔註18〕陳氏與曾氏之說，可說是與此一脈相承的。

　　依據陳兵所編《新編佛教辭典》對「公案」一詞的定義，云：

〔註15〕引自《三民大辭典》，中冊，頁3791，「翻案」條。三民書局，民國74年8月。

〔註16〕詳參氏著《中國學案史》，頁136，台北：文津出版社，民國83年4月。除了上述所提及的「案」字外，「師說·薛瑄傳」云：「及于肅愍之獄，（先生）係當朝第一，『案』功罪是非，而先生僅請從末減，坐視忠良之死而不之救，則將焉用比相矣。」此處「案」字，亦「論評」之義。另：「師說·羅欽順傳」云：「吾儒本天，釋氏本心，自是古人鐵案。」「案」亦有「論評」之義。

〔註17〕詳參氏著〈經典導讀《明儒學案》〉一文，收於《哲學與文化》，十九卷四期，民國81年4月。

〔註18〕詳參錢穆《中國史學名著·黃梨洲《明儒學案》》，錢氏曾云：「其實『學案』兩字，也就禪宗裡邊用的字。」可惜未舉例說明之。（頁288）阮芝生之見，詳參氏著〈學案體財源流初探〉，收於《史原》第二期，民國60年10月，台灣大學歷史研究所出版，頁71。

原爲中國官府判決是非的案例。禪宗借用之，指前輩祖師言行範例、禪機故事。宋代以來禪門盛行參看公案以求開悟的禪，公案的作用是發起對心性的疑團，以其凝聚全部心力予以解決。〔註19〕

由引文我們可以知道「公案」一詞有兩層涵義，最早原爲「官府判決是非的案例」，其後才爲禪宗所借用。而上述以「公案」解釋「學案」的兩位學者當中，陳祖武自認是傾向於從詞源學上來看，指出禪宗「公案」爲其源頭，這一論斷，對於劉元卿《諸儒學案》或劉宗周《論語學案》的效能如何，仍需進一步查考。但是，對於黃宗義《明儒學案》來說，則是極度不適合的論述。畢竟，只要對《明儒學案》有所認識的學者都知道，黃宗義著述此書，其中一個原因便是對於周汝登《聖學宗傳》的不滿，因爲周汝登「主張禪學」。更何況黃宗義在《明儒學案‧發凡》中，亦曾提及「儒者之學，不同釋氏之五宗必要貫串到青原、南嶽。夫子既焉不學，濂溪無待而興，象山不聞所受。然其間程朱之至何、王、金、許，數百年之後，猶用高曾之規矩，非如釋氏之附會源流而已。」可知黃氏是對禪門「五宗」〔註20〕必附會源流到青原、南嶽的作法並不以爲然。再加上此書中更是處處可見黃氏對似儒非儒、或似禪非禪的學者進行辨釋與釐清，務使二者涇渭分明。以免禪學，乃至佛老之學，混淆了成聖成賢的儒學，且「力排陶奭齡援儒入釋之邪說」。〔註21〕因此，黃氏豈會疏於考據，而冒然使用源於「公案」的「學術公案」一詞爲此書命名？所以，我們認爲這樣的論斷雖然對「學案」的「案」的源流找到一種根據，但卻是最容易令後學誤解黃氏此書的解說。

而曾春海雖未如陳祖武般明言從詞源學上來論證「學案」一詞源自「公案」一詞，不過，如果我們看了以上有關「公案」一詞的兩層涵義，將不難發現，比較而言，曾氏似乎更能從詞源學上來論述「公案」的原始涵義，亦即「指治公事之几案，即公事得一解決之方。因此，『學案』意指學術之方案與答案。」比較之下，陳氏則顯然是傾向以「公案」與禪宗相關的義涵，亦即後一層涵義來闡釋之。雖然二者都有增字訓解之嫌，即以「公案」訓解「案」字，既顯得曲折，又讓人有大費周章之感。

倉修良在論及「學案體」溯源問題上，即曾指出：「我們無論從任何角度來談論人物傳記，都不能離開《史記》而去奢談《高僧傳》之類，否則就找不到眞正源頭。」

〔註19〕引自陳兵編著，《新編佛教辭典》，頁179，北京：中國世界語出版社，1994年11月。
〔註20〕同註19，頁438，「禪宗」條云：六祖慧能門下主要分爲青源行思與南嶽系懷讓二大系，青源系下形成曹洞、雲門、法眼三宗；南嶽系下形成潙仰、臨濟二宗，合爲五宗。
〔註21〕引自江藩《漢學師承記》，卷八，「黃宗義」，頁126。台灣商務印書館，民國59年11月；66年11月二版。

〔註22〕馮契亦指出，黃氏所編《明儒學案》，「但這不像禪宗《傳燈錄》那樣用立家譜的方法來『附會源流』而已。」在馮氏眼中，黃氏是以「學術史或哲學史不是偶然事件的堆集，不是一個家譜，而是有其一貫的脈絡。」〔註23〕本文即是在反對從《高僧傳》與《傳燈錄》等角度來為「學案體」作溯源的工作，而側重在從黃宗羲之著述本身來為「學案」作解。

誠如黃進興所云：「討論『學案』體裁的產生，當以黃宗羲的《明儒學案》為最直接的材料」，〔註24〕證諸《明儒學案》的內容，將不難發現，在書中亦曾提及「公案」一詞，卷五九「東林學案二・孫慎行學案」小傳云：

> 先生之學，從宗門入手，與天寧僧靜峰參究公案，無不了然。每從憂
> 苦煩難之境，心體忽現。然先生不以是為得。〔註25〕

在使用「公案」一詞時，黃氏很明顯的將之視為禪宗「公案」，亦即「禪家認為祖師的言行有判斷迷悟是非的權威性，故亦稱『公案』」之意，《中國哲學大辭典》更直接指出，「公案」即「相當於現在的『檔案』、『案例』」。〔註26〕

據此，我們可以得知，黃氏在書中所提及有關「案」之出現情況當中，「公案」是伴隨著禪宗之論述，從未正面述及「公案」是對一般的儒者之學作「選抄」或「論評」。再加上以吳怡〈禪宗公案問答的十個基本格式〉來與黃宗羲《明儒學案》作一比對，也並未發現黃氏是採取公案般的論述方式。〔註27〕所以，用「公案」一詞來詮釋「學案」一詞，雖然頗富創意，不過，卻是經不起分析的。以下，我們即嘗試從「學案」、「定案」、「翻案」諸詞，來考釋「學案體」的義涵。

第四節 「學案」與「學案體」試釋

《明儒學案》四字的個別義涵以如上述，「明儒」這一詞組之義涵以在前節提

〔註22〕引自氏著〈黃宗羲的史學貢獻〉，《黃宗羲論》，頁401。
〔註23〕詳參氏著《中國古代哲學的邏輯發展》，下，頁1037。
〔註24〕同註7，頁217。
〔註25〕浙江古籍本第三句作「與天寧『增』靜峰參究公案」，『增』疑為『僧，』之誤，據華世本改。
〔註26〕參《中國哲學大辭典》，「公案」條，方克立主編，北京：中國社會科會出版社，1994年5月，頁39。另：「師說・曹端傳」云：「先生之學，不由師傳，特從古冊中翻出古人公案，探有悟於造化之理……。」此「公案」，則含有「案例」之意，即古人爭論不休的議題。
〔註27〕本文收於氏著《中國哲學的生命和方法》，頁69-81。黃氏於《學案》中只偶而提及有些受釋氏影響的儒者時而有崇尚機鋒的表達方式，但並未以公案式的論述技巧撰寫《學案》。

及，本處要對「學案」這一詞組作一探討，因爲它含有某種體例的意義，是此後有關學術史論著爭相仿效的目標。如何對此一體例作一周延的詮釋，往往影響到後人對本書，乃至於衡量其他以「學案」體例著述的成功與否的關鍵所在，因此，不可等閒視之。

有關「學案史」的探源工作，以近年坊間出版的陳祖武《中國學案史》最具規模，使中國思想史的研究，在諸多新的思想史著作如雨後春筍般的出現後，開始重新正視清代以前《伊洛淵源錄》、《聖學宗傳》、《理學宗傳》、《明儒學案》等學術史淵源論著的全面研究，陳氏自云其著述動機是爲了彌補「前哲時賢述學術史籍演變源流之語焉不詳」而進行深入研究，由先秦諸子一直論述到清代梁啓超，可說是一本橫跨古今，銜接新舊學術史研究的論著。

他認爲，「據現存典籍而論，以『學案』爲書名，當不早於明代中葉。其中較爲著名者，一部是萬曆初劉元卿的《諸儒學案》，另一部是萬曆末劉宗周的《論語學案》。」〔註28〕劉述先亦曾云：「學案體裁之產生雖可能受佛家公案的影響。但黃君（按：指黃進興）告以，在梨洲之前，蕺山即有《論語學案》，耿定向弟子劉元卿曾著《諸儒學案》八卷，更爲梨洲之直接淵源，非必遠紹公案也。」〔註29〕可見許多學者都能夠重視與黃宗羲同一時代的論著，而不曲爲之遠尋端緒，這是值得可喜的現象。

可惜的是，歷來對於「學案」體的論述，鮮少提及有關「學案」體的論定問題，尤其是對於「學案」兩字的定義，除了上述以「公案」來論述其源頭之外，一般多是輕描淡寫的一筆帶過，諸如侯外廬等主編之《宋明理學史》中，雖闢專章〈《明儒學案》及其對明代理學的總結〉論述《明儒學案》，〔註30〕不過，對於本書書名，卻未曾論述，殊爲可惜。《中國史學史辭典》〔註31〕楊翼驤撰「學案」條云：「記載學派源流之書。」顯然是後人已無法知道甚麼是「學案體」著述，只知其述及「學派源流」，是以即以學派源流者稱之，如此一來，則凡是述及學派源流的，諸如古代鍾嶸《詩品》，或者是近人所著「王學源流考」一類之著述，則似乎皆可歸納爲「學案體」著述了，其釋義之太寬泛及不夠周延處，是一望可知的。

吳光云：「在黃宗羲之前，王陽明的再傳弟子劉元卿曾著《諸儒學案》一書八卷

〔註28〕同註16，頁132。

〔註29〕詳參劉述先《黃宗羲心學的定位》，第三章，頁61，附註44中之論述。引文中之黃進興，曾撰〈「學案」體裁產生的思想背景〉一文，收於《漢學研究》，第二卷第一期，1984年6月，頁213-218。

〔註30〕詳參《宋明理學史》，下冊，第二十八章，頁774-822，北京：人民出版社，1987年6月。

〔註31〕本書乃台北：明文書局編，民國75年6月出版。

〔註 32〕，黃宗羲的老師劉宗周曾著《皇明道統錄》七卷（今佚），與宗羲同時代的學者孫奇逢著有《理學宗傳》、周汝登著有《聖學宗傳》等通史體學術史著作。這些著作無疑對《明儒學案》的定名、定體有著重要的啓和借鑒作用。」〔註 33〕吳光所說，《諸儒學案》、《皇明道統錄》、《理學宗傳》、《聖學宗傳》等通史體學術史著作，「這些著作無疑對《明儒學案》的『定名』、『定體』有著重要的啓迪和借鑒作用。」有關「定體」，因爲屬於同時代的論著，必然會受到上述諸種通史體學術史著作之影響，不過，有關其「定名」，除了《諸儒學案》以及《論語學案》之外，實在看不出與上述其他三書有何借鑒之處，尤其是「學案」兩字。所以，對於《明儒學案》的「定名」，顯然是另有所本，不可隨意取其同名者，而不顧及作者是否曾目睹延用，則順勢的指爲得到借鑒，這其實是未能眞正的解決難題的。

鄒振環云：「學案是記述各家學派內容、師弟傳授、學說發展的學術性史書。」〔註 34〕實際是籠統的定義，對「學案」的解釋未必中肯。袁爾鉅云：「學案一詞，從字面上說，有一家之言之意。據知，最早以「學案」題書名者是劉元卿的《諸儒學案》和劉宗周的《論語學案》，成書於明萬曆四十五年。（按：1617）。黃宗羲的《明儒學案》應是繼《諸儒學案》、《論語學案》之後第三本以「學案」題名的書。」〔註 35〕袁爾鉅以「『學案』一詞，從字面上說，有『一家之言』之意。」亦語焉不詳，雖說就「字面」作解，「一家之言」指的是「學」的義涵，還是「案」的義涵，或是「學案」的義涵，都不明確，若說「一家之言」所詮解的是「學」字或「案」字，由本文以上的分析，這顯然是不符合黃宗羲當日以「學」、「案」名篇的用意的。至於以「一家之言」闡釋「學案」一詞，其實也是不能完全了解「學案」這一體例的。

有關於袁爾鉅等提及《明儒學案》之前的兩本以「學案」命名的著作，上節已論及，此處擬從另一角度切入剖析之。《明儒學案》卷二一「江右王門學案六‧劉元卿學案」小傳及著述中，皆未提及劉氏著作《諸儒學案》之事，我們無從由此觀察黃氏《學案》是否受到劉氏之《學案》之影響。不過，我們尙可以從《明儒學案》其他地方尋找出蛛絲馬跡，以求得其眞象。

卷二三「江右王門學案八‧羅大紘學案」中，黃氏所摘收羅氏之二種著述，其中一種《蘭舟雜述》即註明是「劉調父記」；另外，卷三五「泰州四‧耿定向學案」

〔註 32〕未見傳本，書名見《明史》〈藝文志〉及〈劉元卿傳〉。
〔註 33〕吳氏此文，收於頁 10-1001，附錄：吳光《黃宗羲遺著考‧「明儒學案」考》。
〔註 34〕詳參《中國歷史三百題》，本社編，上海古籍出版社，1989 年 9 月，頁 683-685。第二百六十三題：「什麼是學案？學案體學術史的編纂情況怎樣？」鄒振環撰。
〔註 35〕袁氏之見，見氏著《蕺山學派哲學思想》，第十二章之附註 11，頁 288。濟南市：山東教育出版社，1993 年 12 月。

中，所收《天臺論學論》語中，在「吉水諸公之學，大率不欲享用現成良知，別尋主宰。…」這段話末，即有注明「以上〈劉調父述言〉」一語〔註36〕，而在論學語之最末處，又注明「以上《蘭舟雜述》」〔註37〕，以示上述所摘抄之資料來源。

　　首先，要指出的是「調父」即劉元卿之「字」，所以劉調父即劉元卿；其次，一如前處所注明，《蘭舟雜述》是劉元卿（調父）所記錄的，故耿天臺之「論學語」多是劉元卿所記錄者。此處值得深思的，是黃氏在載錄羅大紘及耿定向的著述時，所摘引的資料多是劉元卿所記的，這兩處所記的資料是否是得自於《諸儒學案》，值得仔細探究。有關劉元卿與耿定向之關係，在劉氏之小傳中，已言明劉氏曾「遊學於蘭溪徐魯源（用檢）、黃安耿天臺（定向）。問天臺『生生不容已』之旨，欣然自信……先生惡釋氏，即平生所最信服者天臺、塘南（王時槐），亦不輕相附和。……」則可見劉氏對耿天臺，除了對耿氏論佛之語不能贊同外，平日所最信服的兩個學者當中，其中一人即是耿定向，所以劉氏才會記載有關耿定向的論學語錄，以及在《蘭舟雜述》載及耿定向之論學語。

　　至於羅大紘，小傳云：「先生學於徐魯源，林下與南皋講學。」而劉元卿（1544～1621）亦曾「遊學於蘭溪徐魯源」，可知兩人曾先後遊學於徐魯源，而《蘭舟雜述》即劉元卿記載有關遊學於徐用檢與耿定向之事情，黃氏則摘選其中有關論學之言語編入《明儒學案》相關儒者的論著當中。然而，由《四庫全書總目提要》所提及此書所輯集的二十六家宋元明儒者論學語錄中，並無羅大紘的語錄，倒是在書末即附有劉元卿之師耿定向之語錄，蓋不忘其學之所自也。因此，《諸儒語錄》中所附耿定向之語錄，與黃氏在耿定向學案末所摘錄由劉元卿所記載的《蘭舟雜述》以及論學資料，不知是否存在著某些關聯？此處因資料所限，無法得到進一步的結論。

　　至於《論語學案》，是乃師劉宗周的著述，《明儒學案》一書，即以劉宗周殿後，且在摘收的劉宗周十一類著述中，即「語錄、會語、易簀語、來學問答、原、證學雜解、說、讀易圖說、聖學喫緊三關、大學雜辨、論語學案」中，因為各種著述之著成年代不一，獨以《論語學案》殿後，不能簡單的說成純是巧合。如此一來，《論語學案》與《明儒學案》之關聯性的深淺又是如何呢，有待我們進一步挖掘。

　　至於張高評指《論語學案》，「就載籍所見，實備學案規模矣。」這一見解，揆諸「學案體」具有「案首小序」、「小傳」、「選抄論學著述」三大要素，而《論

〔註36〕浙江古籍本作「以下〈劉調父述言〉」，衡諸全書之論學語的注明出處者，皆是先引錄資料後，再注明來源者，故此處採華世本作「以上〈劉調父述言〉」。

〔註37〕浙江古籍本在最末處未注明上述資料的出處，不合全書編纂常理，本處採用華世本所注明「以上《蘭舟雜述》」一語以補述之。

語學案》皆不具備，因而不宜冒然等同視之。其實，《論語學案》倒更像是經學類的著述。〔註38〕

因此，如果從《明儒學案》本身來了解本書以「學案」命名的涵義，以用來檢視近人對「學案」的定義，不失為一個以古證古，以近古為真的方法。

《明儒學案》全書中，除了在卷目上有「學案」兩字出現之外，在全書中之內容中，亦有兩處提及「學案」二字，其一是上述所提及的在「蕺山學案」所引述的論學著述中有《論語學案》一書的書名，其二是在卷五一「諸儒中五・黃佐學案」云：

> 某幼時喜博覽，每舉《楊用修集》，韓孟郁謂某曰：「吾鄉黃才伯，博
> 物君子也。子何不讀其集乎？」今為「泰泉學案」，念亡友之言，為之然潸。

引文所提及的「泰泉學案」，指的是撰述「泰泉學案」，還未能看出黃氏是如何創作的，然而，在另一處出現在小傳中，其意義則顯得格外引人注目，它是出現在卷六一「東林學案四・吳鍾巒學案」小傳之結尾，云：

> 嗚呼！先生之知某如此，今抄先生學案，去之三十年，嚴毅之氣，尚
> 浮動目中也。

這段話語之所以值得重視，不止是因為它提及「學案」兩字，而是整句話皆是指向全書各學案的著述情況，整句話值得注目之處，即「今『抄』先生『學案』」一語，可知黃氏「學案」之稱謂，有幾層涵義：

其一，是前述所云「案」有「選抄」之義涵，與本處「今抄先生學案」之義相同，亦即每介紹一個儒者時，都會包括儒者之小傳與論學著述，即可稱為一個「學案」，含有「選抄」這些儒者的相關論學著述資料之意，所以黃氏會在吳鍾巒小傳與所收氏著《霞舟隨筆》後，說出「今抄先生學案」一語；

其二，與前述所云「案」有「論評」的義涵，則每一儒者「學案」的編寫，都有加入作者的論評，並非純粹是排比而已；

另一個涵義，是由《明儒學案》全書六二卷都以「某某『學案』」為卷目之名，而其中各「學案」又有相同之稱，如卷一「崇仁學案一」，卷二「崇仁學案二」等，是以可以歸納成十七「學案」，此處學案的義涵，又顯然有「學派」的意旨。亦即指的就是有師承授受源流的「學派」而言，諸如「崇仁學案」、「河東學案」等。《明儒學案・凡例》：「故此編以有所授受者，分為各『案』；其特起者，後之學者不堪著者，總列諸儒之『案』。」其中所指之『案』，即是指「學派」而言。所以全書除去重覆的「學案」名稱，則共有十七個「學案」（學派）。〔註39〕

〔註38〕 詳參氏著《黃梨洲之史學》，頁215。
〔註39〕 當然，其中的「諸儒學案」，嚴格言之，其實是不可以「學派」視之的，詳參第三章

「學案」即有以上數種義涵，此處所要進一步探討的，是「學案」最初用以命名的涵義，即「學案」著述之初，是先有「小傳」、「案首小序」，還是摘抄的「論學著述」，以釐清本書的基本面貌。因此，上列引文最重要的一字是「今抄先生學案」一語中的「抄」字，「抄」字宜解成「選抄」之意，配合黃氏在《明儒學案‧凡例》所云：

> 每見鈔先儒語錄者，薈撮數條，不知去取之意謂何。其人一生之精神未嘗透露，如何見其學術？是編皆從全集纂要鉤玄，未嘗襲前人之舊本也。

引文之「鈔」字即與本處之「抄」字，異形同義，表示《明儒學案》亦是選抄明儒之論學著述，而有所去取，有所選擇。而其選擇，又非如周汝登《聖學宗傳》般，以一己之喜惡摘抄先儒之論學著述，而使各家之宗旨隱晦，未能顯發其人之一生精神。因此，黃氏不止從明儒之語錄中搜集選抄的資料，並從各人的全集中尋析摘抄出其人一生之宗旨精神，而非人云亦云的假手於他人的摘撰簡本，諸如《諸儒語要》一類的著述。〔註40〕

據此，則黃氏所摘抄自劉元卿所記載的明儒論學資料，必然也是經過黃氏簡擇的。當然，我們除了由「案」字釋義處知曉「案」有「摘抄」之義涵外，還應結合上述所剖析得到的「案」字另一個義涵，即「論評」之義來了解。因為，只有結合這兩個義涵，才可能對「學案體」著述有一個較清晰明瞭的概念。

如此說來，研究《宋元學案》的陳金生等對於「學案」的定義，顯然是最接近於歷史真相的，云：

> 何謂學案？前哲時賢罕有論及。八十年代中，中華書局陳金生、梁運華二先生點校《宋元學案》蕆事，陳先生撰文指出：「什麼叫學案？未見有人論定。我想大概是介紹各家學術而分別為之立案，且加以按斷之意（案、按字通）。按斷就是考查論定。因此，學案含有現在所謂學術史的意思。〔註41〕

陳金生認為，「學案」即「大概是介紹各家學術而分別為之立案，且加以按斷之意。」已經闡述了「學案」的「論評」這一側面的義涵；至於有關黃氏於書中將「學案」作為「選抄」的義涵，以及作為「學派」的義涵，則非陳金生注意所及的，這是他

之相關論述。不過，若是相對於各「學派」的師承源流之清楚可循，無師承源流的「諸儒」似乎也可以成為一個群體，寬泛言之，亦為一「學派」。

〔註40〕唐順之曾纂《諸儒語要》，參卷二六「南中王門學案二‧唐鶴徵學案」所錄《桃溪箚記》卷首即提及：「偶校先君子所纂《諸儒語要》。」

〔註41〕詳參陳金生〈《宋元學案》編纂的原則與體例〉，收於《書品》，1987 第三期。

在定義「學案」時的不足之處。

總之,「學案」一詞是具有幾層涵義:

其一,「學案」之意,亦即指每介紹一個儒者時,包含有儒者之小傳與論學著述,即可稱爲一個「學案」;

其二,「學案」之意,是黃氏對每一儒者的編寫,都有加入作者的選抄與論評的用心,並非純粹是排比而已;

其三,「學案」的義涵,又有「學派」的意思。

至於「學案體」的內容,依據倉修良的研究:

> 顯然是由三部分組成:即概述性的小序,學者小傳和學者原著摘錄。
>
> 這三個部分,負擔著各自不同的職能,有機地組成一種新的史體。〔註42〕

這些內容,本文將在下一章作詳細的介紹。

經由以上的論述與分析,我們可以知道了「學案」體史籍的特色與內容。不過,《明儒學案》與《皇明道統錄》,乃至於與《理學宗傳》、《聖學宗傳》、《伊洛淵源錄》等學術史論著,有何不同呢,我們以爲,這可從黃進興的研究中得到啓迪。〔註43〕其最大的區別所在:即《明儒學案》擺脫了「道統」的羈絆,使本書一方面不需要以道統的角度來介紹明代儒者,一方面也不需從古到今的引述歷代道統人物。讓黃氏能更專心的對明代的儒學發展作構築的工作。如此一來,能更全面與遵守學術公理的介紹明代儒學的發展,而不致有先入爲主的觀念,影響判斷或忽略學術的眞貌。這是一個可喜的現象。也是黃氏本書的特色之一。

〔註42〕引自氏著《中國史學名著評介》,第二卷,頁 1175。

〔註43〕同註7,黃進興於所著論文中云:「衡諸史實,黃宗羲的「學案」在著作原則及精神,固屬創舉,但在體例上卻是「學譜」式的史著而來。因爲黃氏本身爲了矯正宗派意識,反而對制作「學案」的思想語焉不詳,導致後人忽略其中的思想糾結。是故,我們只得借用李紱的《陸子學譜》來彰顯原有的歷史意義,從而烘托黃氏制作「學案」的思想淵源。」(頁 217-218。)

第三章 《明儒學案》之體例與內容

第一節 《明儒學案》之成書

一、著述動機

黃宗羲於《明儒學案・發凡》，說明其著述動機云：「從來理學之書，前有周海門（汝登）《聖學宗傳》，近有孫鍾元（奇逢）《理學宗傳》，諸儒之說頗備。」黃氏首先在大體上肯定前賢在編撰儒學傳承系統之著述上的貢獻，將歷來重要的儒者都收錄，規模可說頗為完備。其後，黃氏引述自云所學「多得之海門」的陶石簣（望齡）之言批評周汝登云：「海門（汝登）意謂身居山澤，見聞狹陋，嘗願博求文獻，廣所未備，非敢便稱定本也。」周汝登的這番自白，顯然是對黃氏前述讚美之語「諸儒之說頗備」的正面評價的消解，那句讚美之語顯得像是客套之語，指出周汝登所著實是諸說仍「未備」，「非敢便稱定本也。」有關「見聞狹陋」處，可由卷三〇「粵閩王門・薛侃學案」處作一佐證，黃氏首先引述周氏之論云：「周海門《聖學宗傳》云：『先生釋歸，南過會稽，見陽明。陽明曰：『當是時吾子如何？』先生曰：『侃惟一良知而已，炯然無物也。』陽明首肯之。」接著，黃宗羲作一考證的工作，而得出如下的結論：「按先生釋歸在十年，陽明之卒在七年，安得歸而復見之也？」黃氏經由對薛侃釋歸年代與王守仁卒年之比對，亦即指出王守仁卒於嘉靖七年（1528），〔註1〕而薛侃是在嘉靖十年（1531）遭免職，當時王守仁已卒，兩人根本不可能有

〔註1〕 按照今人之研究，王守仁是在嘉靖七年病重，而請求回鄉，次年初卒於歸途江西南安。亦即王守仁實是卒於嘉靖八年（1529）。黃氏之考察有小誤差，不過，並不影響他用以證明薛侃與王守仁會於嘉靖十年（1531）的說法是謬誤的效果。

見面的機會。黃氏由此考證出周汝登這段薛、王相見的記載，顯然是子虛烏有的事情，指出了周氏之著「見聞狹陋」之處。至於孫奇逢之著述，則因只是「雜收」諸儒之論著匯編，而「不復甄別」，既不曾作過挑選與爬梳的工作，再加上「其批註所及，未必得其要領」，屬於人云亦云的「聞見」充斥於批註處，其所犯毛病與周汝登相同。〔註2〕

因此，黃氏在批駁當中，也同時顯示了一己實爲保存完備的明代儒學史料以及其真相而努力，此其一。

另一方面，學術史的論著，重要的是呈現出諸儒的各家宗旨，在這一點上，可惜周汝登「主張禪學」，常常因爲欲揉合儒禪爲一，而以不同於儒學的觀點來詮釋各家宗旨，所以經常出現「攪金銀銅鐵爲一器」的現象，〔註3〕使得各處所述「是海門一人之宗旨，非各家之宗旨也。」導致各家自有的學說宗旨隱沒不顯，處處表現出周氏通過介紹各家學說的機會，灌輸一己融通儒釋的觀點。對此，黃氏批評不餘遺力，指出這種以一己之見範圍各家宗旨的作法，一如不分金、銀、銅、鐵等不同等級的寶山礦物，因而不值稱許。因此，黃氏於卷三二「泰州一・王棟學案」處亦云：「周海門作《聖學宗傳》，多將先儒宗旨湊合己意，埋沒一菴（王棟），又不必論也。」即明白的指出周汝登剪裁諸儒的學說主張來湊合一己之學術主張，有量身定作之嫌。黃氏爲了存各家宗旨，故有此著，此其二。

其實，黃氏不滿《聖學宗傳》與《理學宗傳》兩書，還有一個原因，這需要讀者將三書的選材標準上來了解。有關周汝登《聖學宗傳》之選材，卷首起自伏羲、神農、黃帝，直到卷十二以下，始述及明儒。論及明儒之比例，在所有八十九人當中，只有二十三人是明儒，只佔全書的四分之一左右；至於孫奇逢《理學宗傳》，前十一卷先以「宋明理學十一子」爲綱，其下分別述及漢、隋、唐以來儒者，卷二〇至二五始爲「明儒考」，共著錄明代儒者六十四人，再加上「宋明理學十一子」當中的四人，共有明儒六十八人，佔全書所收儒者一百七十人之三分之一左右。相較於周汝登《聖學宗傳》，孫奇逢《理學宗傳》有幾點明顯的不同。其一是肯定了明儒在

〔註2〕 黃氏特重「自得」之學，而非「聞見」之學。詳參相關章節。
〔註3〕 卷三一「止修・李材學案」所數〈與沈從周〉論學書云：「三十載注情問學，何處不參承？到處如油入麵，攪金銀銅鐵爲一器。及此七載間，戊寅經涉多艱，乃豁然洞然，自有儒家的學脈也。」有關周汝登之學，近人張君勱指出：「周汝登在論王畿一章中特別讚揚王畿。毫無疑問，周汝登的書確是王畿和泰州學派思想的結果。」又云：「黃氏的意思是說，每位學者皆有其自己的觀點，對每個人的觀點，都應加以客觀的描述——而周汝登卻不同，他把各家的觀點混爲一爐來產生自己的折衷主義。」（《新儒家思想史》，頁410，台北：弘文館，民國75年2月）。

「宋明理學」具有代表性，將明儒「薛瑄、王守仁、羅洪先、顧憲成」四人，置之於漢、隋、唐、元等諸儒之上，視爲與「宋六子」之地位並駕齊驅，成爲「宋明理學」的十一位代表性人物，顯見孫奇逢對明儒貢獻的肯定；其二是並在一百七十位學者當中，提及了六十八位明儒，顯然增加了明儒的比重；其三是對於宋元以前學術大要的勾勒，顯然不再溯源至先秦的人物，諸如伏羲、神農、黃帝、唐堯、虞舜、夏禹，文王、武王、周公、孔子及孔門諸弟子等，而著眼於漢唐以來的儒者，可見孫奇逢已能不受「貴古賤今」以及「道統」觀念的束縛，較能正視與肯定漢唐以來的儒者，尤其是宋明的儒者。因此，孫奇逢以「理學」命名此書，可說是更專注於爲宋明理學家們作傳記，而漢唐儒者只是其源頭的論述而已。也難怪黃氏對孫奇逢之著述以「可謂別出手眼者矣」之語譽之。（卷五七「諸儒下五·孫奇逢學案」）然而，對於上述兩種著作，黃氏還是不能滿意，主要在於黃氏非常重視當代的文獻史料，這可從黃宗羲曾編撰《明文案》、《明史案》等著作得知，因而，黃氏以爲在上述兩種著作以通史的方式論述學術史之外，應該還有專述明儒學數的精神面貌之斷代論著，因此，黃宗羲要在「前有《聖學宗傳》，近有《理學宗傳》」的學術背景下，還花費更大的心力來編著《明儒學案》，並自負的說「學者觀羲是書，而後知兩家之疏略」，可說是爲了「存有明一代儒學」，而有是著，此其三。

　　另一方面，《明儒學案》一書，與《明史案》、《明文案》等以「案」名篇者可作一併考察，〔註4〕《明史案》二四四卷，主要是修舉一代史事，以供後哲摘摭參定，〔註5〕《明文案》二一七卷，是編選明代千家文集中的精華〔註6〕。《明儒學案》正是在《明史案》、《明文案》的基礎上，相較於《明「史」案》與《明「文」案》而言，本書是偏向學術思想方面的編撰，作者有意識的加入一「儒」字，而

〔註4〕另外，黃宗羲還有《宋元文案》、《宋元學案》、《南雷文案》等著述皆以「案」命名。有關「學案體」之命名，筆者將另闢專章探討。

〔註5〕全祖望〈梨洲先生神道碑文〉稱黃梨洲輯《明史案》二四四卷；近人謝國楨〈黃梨洲學譜〉引錢林《文獻徵存錄》謂此書「條舉一代之事，供采摭、備參定也。」可惜此書今已不傳，無法得知其詳。

〔註6〕吳光《黃宗羲著作彙考·《明文案》考》，引述黃宗羲〈明文案序上〉云：「至乙卯七月，《文案》成，得二〇七卷。」而黃宗羲之子黃百家〈明文授讀序〉則云：「先夫子自戊申歲取家藏有明文集約五、六千本，擷其精華，至乙卯歲，成《明文案》二一七卷。」兩處所記卷數，差異「十」卷，而如今《明文案》雖已擴編爲《明文海》，但《明文案》流傳有鈔本，其原有卷數，依今存浙江圖書館所藏鈔本，有二一七卷之全本，這樣看來，不知身爲作者之黃宗羲〈明文案序上〉所提及之卷數，何以與此書傳本之卷數會有出入，吳光在論述時，似未注意到此一小問題，尚待進一步考訂。相關論述，收於《黃宗羲全集》第八冊之「附錄」，頁999-1016。另：本文亦收錄於氏著《黃宗羲著作彙考》，台北：學生書局出版，民國79年5月，頁193-210。

成《明儒學案》，顯然是以傳承孔、孟之學的儒者為其編撰對象，即編撰有關論述孔、孟之學為其目標，而將其他的明代學術範疇如佛學、道教、諸子之學以及基督教等學問排除在編選之外。因此黃氏之著述動機，與《明文案》所云正有其相同之處：

> 試觀三百年來，集之行世藏家者不下千家，每家少者數卷，多者至於百卷，其間豈無一二情至之語，而埋沒於應酬詭雜之內，堆積几案，何人發視？即視之而陳言一律，旋復棄去，向使滌其雷同，至情孤露，不異援溺人而出之也。有某茲選，彼千家之文集龐然無物，即盡投之水火不為過矣。由是而念古人之文，其受溺者何限，能不為之慨然。（頁10-18）

力求保存所有的儒者論著，就如同保存一代士人之文集一般，其實是一理想目標。畢竟在汗牛充棟的學海之中，如果只是雜存各家論著，讀者必然無法讀盡堆積如山的論著，也無法在千百家論著當中馬上尋得其宗旨。因此，選編一代論著變成是積極與刻不容緩的事情。其貢獻之大，黃氏於《明儒學案·自序》云：

> 於是為之分源別派，使其宗旨歷然。由是而之焉，固聖人之耳目也。……此猶中衢之樽，後人但持瓦甌樿杓，隨意取之，無有不滿腹者矣。

黃氏為了替明儒諸多論述宗旨作引介，使後之學者有所依歸，並為亡明存一史料，供後學覽閱。是以有此論著，此其四。

近人古清美以黃氏〈復秦燈巖書〉一文為據，指出黃宗羲著述，《明儒學案》的時代背景既是在一個「尊朱排王」的風氣下的產物，云：

> 梨洲眼見上代一脈正義所存的東林書院，竟與朝廷尊朱風氣相應而排擊陽明學，心中必有難言的憤慨和辛酸，因此他一面移書史館，對編明史者絀王尊朱提出意見，一面致書友人辨說景逸之學，在朝野推波助瀾、欲打倒王學的聲浪中，設法保住陽明學的地位；而今日學者很容易認為明代是王學天下，此一觀念的形成，恐怕梨洲之所為影響不小。而《明儒學案》的撰作，就是在這樣的時代背景下的產物。〔註7〕

古氏的著述背景的推論無疑是具啟迪性的，不過，只用這封書信來證成學案的著成背景，顯然有些不足。如果我們能從書中找出蛛絲馬跡來說明，會更具說服力。

卷一「崇仁一·吳與弼學案」中，曾提及：

> 陳建之《通紀》，拾世俗無根之謗而為此，固不足惜。薛方山亦儒者，《憲章錄》乃復仍其謬。

〔註7〕 詳參〈從《明儒學案》談黃梨洲思想上的幾個問題〉一文，收於氏著《明代理學論文集》，頁364。〈復秦燈巖書〉一文，收於《黃宗羲全集》第十冊，頁202。

本段引文當中，最值得注意的是陳建《通紀》一書，劉宗周於「師說‧陳選傳」中亦提及此書：

> 《通紀》評理學未必盡當，而推許老先生也至矣。

由上可知《通紀》是一本評述理學之著述。

　　按：陳建（1497～1567）之著述當中，有關理學的只有《學蔀通辨》，政論有《治安要議》，史學有《皇明起信錄》、《經世宏詞》、《明朝捷錄》、《古今至鑒》等。我們依據劉宗周在「師說‧陳選傳」所透露的訊息，指《通紀》「評理學未必盡當」，可知《通紀》是部「理學類」之著述，再加上《學蔀通辨》「乃取《朱子年譜》、《年狀》、《文集》、《語類》及與陸氏兄弟來往書札，逐年編輯」而成，兩書似乎是有所關聯？不過，在無法確知的情況下，我們若從《學蔀通案》與《通紀》二書皆爲陳建有關學術史類的理學論著來看，其所呈顯的觀點應該相近，因此，由《學蔀通辨》處來了解陳建的學術觀點，似乎可以側面了解其對黃宗羲所可能引發的著述動機。

　　陳建曾於嘉靖二十五年（1546）母卒之後，隱居不出，潛心著述。爲學宗主朱熹，時值王學盛行，陳建「憂學脈日紊」，認爲「以前所著朱、陸之辨非所以拔本塞源也，乃取《朱子年譜》、《行狀》、《文集》、《語類》及與陸氏兄弟來往書札，逐年編輯。」並對以往《朱陸編年》二編進行「討論修改、探究根極」，「稿至六七易」，從維護程朱理學的立場出發，終於在嘉靖二十七年（1548）寫成《學蔀通辨》一書。

　　這本著述是陳建站在程朱理學的立場上，引用大量的原始材料，對王學加以非議。他認爲佛與陸、王爲學之三蔀。他駁斥王守仁所編造的朱、陸「早異晚同」說，指出朱、陸之學是早「同」而晚「異」，對王守仁爲了編造朱陸之學「早異晚同」說，不惜採用刪節的手法給予嚴厲的批評，指出這種做法不僅違反了事實，而且純屬「權詐陰謀」。陳建還指斥陸、王心學爲「佛禪」，爲「援儒入佛」、「借儒以掩佛」、「陽儒陰釋」。〔註8〕

　　一如陳建之「憂學脈日紊」，黃氏亦是從保存「學脈」處用心良苦。在〈復秦燈巖書〉中，黃氏對於秦氏所云「新安、姚江爲兩大宗，學者不宗洛、閩，即宗姚江，不可別自爲宗。」的觀點，並不表贊同，而認爲「學者苟能自得，則上帝臨汝，不患其無所宗也。」其實，如果能在朱、陸之學以外別立宗派，黃氏認爲倒不必擔心它混淆了儒學宗旨，因爲在朱、陸以外能別立宗派者，多爲「僻經怪說」，一目了然，畢竟不值得學習。黃氏以爲，眞正值得憂心的，是在程朱、陸王門下的弟子後學，

〔註8〕　本處觀點主要引述自《中國理學大辭典》，「《學蔀通辨》」條，頁407。董玉整主編，暨南大學出版社，1996年10月；亦可參《學蔀通辨》，卷十二〈陳建傳〉。

挾師說以杜學者之口，以假亂眞，最難分辨，而混淆聖學。因此，黃氏此一編撰著重在梳理出似是而非的學說主張，尤其是儒、釋之辨，四句教，理氣之辨等課題，務使儒學大明於後世。

由此可知，黃氏之著述，顯然是針對陳建《學蔀通辨》所代表的一批擁護程、朱之學的學者，對盛極一時的王守仁之學的詬病，尤其是與禪學糾纏不清的關係，大加撻伐，證諸《明儒學案》，卷四八「諸儒中二・崔銑學案」云：「先生（崔銑）之學，以程、朱爲的，……其詆陽明不遺餘力，稱之爲霸儒。孫鍾元（奇逢）曰：「文敏（崔銑）議象山、陽明爲禪學，爲異說。」〔註9〕因此，促使黃宗羲大費周章的加以辨析，這一「儒、釋之辨」的課題，充斥在《明儒學案》的全書之中，黃宗羲並稱許在這一課題上，明代學者的見解顯然是比宋代學者來得更加完整與清晰。這是黃氏爲了釐清學脈，因而編撰此書。〔註10〕此其五。

以下即對《明儒學案》一書之成書年代與版本作一介紹：

二、成書年代與刊行經過

《明儒學案》全書共六二卷。自清末黃炳垕輯成《遺獻梨洲公年譜》，判定「成書於康熙丙辰之後」以來，後人大都以丙辰（清康熙十五年，1676）爲其成書之時，如：侯外廬、朱義祿、倉修良、日人難波征男等。〔註11〕直到最近，許多學者重新對此作進一步考察，認爲應該成書於康熙十五年之後，因爲《南雷文定四集・明儒學案序》云：「書成於丙辰之後」，「丙辰」即康熙十五年，近人顯然特別著重「之後」二字，故而，一些較爲謹愼的學者，都以「書成於康熙十五年之後」爲成書年代，如辛冠潔、方克立、李似珍、袁爾鉅等學者，〔註12〕不過，到底其確切的年代爲何，

〔註 9〕 按查孫奇逢《理學宗傳》，卷二二，崔銑傳，並未有此段論述。或許黃氏引述者另有來源。

〔註10〕 司徒琳則更明白的指出，黃宗羲之論著是爲了「確立明代及王陽明思想在儒學傳統中毋庸置疑的重要意義。」（《《明儒學案》的再評價》，《黃宗羲論》，頁 299。）

〔註11〕 詳參（一）侯外廬等主編《宋明理學史》（北京：人民出版社，1987 年 6 月）下冊，第二十八章「《明儒學案》及其對明代理學的總結」，頁 781-822；（二）夏乃儒主編之《中國哲學三百題》，（上海：上海古籍出版社，1988 年 9 月）頁 660-662，「典籍名篇」由朱義祿所撰之第六十三題「《明儒學案》、《宋元學案》是甚麼時代的著作？爲甚麼說這兩部書是中國最早的學術專史？」；（三）難波征男〈劉念台思想的展開——其中日比較〉，本文收於方祖猷、滕復主編之《論浙東學術》，（北京：中國社會科學出版社，1995 年 2 月）頁 227-230；（四）倉修良主編《中國史學名著評介》（台北：里仁書局，民國 83 年 4 月）第二卷，頁 1137-1179，「《明儒學案》」。）

〔註12〕 詳參（一）《中國大百科全書・哲學》（北京：中國大百科全書出版社，1987 年 10 月；1994 年 10 月四刷）上冊，頁 624，辛冠潔所撰「《明儒學案》」條；（二）方克立主編《中國哲學大辭典》（北京：中國社會科學出版社，1994 年 5 月）頁 422，「明

則無明確的交待；也有些學者，認定「書成於康熙十五年之後」，所指的即是緊接著康熙十五年的康熙十六年（1677），如胡嘯與方國根等。〔註13〕

　　吳光於《黃宗羲遺著考‧四‧明儒學案考》之中，對於《明儒學案》的成書年代，有不同的看法，提出了三點證據，指出本書寫成時間，「既非康熙十五年，也非康熙二十四年，而是在康熙十七年至十八年間。」〔註14〕

　　而陳祖武更仔細的加以推敲研究，經由對〈明儒學案序〉所提及的湯斌（潛庵）（介眉）的相關行止考察，推測出「完稿於康熙二十三、四年（1684～1685）間」〔註15〕的看法。

　　至於孰是孰非，而於各有依據，筆者不敢妄下斷語，希望有志者能進一步探討，徵引更多的文獻來加以證明之。

　　有關《明儒學案》的刊行過程，根據黃宗羲《明儒學案‧序》以及賈本、鄭本、莫本、馮本和近代諸本的序、跋，《明儒學案》的刊行經過大體如下：《明儒學案》編成後，即有鈔本流傳，許三禮首先刊刻數卷；萬言於康熙三十年（1697）刊刻其中之二〇卷（約三分之一）；賈氏父子於康熙三十年至三十二年（1691～1693）首次刻成全書；鄭性在萬言刻本基礎上據稿本補刻完全書，始於雍正十三年（1735），成於乾隆四年（1739）；乾隆四十三年（1778），賈本被收入《四庫全書》當中；道光元年（1821），莫氏兄弟據家藏鈔本校勘賈、鄭二本，依鄭本卷次重刻賈本；光緒八年（1882），馮全垓據鄭刻底板修補重印。近代各種刊印本：包括《四部備要》本，其實都是莫本的翻版，其內容與賈本差異不大，而與鄭本出入較多。〔註16〕

儒學案」條；（三）張岱年主編《孔子大辭典》（上海辭書出版社，1993年12月；1996年2月二刷）頁804，李似珍所撰「明儒學案」條；（四）袁爾鉅《蕺山學派哲學思想》（濟南：山東教育出版社，1993年12月）頁277-289，第十二章第四節「黃宗羲的史學思想」；其他如馮契主編之《哲學大辭典》（上海辭書出版社，1992年10月，頁966）所列「《明儒學案》」條，亦指成書於清康熙十五年（1676）之後。

〔註13〕詳參（一）《中國學術名著提要‧哲學卷》（復旦大學出版社，1992年10月；1995年6月二刷），頁784-788，所收胡嘯撰「《明儒學案》」條；（二）劉淑蘭主編《中外社會科學名著千種評要》，（北京：華夏出版社，1992年10月）頁243-247，方國根所撰「《明儒學案》」條。

〔註14〕詳參吳光〈黃宗羲遺著考〉，收於《黃宗羲全集》第八冊，附錄，頁1005。

〔註15〕參見氏著《中國學案史》，第四章，黃宗羲與《明儒學案》，文津，民國83年4月，頁129。此一觀點曾在一九八六年舉行的「國際黃宗羲討論會」上，陳祖武以〈黃宗羲生平事跡叢考：關於明儒學案成書時間的幾個問題〉一文加以發表。

〔註16〕同註14，頁1009。

三、版　本

有關本書出版刊印之本子，迄今共約有二十種：〔註17〕在眾多《明儒學案》之版本當中，大體可先歸納爲四種版本，即

（一）賈氏紫筠齋刻本：（簡稱「賈本」）

康熙三十二年（1693）故城（今河北省故城縣）賈氏紫筠齋刻六二卷本：此本由賈潤（號若水）據鈔本整理評點，始刻於康熙三十年（1691），未成而潤卒，其子賈樸（字醇庵）續刻成。賈潤之孫賈念祖於雍正十三年（1735）以紫筠齋版重印。

（二）莫氏刻本：（簡稱「莫本」）

道光元年（1821）會稽（今浙江省紹興縣）莫晉（字寶齋）、莫階（字芝庭）校刻本。

（三）鄭氏二老閣原刻本：（簡稱「鄭本」）

康熙三十年（1691）鄞縣（今浙江省鄞縣）萬言（字貞一）刻本：此本僅刻卷一至十八、卷二〇、二一，共計二〇卷，乾隆四年（1739）年慈溪（今浙江省慈谿縣）二老閣主人鄭性在萬言刻本基礎上依據黃氏手稿刻完全書，即鄭氏二老閣刻本，鄭性校刻之卷爲卷十九、卷二二至六二。

（四）馮全垓補刻本：（簡稱「馮本」）

光緒八年（1882）慈溪馮全垓據鄭氏二老閣藏版補修重印本。

其中「莫本」在學案排列順序上與鄭本一致，而在內容上除個別字句外，與賈本無異。山井湧依據莫本依違於賈、鄭兩種版本之間，所以認爲是賈、鄭兩種版本的折衷本。范希曾在《書目答問補正》中推崇莫本說，「莫晉刻本善」。也許是基於這樣的因素，光緒以後新刊刻的版本多依莫氏刻本，使得莫本是善本似乎成了定論。〔註18〕不過，吳光認爲，莫本主要內容還是與賈本無異，所以可以歸納在賈本之下，與鄭本一併比較。至於馮本係修補鄭氏二老閣藏版後重印本，在排列順序和內容上

〔註17〕有關《明儒學案》之刊行過程及其各種版本之流行，詳參《黃宗羲全集》第八冊「附錄」，吳光〈黃宗羲遺著考·四·明儒學案考〉，其中的「版本彙錄及刊行過程」，頁1007-1016。本處所述多是整理自吳光之研究成果，不敢掠美。另可參山井湧於《明清思想史研究》（東京大學出版會，1980年版）和《黃宗羲》（講談社，1983年版）中之相關論述，以及沈芝盈點校《明儒學案·前言》（台北：華世出版社，1987年2月）。

〔註18〕詳參山井湧《《明儒學案》考辨》一文，吳震譯，收於《黃宗羲論》，吳光主編，杭州：浙江古籍出版社，1987年12月。不過，山井湧也指出說「莫本在內容上幾乎完全採用賈本。」（頁476。）山井湧進而指出，在賈本、鄭本、莫本這三種刊本當中，莫本最難以相信的。（頁480。）

除增加馮全垓跋之外，並無多少差別，所以亦可歸入鄭本之下。如此一來，真正有歧異的版本實是賈本與鄭本，亦即現存《明儒學案》之眾多版本，實是經由這兩種版本加以刊刻流行的。

有關「賈氏」與「鄭本」的歧異，主要有以下數點不同：

（一）兩種刻本所據底本不同：「賈本」依據的底本是經賈氏整理過的傳鈔本；而「鄭本」是在萬言刻本基礎上依據黃宗羲原稿本刊刻的。

（二）賈本有〈黃宗羲序〉，而「鄭本」無〈黃宗羲序〉。

（三）部分學案的編排次序和名稱不同：

　　（1）《明儒學案》卷一至九共有四個學案，其中「崇仁學案」四卷、「白沙學案」二卷、「河東學案」二卷、「三原學案」一卷。兩種刻本的排列次序是：「賈本」依次為「河東」、「三原」、「崇仁」、「白沙」，「鄭本」依次為「崇仁」、「白沙」、「河東」、「三原」。

　　（2）自卷十至六二，各本排列序相同，每案卷數亦同，但其中卷十一至三〇有關王門弟子的六個學案名稱略有不同：「賈本」題作「某某『相傳學案』」，「鄭本」題作「某某『王門學案』」。在這一點上，「莫本」採取了鄭本的編排形式。

（四）學案內容詳略不同：

　　（1）二種版本所載之學案人數有若干不同。較之「鄭本」，「賈本」增了七個人物「小傳」，即「河東學案」的「舉人楊天游先生應詔」和《楊天游集》、「姚江學案」的「許半圭先生璋」、「王黃轝先生文轅」、「浙中『相傳』（鄭本作『王門』）學案五」的「教諭胡今山先生瀚」、「南中『相傳』（鄭本作『王門』）學案一」的「副使薛畏齋先生甲」和《薛畏齋文集》、「副使查毅齋先生鐸」和《查毅齋先生集》〔註19〕、「甘泉學案」的「文定王順渠先生道」和《文定先生文錄》。

　　（2）「賈本」刪除了黃氏原本的書末「附案」。「鄭本」將此「附案」置於「蕺山學案」後，未編卷次，收錄「尚寶司丞應天彝先生典」、「周德純先生瑩」、「盧德卿先生可久」、「杜子光先生惟熙」等四篇「小傳」。

　　（3）此外，「副使顏沖宇先生鯨」小傳一篇，「賈本」置於卷五三「諸儒學案下一」卷末，「鄭本」卻置於全書之首，即《明儒學案‧發凡》

〔註19〕卷二五「南中王門學案」案首小序中，仍收有「查鐸」之小傳，雖無《查毅齋先生集》之語錄，卻仍收有此人之傳記。

前，而「馮本」移置全書「附案」之末，並附刻鄭性撰按語一條，略記五峰書院創建始末，並稱「鄭性從王崇炳《金華徵獻錄》中得之。又黃子親筆原本載有『顏沖宇先生鯨傳』，謹附見於後」。顯然，這篇「顏鯨傳」的歸屬應從「賈本」，即置於卷五三「諸儒學案下一」卷末，而「鄭本」仍置於卷外。〔註 20〕在這點上，「莫本」採取了賈本之內容安排。

　　有關兩種版本的各個學案具體內容的詳略不同之處，更是不勝枚舉。山井湧指出，「賈本」與「鄭本」在收錄之論學著述部分，有很多的出入，「平均每一頁必有幾處不同，不同的字體（異體字）也極多。」〔註 21〕總的說來，「鄭本」較詳而「賈本」較略，例如：第三四卷的「泰州學案三」，「鄭本」就比「賈本」多出五千餘字。全書合計至少要比賈本多錄十餘萬字。因此，從總體而言，「鄭本」較「賈本」要優勝得多。〔註 22〕所以本文對於《明儒學案》之研究，便是以「鄭氏」為立論的原典依據，以免失去黃宗羲著書之本意。近年浙江古籍出版社新版《黃宗羲全集》中所收之《明儒學案》，（簡稱「浙江古籍本」）即是以「鄭本」為基礎刊刻而成，是以本文之原始資料，即以此書為據。另外參考沈芝盈據馮全垓本為主，參以莫刊本而點校的《明儒學案》（台北‧華世出版社出版，簡稱「華世本」）。

第二節　《明儒學案》之分卷

一、卷首「師說」

　　《明儒學案》卷首附有「師說」，有些學者視之為自成一卷，不計在正文六二卷之內，侯外廬、鄒振環都認為「師說」評述了二十五位學者。〔註 23〕案《明儒學案》一書，於六二卷之首，確有「師說」一目，其下載有方孝孺、曹端、薛瑄、吳與弼、陳眞晟、周蕙、陳獻章、陳選、羅倫、蔡清、王守仁、鄒守益、王畿、羅欽順、呂柟、孟化鯉、孟秋、張元忭、羅洪先、趙貞吉、王時槐、鄧以讚、羅汝芳、李材、許孚遠等二十五位明代儒者的學行資料，其中，孟化鯉、孟秋、張元忭三人并列，

〔註 20〕浙江古籍出版社所出版之《黃宗羲全集》第七、八兩冊，即新版之《明儒學案》，也仍未將「顏沖宇先生鯨傳」列於卷五三〈諸儒學案下一〉之末，而依然如馮氏補刻本般，置於〈附案〉之末。

〔註 21〕同註 18，頁 476。

〔註 22〕山井湧與吳光兩位學者在比較賈本與鄭本之後，都認為鄭本是較可靠的版本。

〔註 23〕依序參考《宋明理學史》（侯外廬）、《中國歷史三百題》（鄒振環）。

羅洪先、趙貞吉、王時槐、鄧以讚四人并列，都是以合傳之形式出現，其餘儒學則是獨傳的形式，因此，「師說」之小傳大略可分成兩類，即有十八個獨傳，兩個合傳。至於衷爾鉅認爲卷首師說「十六條」，〔註24〕辛冠潔、阮芝生、曾春海等認爲「師說」列有十七人，則不知何以會有如此的差異。〔註25〕

「師說」所列的二十五位學者，黃宗羲都在六二卷的正文之內再加以論述申說，命名爲「師說」，「意即業師之言」，〔註26〕主要是收錄黃氏之師劉宗周對明代學者的評述，此中涉及了各儒者的思想要旨及言行舉止的得失論斷。至於有關「師說」與《明儒學案》正文之論述觀點，有何承傳異同等關係，本文將另闢專章論述，此處只對「師說」在全書的位置與內容作一簡介。

二、學案分卷之數量

《明儒學案》在收錄「師說」所述明儒二十五人之後，即爲正文。六二卷所記載之內容，依序是：卷一到卷四「崇仁學案」；卷五到卷六「白沙學案」；卷七到卷八「河東學案」；卷九「三原學案」；卷十「姚江學案」；卷十一到卷十五「浙中王門學案」；卷十六到卷二四「江右王門學案」；卷二五到卷二七「南中王門學案」；卷二八「楚中王門學案」；卷二九「北方王門學案」；卷三〇「粵閩王門學案」；卷三一「止修學案」；卷三二到卷三六「泰州學案」；卷三七到卷四二「甘泉學案」；卷四三到卷五七「諸儒學案」；卷五八到卷六一「東林學案」；卷六二「蕺山學案」。最後收有「附案」五人。〔註27〕

如果將六二卷之學案名稱作一歸納統計，則不難發現共立有十七個學案，辛冠潔、侯外廬、方國根、李似珍、許錟輝等，〔註28〕都主此見，依序爲：1.「崇仁學案」；

〔註24〕詳參氏著《蕺山學派哲學思想》，頁279。
〔註25〕或許是所依版本不同之故？然而，吳光在比較各版本之時，也未述及「師說」有此差異存在。唯一能想到的，便是辛、阮、曾等人以《明儒學案》大體可類分爲十七學案，故想當然爾的以爲「師說」之人數應與十七學案之數相合，才會出現這樣的數字？因爲阮氏之行文云：「明儒學案凡六二卷，書前並冠以師說一卷，列有自方孝孺至許孚遠等十七人的師說，並評定其學術繩駁高下。全書共立十七學案，…」。「師說」所云「十七人」與全書所立「十七學案」之數相合，似乎由此而衍生誤解。詳參《中國大百科全書‧哲學卷》（辛冠潔）、〈學案體裁源流初探〉（阮芝生）、〈經典導讀《明儒學案》〉（曾春海）。
〔註26〕詳參侯外廬等主編《宋明理學史》，下冊，頁782。
〔註27〕同註20，如前所述，按照鄭本之編次，顏鯨之小傳宜列於卷首，浙江古籍出版社雖然說是依照賈本置於卷五三「諸儒學案下一」卷末，此傳卻仍依馮氏補刻本之編次，移置全書「附案」之末。故此處所計「附案」有五人。
〔註28〕詳參《中國大百科全書‧哲學卷》（辛冠潔）、《宋明理學史》（侯外廬）、《中外社會科學名著千種評要》（方國根）、《孔子大辭典》（李似珍）。另：許錟輝《黃宗羲》，

2.「白沙學案」；3.「河東學案」；4.「三原學案」；5.「姚江學案」；6.「浙中王門學案」；7.「江右王門學案」；8.「南中王門學案」；9.「楚中王門學案」；10.「北方王門學案」；11.「粵閩王門學案」；12.「止修學案」；13.「泰州學案」；14.「甘泉學案」；15.「諸儒學案」；16.「東林學案」；17.「蕺山學案」。有些學者，如石倬英、方克立、袁爾鉅、吳光、倉修良、馮契、李明友等，〔註29〕將《明儒學案》歸納爲十九學案，是因書中的「諸儒學案」分成上、中、下，因此，研究者便將「諸儒學案」計爲三個「學案」，而將全書歸納爲十九學案，這是不夠精審的，因爲既爲「諸儒學案」，則不宜因上、中、下而分記成三個學案，不然，其他如「白沙」、「河東」等以上、下分卷的學案則理應比照辦理，如此一來，則不勝其煩矣。更何況作者在卷首《明儒學案・發凡》云：「故此編以有所授受者，分爲各案；其特起者，後之學者不甚著者，總列諸儒之案。」顯然也是把「諸儒學案」視爲一個「學案」而已。

至於各學案之分卷，有一卷即成一個學案者，如：「三原學案」、「姚江學案」、「楚中王門學案」、「北方王門學案」、「粵閩王門學案」、「止修學案」、「蕺山學案」；有將一個學案分爲上、下編者，如：「白沙學案」、「河東學案」；有將一個學案分爲上、中、下三編，而上、中、下編之內又細分若干卷者，如「諸儒學案」，此學案上編之內又分四卷、中編之內又分六卷、下編之內又分五卷，三編合起來共有十五卷；有將一個學案分成三卷者，如：「南中王門學案」；有將一個學案分成四卷者，如「崇仁學案」、「東林學案」；有將一個學案分成五卷者，如：「浙中王門學案」、「泰州學案」；有將一個學案分成六卷者，如：「甘泉學案」；有將一個學案分成九卷者，如：「江右王門學案」。

如前章所述，「學案」有「學派」之意，至於「十七學案」當中，那些「學案」具有「學派」的意義，以下即加剖析之：其中「浙中王門學案」、「江右王門學案」、「南中王門學案」、「楚中王門學案」、「北方王門學案」、「粵閩王門學案」等六學案皆隸屬於姚江學案王守仁之門人弟子，其學不出其師藩籬，可以進一步併合入「姚江學案」之下，而實際上「姚江學案・案首小序」中也羅列了這六學案的名目，就如其他的「白沙學案」、「河東學案」、「甘泉學案」等。而「止修學案」、「泰州學案」雖說是師承「姚江」，然而，黃宗羲認爲他們已別出機杼，於師門之學又一轉矣，一如「白沙」雖師承「崇仁」，而有別於師門之學一般，所以不宜再進行併合。而「諸儒學案」並無明

亦主此見。

〔註29〕　詳參《中國哲學名著簡介》（石倬英）、《中外社會科學名著千種評要》（方國根）、《蕺山學派哲學思想》（袁爾鉅）、《〈明儒學案〉考》（吳光）、《中國史學名著評介》（倉修良）、《哲學大辭典》（馮契）、《一本萬殊—黃宗羲的哲學與哲學史觀》（李明友）。

顯師承源流，所以無所謂宗主，剩下的共有十個學案，即：1.「崇仁學案」；2.「白沙學案」；3.「河東學案」；4.「三原學案」；5.「姚江學案」；6.「止修學案」；7.「泰州學案」；8.「甘泉學案」；9.「東林學案」；10.「蕺山學案」。這十個「學案」當中，亦即黃氏所認爲的明代十大「學派」，此中可以爬梳出黃宗羲認爲對明代學術影響至鉅、或桃李滿天下、或其學術主張有劃時代意義的人物，即：吳與弼、陳獻章、薛瑄、王恕、王守仁、李材、王艮、湛若水、顧憲成、高攀龍以及劉宗周等十一人。〔註30〕

方國根以爲本書以「吳與弼、陳獻章、薛瑄、湛若水、王守仁、王畿、王艮、羅欽順、王廷相、顧憲成、劉宗周等」十一人爲主，〔註31〕與筆者上述所歸納出來的人數雖雷同，而其實際所指人物卻不盡相同，仔細作一對照，則是多了王畿、羅欽順、王廷相三位儒者，少了王恕、李材兩位儒者，在《明儒學案》當中，王畿列入卷十二「浙中王門學案二」當中、羅欽順列入卷四七「諸儒學案中一」之內、王廷相列入卷五〇「諸儒學案中四」之內，三者皆以一卷成篇，王恕、李材亦以一卷成篇，而其他以一卷成篇的學案，亦比比皆是，姚江學派當中，常將王艮與王畿併提，他如江右王門羅洪先等亦常提及，倒是羅欽順、王廷相在《明儒學案》當中，除了在本卷當中以外，似乎並非處處皆可見到有關黃宗羲對他們的論述。而且，在《明儒學案》當中，他們只是《諸儒學案》的一員，還有眾多的「諸儒」如方孝孺、曹端、何瑭、黃佐、黃道周等，似乎也應在考慮之列，因此，介紹《明儒學案》這一著作之時，我們理應尊重與發掘作者在這一方面的用心之處，才能將這一著述的優劣長短全部了解，從而吸收本書的撰寫優點，而突破其局限。

至於曾春海認爲「該書計六二卷，收集了明代六十二位著名儒學學者，立了六十二個學案。」〔註32〕表面上各個數字在書中似乎都有提及，不過，總是覺得如此論述有些奇怪，仔細考察，才會發現本書雖爲六二卷，籠統說有「六十二個學案」，是令讀者易於混淆的，因爲「學案」之名，一如前章所定義，其一指書中每一位被介紹之明儒，廣義的說，皆可稱爲一「學案」，從這意義說，全書所收並不僅於六十二個「學案」。若就「學案」具有「學派」的涵義而言，六二卷《明儒學案》，粗略可分爲「崇仁」、「白沙」、「河東」、「三原」、「姚江」、「浙中王門」、「江右王門」、「南中王門」、「楚中王門」、「北方王門」、「粵閩王門」、「止修」、「泰州」、「甘泉」、「諸儒」、「東林」、「蕺山」等「十七學案」，若嚴格言之，則只有十個「學案」。因此，《明

〔註30〕十個學案有十一位代表學者，實因「東林學案」以顧憲成及高攀龍兩人爲案主。
〔註31〕詳參《中外社會科學名著千種評要》，「《明儒學案》條」，頁243-247。
〔註32〕詳參曾春海〈經典導讀《明儒學案》〉一文，收於《哲學與文化》十九卷四期總二一五，民國81年4月，頁371-374。

儒學案》很難歸納出「收集明代六十二位著名儒學學者，立了六十二個學案」的命題，這顯然是曾氏一時失察之處。〔註33〕

三、學案各卷之人數

本書所收儒者人數，眾說紛紜：辛冠潔認為「列一百八十七人」、阮芝生主全書載「二百人」、侯外廬、曾春海等認為論述了二百零二位明代學者、鄒振環認為「共輯錄了二百零五人的資料」、李似珍認為「共述學者二百零九人」、倉修良認為收有二百一十四人、而吳光、石倬英、方克立、方國根等則概括認為「敘及學者二百餘人」。〔註34〕依筆者統計，共有一百九十五人在正傳之中，另外，尚有一些附傳，如：

（一）卷十四「浙中王門四·董澐學案」〔註35〕附有其子董穀之傳；

（二）卷十六「江右王門一·鄒守益學案」中，附有其子鄒善、其孫鄒德涵、德溥、德泳等四人之傳；

（三）卷十九「江右王門四·劉陽學案」附有其同邑人劉秉監以及鄰縣王釗之傳；

（四）卷三二「泰州一·王襞學案」附有王艮門人樵夫朱恕之傳、王襞弟子陶匠韓樂吾之傳、以及焦竑之弟子田夫夏廷美。

加上這附傳之十人，則共有二百零五人。

不過，我們還不要忘記，黃宗羲為了免於後人有「當時好修一世湮沒者，可勝道哉！」（卷十一「浙中王門·案首小序」）的感慨，在每一個學案之首，黃宗羲總是會附錄一些有傳無錄的人物，而有時也注明「其無語錄可考見者附此」一類的字樣（卷二五「南中王門·案首小序」），如：

（一）卷十一「浙中王門學案」中，卷首附有范瓘、管州、范引年、夏淳、柴鳳、孫應奎、聞人詮、黃驥、黃文煥、黃嘉愛、黃元釜、黃夔等十二人；

（二）卷二五「南中王門學案」中，案首附有戚賢、馮恩、貢安國、查鐸、沈寵、蕭念、蕭良榦、戚袞、張袞、章時鸞、程大賓、程默、鄭燭、姚汝循、殷邁、姜寶等十六人；

〔註33〕雖然曾氏於他處又云「全書共立十七件學案」，但仍不能破除其用「學案」一詞，略顯混淆之處。詳參前揭書。

〔註34〕詳參《黃宗羲遺著考》（吳光）、《中國哲學著名簡介》（石倬英）、《中國哲學大辭典》（方克立）、《中外社會科學著名千種評要》（方國根）、《中國史學著名題解》（王瑞明）。

〔註35〕為了行文更加順暢明瞭，本文只要是涉及傳目者，多直接稱呼其人之姓名，除非必要，將不以傳目之全稱出現，在此先行說明，以下各文引例與此相同。

（三）卷二八「楚中王門學案」案首提及劉觀時、王文明、胡珊、劉獻、楊
　　　衍、何鳳韶、唐演、龍起霄等八人名氏；

（四）卷三○「粵閩王門學案」案首附有方西樵、薛尚賢、楊驥、楊仕鳴、梁
　　　焯、鄭一初、馬明衡等七人；

（五）卷三二「泰州學案」案首列有顏鈞、梁汝元（即何心隱）、鄧豁渠、方
　　　與時、程學顏、錢同文、管志道等七人。

五處共五十人，與前述二百○五人合計下來，則有二百四十七人。加上《明儒學案》
卷末所收「附案」五人，共有二百五十二人。朱仲玉所云：「書中有傳兼摘其著作者，
達兩百多人，在各個學案序中附帶提及的又有五十餘人，總數共有兩百五十餘人。」
〔註36〕其計數大概是如此。

　　不過，如果再加上其他有名氏而無傳者，或是一些師承人物無可考，或只知
其名氏鄉里者，則所收人物尚有不少，如：

（一）卷二「崇仁二·婁諒學案」小傳末即附記了婁諒之子婁忱的小傳；

（二）卷七「河東上·周蕙學案」小傳當中即附記了安邑李昹之簡介、傳末
　　　又附載了泰州王爵之小傳；

（三）卷十一「浙中王門一·錢德洪學案」小傳中述及「王文成平濠歸越，
　　　先生與同邑范引年、管州、鄭寅、柴鳳、徐珊、吳仁數十人會於中天
　　　閣，同稟學焉。」本書除了錢德洪有小傳之外，其餘錢氏同邑同學數
　　　十人中，只有六人名氏尚存，而更無進一步的資料可供深入認識了；

（四）卷二二「江右王門七·胡直學案」附錄《困學記》中，亦附載了譚綸
　　　之基本資料；

（五）卷二四「江右王門九·馮應京學案」小傳末附有馮應京在獄一同論學
　　　之何棟如之小傳，而另一位論學友華玨則未補記任何進一步資料，可
　　　見黃氏保存儒者傳記資料的苦心，即使是一丁點的蛛絲馬跡的訊息也
　　　加以攔入，毫不輕視或放棄；

（六）卷三九「甘泉三·洪垣學案」小傳之末，便附有同邑同學方瓘之小傳；

（七）卷四五「諸儒上三·章懋學案」提及「其門人如黃傅、張大輪、陸震、
　　　唐龍、應璋、董遵、凌瀚、程文德、章拯，皆不失其傳云。」

（八）卷五三「諸儒下一·李中學案」提及李中受學於楊玉齋之門，並指「玉
　　　齋名珠，其學自傳註以溯濂洛，能躬理道，不苟榮勢。」

〔註36〕詳參〈試論黃宗羲《明儒學案》〉，《黃宗羲論》，頁566。

（九）卷五八「東林一‧高攀龍學案」傳末附錄《雜著‧三時記》中，亦附
　　　載陸粹明之小傳；

（十）卷六一「東林四‧陳龍正學案」小傳之末，也於「先生師事吳子往」
　　　之下，附註了「志遠」二字，顯然亦是對吳子往此人傳記資料的初步
　　　收集；

（十一）卷五八「東林一‧高攀龍學案」案末所附「論學書」中的〈論辛復元〉
　　　一文，黃氏便以夾敘方式介紹辛復元這一人物之傳記。

因此，除去重出三人，加上這二十人，總數已達二百八十人。基於以上黃氏
對於瀕於湮沒的人物的種種方式加以攔入附記的用心，便可知在《明儒學案》所
提及的明儒已有幾近三百人之譜。〔註37〕

四、學案各卷命名之方式：

有關各學案的命名，約略有以下幾種考量：

（一）以各學派之創始者之出生、活動、講學三者合一的地域爲命名者，如：

　　1.「崇仁」學案：卷一「崇仁一‧吳與弼學案」載：「吳與弼，撫州之『崇仁』
　　　人。」

　　2.「白沙」學案：卷五「白沙上‧陳獻章學案」載：「陳獻章，新會之『白沙』
　　　里人。」

　　3.「三原」學案：卷九「三原‧王恕學案」載：「王恕，陝之『三原』人。」

　　4.「泰州」學案：卷三二「泰州一‧王艮學案」載：「王艮，『泰州』之安豐
　　　場人。」

而「河東」學案與「姚江」學案之命名緣故，也是基於上述考量的。雖然說「河
東學案」的創始者薛瑄是「山西『河津』」人，與「河東」一名稍有出入，不過，河

〔註37〕〈明儒學案發凡〉云：「是書搜羅頗廣，然一人之聞見有限，尚容陸續訪求。即義所
　　　見而復失去者，如朱布衣《語錄》，韓苑洛、南瑞泉、穆玄菴、范栗齋諸公集，皆不
　　　曾採入。海內有斯文之責者，其不吝教我，此非末學一人之事也。」文中提及的「朱
　　　布衣」，在本書中若指的不是「泰州學案」附傳中的樵夫朱恕，則不止其《語錄》已
　　　遺失，并連「朱布衣」之小傳亦不可見矣。可見黃氏有搜得而復散失者。而卷九「三
　　　原‧王承裕學案」提及王氏「十四、五時，從莆田蕭某學，蕭令侍立，三日，一無
　　　所授。」此中所云的蕭某即未能知其詳。此外，還有浙江古籍本未收的卷六一「東
　　　林四‧吳覲華學案」（按：原本即有目無傳。）以及賈本所增加的七個人物「小傳」，
　　　有六人之數未計在本書所收人物總數之內，他們是：楊應詔、許璋、王文轅、胡瀚、
　　　薛甲、王道、查鐸。（按：其中一人「查鐸」，本書卷二五「南中王門學案‧案首小
　　　序」中，已收有「查鐸」之小傳，故不重覆計算在內。）

津縣位於黃河之東，自唐代以來即屬於「河東道」的州域形勢所有，因而黃氏以「河東」通稱之。〔註38〕

「姚江學案」的創始者王守仁是「浙江『餘姚』」人，「餘姚」位於浙江省餘姚縣，是屬縣內姚江的下游，故名。〔註39〕一如前人以「洙泗」來代稱孔子之教澤，以「伊洛」來代稱二程及其學派一樣，所以黃氏用「姚江」來代稱王守仁及門人之學。

（二）以其名號來命名者：

　　「甘泉」學案：卷三七「甘泉一·湛若水學案」載：「湛若水，字元明，號『甘泉』，廣東增城人。」

（三）以其學說主張為命名者：

　　「止修」學案：卷三一「止修·李材學案」載：「李材，別號見羅，（江西）豐城人。…於是拈『止修』兩字，以為得孔、曾之真傳。」

（四）以學者講學聚會場所為命名者：

　　「東林」學案：卷五八「東林一·顧憲成學案」載：「顧憲成，字叔時，別號涇陽先生，常之無錫人。…甲辰，『東林』學院成，大會四方之士，一依白鹿洞規。」同卷「高攀龍學案」載：「高攀龍，字存之，別號景逸，常州之無錫人。…逐與顧涇陽復『東林』書院，講學其中。」

（五）不別名號派別，以統稱為命名者：

　　「諸儒」學案：卷四三至卷五七「諸儒」學案。〔註40〕

（六）另外，在「姚江學案」之下，黃氏又依陽明門人弟子之出生與活動地域，區分為六個王門學案：

1. 「浙中」王門學案：因其主要代表人物來自浙江中部而得名；

2. 「江右」王門學案：因其主要代表人物來自江西一帶而得名；

3. 「南中」王門學案：因其主要代表人物來自蘇、皖（江蘇、安徽）一帶而得名；

4. 「楚中」王門學案：因其主要代表人物來自湖北一帶而得名；

5. 北方王門學案：因其主要代表人物來自山東、河南一帶而得名；

〔註38〕董玉整所編《中國理學大辭典》「河東學派」條即云：「因（薛）瑄所籍河津位於黃河之東，故名河東學派。」（頁396。）

〔註39〕「姚江」源於浙江省餘姚縣之太平山。王瑞明以王守仁為餘姚人，故「姚江學案」是就其籍貫稱其派為「姚江學派」，詳參張舜徽主編《中國史學名著題解》，頁250。

〔註40〕〈明儒學案發凡〉云：「故此編以有所授受者，分為各案；其特起者，後之學者不甚著者，總列諸儒之案。」。

　　6. 粵閩王門學案：因其主要代表人物來自廣東、福建一帶而得名。

　　雖然「河東學案」與「姚江學案」與案主之出生地域有一字不同，但是，我們易於由「河津」與「河東」、「餘姚」與「姚江」之關聯中知曉其所指。可是，唯獨卷六二「蕺山」學案，在《明儒學案》中較難尋得其脈絡。「劉宗周學案」載：「劉諱宗周，字起東，號念臺，越之山陰人。」「山陰」是舊有地名，今浙江省紹興縣，「蕺山」是何處之地名，於此並無跡可尋，《明儒學案》提及時有五處以「蕺山先師」的形式出現，〔註 41〕卷五七「諸儒下五‧孫奇逢學案」小傳云：「歲癸丑，作詩寄義，勉以蕺山薪傳，讀而愧之。」卷六一「東林四‧黃尊素學案」亦提及：「其風期相許者，則蕺山、忠憲、忠節。萬里投獄，蕺山慟哭而送之，先生猶以不能濟時為恨。」可知「蕺山」是具有稱號之含義的，不知黃氏在「劉宗周學案」小傳處，為何不加以說明，一如近人衷爾鉅介紹劉宗周生平時，所云：「劉宗周（1578～1645），字念臺，號起東、啟東，因講學山陰縣城北蕺山，學者稱蕺山先生、山陰先生，自署蕺山長、克念子等。山陰（今浙紹興縣）人。」〔註 42〕由此資料之提供，我們才可以知道「蕺山學案」的命名，是劉宗周之名號與講學活動之處。其實，上述所云以出生、講學地域及以名號為學案命名者，其區分並非截然不同，因為，學者於出生講學之地揚名之後，其他學者往往以其出生地域尊稱之，因而會發生重疊的現象，諸如卷五「白沙」學案，雖然「陳獻章學案」已載：「陳獻章，新會之『白沙』里人。…因別號石齋。…諡文恭。」「學案」名稱似乎與其名號無任何關聯，不過，我們如果列出其傳目「文恭陳『白沙』先生獻章」，則不難發現，「白沙」二字出現在傳目中「先生」二字之前出現，一般是先稱呼案主之別號，因此，很明顯的，「白沙」除了代表是陳獻章出生之地「白沙里」之外，也是他的別號，黃宗羲實在應該在「陳獻章學案」之小傳當中，註明「學者稱白沙先生」一語，一如卷十「王守仁學案」載「學者稱為陽明先生」、卷四五「章懋學案」載：「學者因曰楓山先生」、同卷「羅倫學案」載：「學者稱一峰先生」等，就更為明瞭了。

　　他如卷六「白沙下‧鄒智學案」小傳云：「初，王三原至京，先生迎謂曰……」，王三原，指的即是「三原學案」的案主「王恕」，可知所謂學案之名稱是出生地域、活動所在地，或是其名號，本來就沒有絕對的分別。

〔註41〕詳參卷十六「江右王門一‧鄒守益學案」小傳、卷二四「江右王門九‧章潢學案」小傳、卷五七「諸儒下五‧金鉉學案」小傳、卷五八「東林一‧高攀龍學案」傳末附錄《論學書》中夾注之按語、卷五九「東林二‧孫慎行學案」小傳。另：「附案‧顏鯨」亦提及。

〔註42〕詳參氏著《蕺山學派哲學思想》，頁 60。

第三節　「學案」正文之內容

在編纂體例上，一般在每一學案前有一段總概述，而在學案之中的每位儒者之學案編纂形式，是先列傳目，小傳，後載節錄自各儒者之語錄和著述。在節錄語錄著述時，偶爾會夾注按語作些分析或疏釋。余金華指出，《明儒學案》「這種結構方法的優點在於通過傳寫學者的生平經歷，給人們提供理解其思想的背景；把握其思想演變的脈絡，提出學術宗旨，給人們提供理解其思想的鑰匙，從各人全集中纂要鉤玄，給人們提供理解其思想的原料。」〔註43〕以下分成五個部分加以介紹：

一、案首小序

鄒振環、倉修良、吳光、方克立稱之為「小序」；辛冠潔稱之為案前「概述」；方國根稱之為「總概述」。〔註44〕本處採取「小序」一詞。

每一不同派別或集團的學案開始之前，一般會有一個對此學派或集團的小序，內容在於說明此一學派或集團之學術淵源、學說要旨和在明代儒學史上的得失總評價。

在六二卷《明儒學案》當中，崇仁、白沙、河東、三原、姚江、浙中王門、江右王門、南中王門、楚中王門、北方王門、粵閩王門、止修、泰州、甘泉、諸儒、東林、蕺山等十七個學案類別當中，只有「止修學案」案首未列總概述，顯然是編者或刻者一時之疏忽。〔註45〕

除去「止修學案」無案首小序，其他十六個學案類別當中，所出現的案首小序，一般多在一、二百字之間，諸如：崇仁一四三字、白沙一九七字、河東一○九字、浙中王門一一八字、江右王門一○九字、南中王門一八○字、楚中王門一四二字、粵閩王門一○七字、甘泉一○二字、諸儒一五二字。而北方王門之九三字，亦在接近百字之數。

其中，字數最少的，是「三原學案」的三十九字；字數較多的，為泰州三二○字、東林五二八字、蕺山七○四字，姚江七八一字。由此可以稍為探知黃氏對諸學案著墨多寡的情況。

〔註43〕詳參〈《明儒學案》的結構與功能分析〉，《黃宗羲論》，頁226。

〔註44〕詳參《中國歷史三百題》（鄒振環）、《中國史學名著評介》（倉修良）、〈《明儒學案》考〉（吳光）、《中國哲學大辭典》（方克立）、《中國大百科全書·哲學卷》（辛冠潔）、《中外社會科學著名千種評要》（方國根）。另：吳光在述及光緒三十一年（1905）杭州群學社石印《黃梨洲遺書十種》本時，提及這一版本是據馮全垓刻本選收了各卷「序錄」，則是稱各「案首小序」為「序錄」。

〔註45〕浙江古籍本據莫刊本補入六十六字「案首小序」，以免體例出現不統一的情形，此處暫時不擬加以論述分析。

二、傳　目

　　所謂「傳目」，即每一學案中在介紹各個儒者的小傳之前所標列的條目。如：卷一「崇仁學案一」的「聘君吳康齋先生與弼」，即是眾多的傳目之首。相較於「師說」之傳目，如「吳康齋與弼」，其最明顯的不同處有兩點，其一是「師說」之傳目沒有在各儒者的姓氏之前冠上諡號或官職等頭銜尊稱，其二是在提及其名諱之前也沒有尊稱「先生」二字，其他的則與《明儒學案》其他傳目完全相同。如上述學案中之「聘君吳與弼先生與弼」的傳目，在「師說」則爲「吳康齋與弼」，餘皆如此。

　　《明儒學案》之傳目，前述「聘君吳康齋先生與弼」的傳目即是本書之典型，一般上，在傳主的姓氏之前，會冠上兩字：

（一）或爲傳主之諡號，如徵君、文莊、文簡、恭簡、文選、忠節、文定、文恭、文敏、忠介、忠端、廣文以及上例之「聘君」等，一般上，有諡號者則以諡號爲傳主優先使用的冠稱，若無諡號則退而求其次，即以官職等爲冠稱；〔註46〕

（二）或冠上傳主之官職頭銜的，如侍郎、郎中、中丞、太常、主事、御史、郡守、布政、尚寶、教諭、督學、參政、給事、長史、員外、僉憲、縣令、太僕、光祿、同知、尚書等，不過，這些官職稱呼多有省簡以求統一的，如：本書所列十三位官銜侍郎的儒者當中，卷十五「侍郎王敬所先生宗沭」指「工部侍郎」、卷三八「侍郎何吉陽先生遷」指「刑部侍郎」、卷三「侍郎余訒先生祐」指「吏部右侍郎」、卷七「侍郎張自在先生鼎」指「戶部右侍郎」等等，不一而足；

（三）或以曾參加科舉考試而冠以解元、孝廉、明經、太學、諸生等冠稱，如：「孝廉黃五岳先生省曾」、「明經朱近齋先生得之」、「諸生李大經先生經綸」、「太學劉沖倩先生堉」等；

（四）對於一些有識之儒者，而未能循正途參加科舉考試者，黃氏有時冠以「處士」之稱，有時冠以「布衣」之稱，如：「處士王心齋先生艮」、「布衣周小泉先生蕙」等，〔註47〕以尊其學。

　　此外，有一些學者，黃氏則並未用上述四種形式處理者，即並未加冠稱於姓氏

〔註46〕不過，本書也出現有例外的情況，如卷四五「諸儒學案上三·布政陳克菴先生選」載云：「陳選，字士賢，號克菴」，曾官「廣東布政使」，「正德中，追贈光祿寺卿，諡恭愍。」不知是一時疏忽，還是另有考量，有待進一步考察。

〔註47〕當然，也有例外的情況，如卷四六「諸儒學案上四·布衣陳剩夫先生真晟」載云：「陳真晟，字剩夫，初字晦夫，其後以布衣自號。」則本條傳目之冠稱「布衣」實兼有「別號」之意涵，而非僅止是未科考者的尊稱而已。

之前，他們是：卷二之「謝西山先生復」、「鄭孔明先生伉」、「胡鳳儀先生九韶」；卷六「謝天錫先生祐」、卷八「張石谷先生節」、「李正立先生挺」、卷五四「盧冠巖先生宁忠」〔註48〕、卷六〇「耿庭懷先生橘」等八位。

考察了以上之冠稱之後，會發現本書中有一兩處出現不統一的情形，其中一項是卷四三「諸儒學案上一‧瓊山趙考古先生謙」之傳目，「瓊山」之冠稱顯得有些例外，似乎是地名之類的名詞，仔細案考小傳，就不難發現趙謙曾於洪武二十二年，奉召爲「瓊山教諭」，則「瓊山」爲「瓊山教諭」之簡稱，殆無疑義，只是，如果我們考察本書之傳目冠稱，會發現另有三處之冠稱乃教諭者，即：卷二「教諭婁一齋先生諒」，小傳云婁諒曾「分教成都」，爲「成都教諭」；卷二九「教諭張弘山先生後覺」，小傳載其「仕終華陰教諭」；卷三二「教諭王一菴先生棟」載其曾「陞南豐教諭」，可見三位曾爲「教諭」之學者，全不以「成都」、「華陰」、「南豐」等地名當冠稱，而以「教諭」之官銜稱之，唯獨曾爲「瓊山教諭」之趙謙冠以「瓊山」之稱，這是一時之疏忽，以致使傳目出現體例不一的現象。

準此以衡其他之傳目，則書末之「附案」儒者之傳目「尚寶司丞應天彝先生典」中，其冠稱之官職顯然並不是簡稱。因爲在正案當中，卷二九「尚寶孟我疆先生秋」記孟氏曾官至「尚寶寺丞、少卿。」〔註49〕卷三五「尚寶潘雪松先生藻」載潘氏曾官「尚寶司丞，陞少卿。」卷三六「尚寶周海門先生汝登」載云周氏官至「南京尚寶司卿。」以上三個傳主不論官至尚寶司丞或其他品級的，一律以「尚寶」二字爲冠稱，而「附案」處逕以「尚寶司丞」四字爲冠稱，顯然還是未經裁剪的，有待進一步的彙集與整理。

姓氏之後，一般是先稱傳主之別號，如上引卷一「聘君吳康齋先生與弼」傳目當中，「康齋」即吳與弼之別號；他如「石渠」即王恕之別號；〔註50〕「見羅」即李材之別號；「心齋」即王艮之別號；「甘泉」即湛若水之別號；「涇陽」即顧憲成之

〔註48〕浙江古籍本之《明儒學案》目錄作「盧冠巖先生『寧』忠」，而正文之傳目作「盧冠巖先生『宁』忠」，目錄處顯然是有訛誤，因爲依據《說文解字》「宁，辨積物也。」段玉裁注云：「『宁』與『貯』，蓋古今字。」；另：「寧，願詞也。」段注云：「盙，安也，今字多假『寧』爲『盙』，『寧』行而『盙』廢矣。」可知「宁」與「寧」是兩不相干之詞，在印刷古書中不宜隨意通假，以免造成誤解。

〔註49〕《中國歷代職官詞典》云：「尚寶司」：「明官署名。掌寶璽、符牌、印章。設卿一人，少卿一人，司丞三人。」（上海：上海辭書出版社，1992年8月；1993年11月二刷，頁202。）則孟秋小傳所云「尚寶寺丞」，顯然是「尚寶司丞」之誤。另本書卷三五「尚寶潘雪松先生藻」小傳所云潘氏曾官「尚寶司丞」，可爲佐證。

〔註50〕依據卷九「端毅王石渠先生恕」所記，王恕有兩個別號，早年號「介菴」，晚年號「石渠」，本書所採入傳目的是其晚號。

別號；「景逸」即高攀龍之別號等等。〔註51〕而有些稱號，則是學界所給予的尊稱，如卷十「文成王陽明先生守仁」，「學者稱爲陽明先生」；卷四五「文懿章楓山先生懋」，「學者因曰楓山先生」；同卷「文毅羅一峰先生倫」，「學者稱一峰先生」。〔註52〕少部分則直接以其「字」名之，如卷六「文學何時振先生廷矩」、「謝天錫先生祐」，「時振」即何廷矩之「字」、「天錫」即謝祐之「字」；他如卷二「鄭孔明先生伉」、「胡鳳儀先生韶」；卷六「御史陳時周先生茂烈」、「長史林緝熙先生光」、「州同陳秉常先生庸」；卷七「御史閻子與先生禹錫」卷八「李正立先生挺」；卷十四「主事陸原靜先生澄」；卷十九「解元魏師伊先生良政」；卷二四「中丞宋望之先生儀望」、「徵君章本清先生潢」；卷二七「中丞楊幼殷先生豫孫」；卷五二「諸生李大經先生經綸」；卷五五「諫議吳朗公先生執御」；卷五七「忠節金伯玉先生鉉」、「中丞金正希先生聲」、「輔臣朱震青先生天麟」；卷六〇「職方劉靜之先生永澄」、「耿庭懷先生橘」等，都在姓氏之後直接以「字」稱呼之，大多數情況是這些儒者都未給自己取別號，所以只好以「字」稱呼之。其他如「附案」中之傳目，如「尙寶司丞應天彝先生典」、「周德純先生瑩」、「盧德卿先生可久」、「杜子光先生惟熙」，姓氏之後皆以「字」行。

在姓氏別號之後，全書正傳之傳目都會冠以「先生」二字，以示尊敬，然後在最後才會記載傳主之「名諱」。如卷一「聘君吳康齋先生與弼」之傳目，「先生」二字是每個傳目都統一會出現的稱呼，「與弼」即是吳康齋之名諱。其他傳目皆同。

既然各傳目皆以冠稱在前，而以別號列於姓氏之後，以下我們來考察十七學案之名與各傳目與傳主小傳之間的關係，以期能更進一步了解黃氏訂立各學案名稱的考量。如前所述，有關各學案的命名，十個有「學案宗主」的學案派別如下：〔註53〕

　　1.「崇仁」學案一：「聘君吳『康齋』先生與弼」載云：「吳與弼，字子傳，號『康齋』，撫州之『崇仁』人。」（卷一）

〔註51〕一般別號多以二字爲主，只有少部分的別號是超出兩字而黃氏加以簡省成兩字而納入的，如卷六「白沙學案下·布衣李抱眞先生孔修」，小傳云「李孔修，字子長，號抱眞子。」則傳目中「抱眞」顯然是「抱眞子」的省稱。

〔註52〕還有一些傳目對傳目中之別號交待不明者，如：（一）卷四三「瓊山趙考古先生謙」，小傳中只提及「築考古臺，讀書其上」，並未敘及其以「考古」自號；（二）卷五三「中丞李谷平先生中」，小傳中只提及「谷平，其所居里名也。」也未敘及李中以「谷平」自號。（三）卷七「侍郎張自在先生鼎」之小傳中對於「自在」之名號完全沒有提及；（四）卷四五「布政陳克菴先生選」之小傳對「克菴」之別號也完全忘了敘及。這些都是編者在龐大的資料整理與論述中未能注意到的小瑕疵。

〔註53〕十七學案當中，「諸儒學案」是雜收無法成一學派、或無法歸併各學派的儒者，因而無所宗主；而六個「王門學案」，其宗主自然是「姚江學案」的王守仁，是以在此不加論述。

2. 「白沙」學案上：「文恭陳『白沙』先生獻章」載云：「陳獻章，字公甫，新會之『白沙』里人。…別號石齋，…」（卷五）

3. 「河東」學案上：「文清薛『敬軒』先生瑄」載云：「薛瑄，字德溫，號『敬軒』，山西『河』津人。…成化初，諡『文清』。」（卷七）

4. 「三原」學案：「端毅王『石渠』先生恕」載云：「王恕，字宗貫，號介菴，晚又號『石渠』，陜之『三原』人。…贈特進左柱國太師，諡『端毅』。」（卷九）

5. 「姚江」學案：「文成王『陽明』先生守仁」載云：「王守仁，字伯安，學者稱為『陽明』先生，餘『姚』人也。…隆慶初，贈新建侯，諡『文成』。」（卷十）

6. 「泰州」學案：「處士王『心齋』先生艮」載云：「王艮，字汝止，號『心齋』，『泰州』之安豐場人。（卷三二）

7. 「止修」學案：「中丞李『見羅』先生材」載云：「李材，字孟誠，別號『見羅』，豐城人。…於是拈『止修』兩字，以為得孔、曾之真傳。」（卷三一）

8. 「甘泉」學案一：「文簡湛『甘泉』先生若水」載云：「湛若水，字元明，號『甘泉』，廣東增城人。」（卷三七）

9. 「東林」學案一：「端文顧『涇陽』先生憲成」載云：「顧憲成，字叔時，別號涇陽先生，常之無錫人。…戊戌，始會吳中同志於二泉。甲辰，『東林』書院成，大會四方之士，一依白鹿洞規。…」另：「忠憲高『景逸』先生攀龍」載云：「高攀龍，字存之，別號景逸，常州之無錫人。…遂與顧涇陽復『東林』書院，講學其中。…」（卷五八）

10. 「蕺山」學案：「忠端劉『念臺』先生宗周」載云：「劉諱宗周，字起東，號『念臺』，越之山陰人。…」（卷六二）

由上述相關資料的排比，我們可以發現，以上十個學案之名稱，一般上是與傳目之名號不同，只有「白沙學案」與「甘泉學案」之學案名稱，與傳目名號是相同的，因此，「甘泉學案」之「甘泉」是湛若水之別號，而「白沙學案」之「白沙」，雖是陳獻章之出生地，但是，在傳目姓氏之後多列傳主別號，而絕對沒有用出生地列入傳目姓氏之後者的情況下，「白沙」既是陳氏之出生地，也是其稱號。《明儒學案》之其他地方提及「白沙」者，如：卷二「崇仁二‧胡居仁學案」小傳云：「蓋先生近於狷，白沙近於狂，不必以此而疑彼也。」卷二二「江右王門七‧胡直學案」傳末所附〈論學書‧與唐仁卿〉即云：「去多承寄《白沙先生文編》，…白沙先生一佳碧玉樓十二年，久之有得，始主張致虛立本之學。…」提及「白沙」

之處不下十處，可知當日學者即有以「白沙先生」稱呼陳獻章者。最明顯提及的，莫過於卷六「白沙下‧張詡學案」傳末附錄《文集》中，有一篇注明為〈白沙先生墓表〉者，表末云：「先生諱獻章，字公甫，別號石齋，既老，曰石翁，吾粵古岡產也。祖居新會，先生始徙居白沙。白沙者，村名也，天下因稱之。」其中，「天下因稱之」指的即是天下學者即以「白沙先生」稱之。不知黃氏為何會有此疏漏，或許在當時是耳熟能詳之尊稱，是以不在「陳獻章學案」之小傳中加以注明吧！一如前節之分析，陳獻章小傳中缺少「學者稱為『白沙』先生」一句，以釋「白沙」是稱號之謎。《中國大百科全書‧哲學卷》上冊所收馬振鐸撰「陳獻章」條即云：「陳獻章（1428～1500），中國明代哲學家。字公甫，號石齋，廣東新會白沙里人，世稱白沙先生。」方克立主編《中國哲學大辭典》「陳獻章」條亦云：「陳獻章，明學者，字公甫，號石齋，新會（今屬廣東）人。因居白沙里，學者稱白沙先生。」〔註54〕由以上之記載可知「白沙」確實是陳氏之稱號。

「止修」、「東林」二學案之命名，都是與傳目名號等是了不相干的。而有關「止修學案」由莫刊本補入之案首小序，曾云：「今講止修之學者，興起未艾，其以救良知之弊，則亦王門之孝子也。」從上下段文義，以及全書之案首小序來看，本處所言「止修之學」一詞，即指「李材之學」，並非指講論「止」與「修」的學者。不過，若果我們遍查全書，就會發現從未有以「止修之學」來代稱「李材之學」者，只有「李材」或「李見羅」之稱呼，因此，我們似乎由此可以證明「止修學案」的案首小序或許早已亡佚，莫刊本之小序是黃門後學揣測乃師之意補入者，因此，談論到這則小序時，實不宜與其他學案之小序等量齊觀。〔註55〕

《明儒學案》傳目之安排，一般上是置於每一學案、每一小傳之首。然後依次介紹其人之生平、經歷、學術，最後再附上摘選之參考資料，包括這位傳主的著述、語錄、論學資料等。不過，也有少數是例外的，其中一種是附傳的傳目，一般如卷十四「浙中王門學案四‧布衣董蘿石先生澐」下，註有「附：子穀」字樣；卷十六「江右王門學案一‧文莊鄒東廓先生守益」下，便直書「附：子善、孫德涵、德溥、德泳」之字樣，不為附傳者另立傳目；卷十九「江右王門學案四‧御史劉三五先生陽」之傳目之下，亦書有「附：劉印山、王柳川」字樣，而不為劉印山、王柳川另

〔註54〕詳參二書，頁 96 與頁 394。

〔註55〕李材弟子劉乾初所記〈崇行錄〉云：「近來談止修之學者，有重止者，則略言修，遂摭荒唐入禪之誚；有重修者，則輕言止，至騰切實近裏之聲，其實於透底一著，不能無失。」「止修之學」，指的即是「止」「修」之學問工夫，並非「李材之學」的代稱。（頁 7-817）

立傳目；另外如卷三二「泰州學案一・處士王東崖先生襞」下註明「附：樵夫朱恕、陶匠韓樂吾、田夫夏叟」，亦是如此的情況。由此看來，本書在處理附傳之標目時，是不會如正傳般，各立一個傳目的。〔註56〕

其二是在傳目的安排上，出現有「並目」的情況發生，即將兩個「傳目」並列之後，再分別介紹他們的生平、經歷與學術，如卷十一「浙中王門學案一」之中，並列「督學蔡我齋先生宗兗」及「御史朱白浦先生節」二人之傳目，再依次介紹二人之生平學術，其末皆未收有相關著述或語錄資料。卷十九「江右王門學案四」之中，編者將「太常魏水洲先生良弼」、「解元魏師伊先生良政」、「處士魏藥湖先生良器」三位兄弟的傳目先並列在一起之後，再分別以「魏良弼」、「良政」、「良政」三個名氏作為論介三人之小傳的分界點，在介紹他們的生平、經歷與學術之後，最後才附錄魏良弼之文集中有關論學之文章，而其餘二人則未收有相關著述或語錄資料。

這兩種例外之情形當中，第一種是為了使正傳與附傳有一個明顯的區別，故而對附傳不另立一個醒目的傳目，是有其必要的。不過，第二種傳目安排上出現「並目」的情況，顯然是令人感到困惑的，雖然，在蔡兗與朱節之「並目」下，黃氏曾有一段如此的小序語：「蓋三先生（按：徐愛、蔡兗、朱節）皆以丁卯來學，文成之弟子，未之或先者也。……橫山（徐愛）為弟子之首，遂以兩先生次之。」〔註57〕黃氏之說明，看來似乎是別有苦心。不過，他其實只解說了何以在徐愛之下緊接著安排蔡兗與朱節兩個學案的原因。如果因為是一同問學之友即須並列傳目，則《明儒學案》中同門之友比比皆是，卻不見有以「並目」形式處理者，如：卷八「河東學案下・郡守郭蒙泉先生郯」小傳云：「先生與呂愧軒（呂潛）同學，愧軒之父，其師也。」卻不見黃氏將「司務呂愧軒先生潛」與上述郭郯之傳目並列處理；卷二八「楚中王門學案・孝廉冀闇齋先生元亨」小傳中云：「陽明謫龍場，先生與蔣道林往師焉，從之之廬陵，踰年而歸。」黃氏也未將本傳目與前此「僉憲蔣道林先生信」之傳目並列編排。

此外，以「並目」編排的魏氏三兄弟「太常魏水洲先生良弼」、「解元魏師伊先生良政」、「處士魏藥湖先生良器」的傳目，若與本書中其他的兄弟、父子檔的傳目

〔註56〕附傳中的姓氏稱呼，有：（一）直呼其「名」者，如卷十四董穀，卷十六鄒善、鄒德涵、鄒德溥、鄒德泳，卷三二朱恕；（二）有尊稱其「號」者，如卷十九之劉印山（秉監）、王柳川（子懋），卷三二韓樂吾（貞）；（三）有泛稱其為老者，而不直稱其名號者，如卷三二之夏「叟」，原名夏廷美。

〔註57〕引自卷十一「浙中王門學案一」，「督學蔡我齋先生宗兗」及「御史朱白浦先生節」兩個並列之傳目下「小傳」語。

相比較，我們也會發現，卷三五「泰州學案四」中，「恭簡耿天臺先生定向」、「處士耿楚倥先生定理」兩位兄弟的傳目則分列，分別論敘其學後，再依次附載兩人之論學語；「東林學案」的顧憲成與顧允成兄弟，更分屬卷五八與卷六○當中，其傳目當然不可能並目出現；而卷二六「南中王門學案二」中，唐順之、唐鶴徵父子，其傳目及引錄之資皆分列，并未有並目的現象發生。

因此，蔡宗兗、朱節二同門之並列傳目，與魏氏三兄弟之並列傳目，是難明究竟的。最有可能的便是因為黃氏及其門人的一時失察，或在謄稿、或在刻版時出現小紕漏，以致產生傳目編排體例不一的情形。〔註58〕

三、小　傳

有關各學案傳記之名稱，石侔英、方國根、衷爾鉅、倉修良、馮契等稱之為「小傳」；方克立、吳光稱之為「個人小傳」，吳光除了稱之為「個人小傳」外，在行文中，又多以「敘傳」一名稱之，鄒振環稱之為「傳略」，〔註59〕在小傳當中，其體例是對各明代儒者的時代背景、生平經歷等事蹟、思想學說及其演變、學術師承之授受、著述之名稱、緣起及要旨等，均有簡明扼要的介紹與論述，間或略作評論，以抒發一己之學術見解；或引用明代其他儒者對此一學案中人物的評價，作為結語、或稍加辨駁，務使讀者對此一儒者之學術有更深入的了解。本文多以吳光所云「小傳」為其通稱。

下引《明儒學案・卷四・崇仁四・夏尚朴學案》之小傳為例：

太僕夏東巖先生尚朴

夏尚朴字敦夫，別號東巖，永豐人。從學於婁一齋諒。登正德辛未進士第。歷部屬、守惠州、山東提學道，至南京太僕少卿。逆瑾擅政，遂歸。王文成贈詩，有「舍瑟春風」之句，先生答曰：「孔門沂水春風景，不出虞廷敬畏情。」

先生傳主敬之學，謂「纔提起便是天理，纔放下便是人欲。」魏莊渠

〔註58〕若要再為黃氏及其門人辨解，而說是因為並目之處的儒者多未選抄論學著述，而以並列傳目之形式出現。如此一來，則徐愛宜與蔡、朱二位同門並列傳目矣，而本書中其他數十處未收選著述語錄者，則須重新考量並列傳目的編排形式了，這樣會造成更複雜的傳目編排，勢必出現不勝其煩的現象。因此，這些小瑕疵，實在不必為賢者諱，畢竟瑕不掩瑜。

〔註59〕以上所提各學者說法，詳參《中國哲學著名簡介》（石侔英）、《中外社會科學著名千種評要》（方國根）、《蕺山學派哲學思想》（衷爾鉅）、《中國史學名著評介》（倉修良）、《哲學大辭典》（馮契）、《中國哲學大辭典》（方克立）、《《明儒學案》考》（吳光）、《中國歷史三百題》（鄒振寰）。

歎爲至言。然而訾象山之學以收斂精神爲主。「吾儒收斂精神，要照管許
多道理，不是徒收斂也」，信如茲言，則總然提起，亦未必便是天理，無
乃自背其說乎！蓋先生認心與理爲二，謂心所以窮理，不足以盡理。陽明
點出「心即理也」一言，何怪不視爲河漢乎！

以上選了《明儒學案》中一則較短的正傳，來說明其形式與內容。一般而言，首
先會對傳主的字號、籍貫、家世，以及自小從學與仕進的經歷作一介紹，如上文
所引「夏尚朴字敦夫……遂歸。」即是如此。而「王文成贈詩…敬畏情」則是述
及傳主之交遊，尤其對其足以稱舉的德行多加著墨描寫。傳文後段則明顯的論述
其學，多以「先生之學」、「其學」等爲發端語，如：卷五「白沙上・陳獻章學案」
云：「先生之學，以虛爲基本，以靜爲門戶，以未嘗致力而應用不遺爲實得。…」
卷十「姚江學案」云：「先生之學，始泛濫於詞章，繼而遍讀考亭之書，…」等等，
即先總括其一生學問重心與見解，再述及其著述、問學等，並盡量引用傳主的論
學詩文語錄，以爲佐證，或作爲興議評論的焦點，而在最後作一小結，或引用前
賢之見解，或提出一己之評價。上例之「先生傳主敬之學」即是對傳主夏尚朴學
術主張的總結，並用夏氏一己之語錄爲證，且以魏校的評價爲然。不過，對夏氏
的一些見解不敢苟同的黃宗羲，也不忘在此傳中提出自己的分析與評論。

在《明儒學案》中，小傳之樣式，主要可分爲三種，即一般的正傳、附於正傳
之下的附傳，以及附錄於一些學案案首的儒者傳記，〔註60〕三種傳記當中，正傳是
最完整的，附傳次之，而案首的儒者傳記又次之，最簡略的莫過於在正傳行文中夾
注的一些儒者名氏，實是因爲時空等因素無資料可供考察評述，所以僅能提供一些
蛛絲馬跡，讓後人能留意並加以補足。

在小傳之中，少者數十字，如「河東學案下」李挺68字；乃至上百字，如「崇

〔註60〕若再細分之，則還有一種只有寥寥數語，以類似附註方式出現於第一次提及的儒者
名字之後的，如（一）「師說」中的蔡清傳末，附註有「月湖，楊廉號；玉夫，丁璣
字。」以注明傳文中「前輩稱感月湖過先生，殊未然。月湖之視先生，猶子夏之於曾
子。玉夫清修勁力，差可伯仲，惜未底於成。」「月湖」與「玉夫」二人之名氏，在
《明儒學案》中並無收錄，若不注明，勢將無人能曉，而日久成謎。（二）卷七「河
東上・薛瑄學案」小傳正文「父貞爲滎陽教諭，聞魏、范二先生深於理學」之下，
即隨文附註有「魏純，字希文，山東高密人。范，俟考。」之字樣，亦可將之視爲
本書之附傳之一。只是其學術多已不可考。全祖望〈與鄭南谿論《明儒學案》事目〉
「河汾學案」條，認爲「魏范」非指二位先生，實是一「魏姓而范名，字希文」之
先生，認爲『純』字與『范』字「形相近而訛」，恐怕是「偶失考據」之誤。（頁
12-178。選錄自全祖望《鮚埼亭集・外編》卷四四。）而浙江古籍本查《明史》卷
二八二薛瑄傳，則認爲「范」氏實有其人，指「海寧范汝舟」而言。

仁學案二」謝復 128 字、「崇仁學案四」潘潤 200 字、「白沙學案下」陳庸 173 字、「河東學案下」張節 119 字、「江右王門學案四」劉曉 166 字；常見者爲上千字，如劉宗周 3375 字、高攀龍 2970 字、顧憲成 2610 字、黃道周 2205 字、羅汝芳 2205 字、吳與弼 1935 字、薛瑄 1710 字、王艮 1665 字、王守仁 1575 字、陳獻章 1575 字、王畿 1350 字……等等。

四、傳末之論學著述

在每個小傳之傳末，黃氏一般上都會摘抄有這位儒者的論學著述或語錄，不過，在小傳末並未收有論著者亦不在少數。此外，在所收論著當中，有些也夾注有一些按語，筆者將在此一併討論。

（一）傳末所收論學著述之內容

有關《明儒學案》在小傳末所摘選附載之論學資料，方克立云包括「語錄、詩文」；石倬英、馮契稱之爲「語錄」；方國根、鄒振環稱之爲「著作和語錄」；吳光稱之爲「著作、語錄或書函」，〔註 61〕由於各種論著內容都以「論學」爲主，是以本文概稱之爲「論學著述」。

至於《明儒學案》所選錄的「論學著述」的種類，近人阮芝生曾作過一次粗略的統計，云：

> 就本書看，選錄著述的取材範圍極廣，包括有語（筆語、會語、錄語、日語），錄（語錄、漫錄、傳習錄、日省錄、求心錄、困辨錄、日錄）、記、說、論學書、論學詩、文集、題跋、著撰、講義、雜述、問答、論、誡、圖、法（調息法、省身法）、箚記、學則、隨筆諸體。〔註 62〕

這是一個平面的介紹，對於六二卷《明儒學案》所收錄的著述來源，大體都已提及，其中，以「論學書、論學語、論學、論學要語」，以及有關論學的「語錄」、「語」、「錄」等是黃氏收錄儒者著述之大宗。

黃氏除了選錄書信專著等著述中論及學問之處外，也收錄諸儒之文集、詩集中之詩、文、序、跋類的文字。乍看之下，似乎是黃氏選材不嚴謹，而使資料中摻雜

〔註 61〕詳參《中國哲學大辭典》（方克立）、《中國哲學著名簡介》（石倬英）、《哲學大辭典》（馮契）、《中外社會科學著名千種評要》（方國根）、《中國歷史三百題》（鄒振環）、《《明儒學案》考》（吳光）。

〔註 62〕詳參阮芝生〈學案體裁源流初探〉一文，收於《史原》，第二期，頁 60，民國 60 年 10 月臺灣大學歷史學研究所出版。另外，曾春海〈經典導讀──《明儒學案》〉一文，收於《哲學與文化》十九卷四期總二一五，民國 81 年 4 月，其中有關《明儒學案》選錄著述之範圍處，與阮氏此文所述相同，故本文不另加論列。

有文學資料，其實，若仔細考察其中所選輯的詩、文資料，則不難發現，黃氏是摘選詩、文資料中有關論學的主張，與全書之編纂理念並不扞格，如：卷六「白沙下·張詡學案」「文集」處，收錄有〈白沙遺言纂要序〉、〈復乾亨〉、〈白沙先生墓表〉；卷十五「浙中王門五·王宗沐學案」「文集」下收有〈象山集序〉、〈象山粹言序〉、〈朱子私鈔序〉、〈壽龍溪序〉；卷十九「江右王門四·魏良弼學案」「水洲先生集」收有〈答鄒東廓〉、〈答羅念菴〉等文章；卷四二「甘泉六·楊時喬學案」「文集」收有〈呂巾石類稿序〉、〈大學定本古本石經三序〉、〈大學四體文集註序〉等。此外，張元忭「秋遊記」一名，乍看之下，我們也似乎會以爲是古文中遊記一類文章，如果翻查了「秋遊記」之內容，則會發現本文乃是作者與另一儒者鄧以讚之論學問答，與全書主旨並不相違。

有關「詩歌」類之文字，黃氏亦加以收錄，不因爲傳統認爲詩以抒情爲主，與「學問」似乎了不相關，而擯斥這類的體裁，反而從中尋得有關論學的詩歌，黃氏披沙揀金的精神，著實令人佩服。如卷四八「諸如中二·汪俊學案」選錄了汪俊的「詩」，便是因爲汪俊以詩歌來概括前賢如文中子、程子、邵子、張子等論學之旨，與學案之旨正合，其他如夏尚朴「讀白沙與東白論學詩」、鄒智「讀石翁詩」，都是他們讀了前人論學之詩後，興發感想而寫下的文字，所以入選。

總計黃氏所收著述，不下百種，可見其翻查搜集之勤，《明儒學案》中所收錄的，已是經過挑選的富有價值的篇章，並且是各篇章中的精華，也難怪黃氏會不滿意於前人有關儒學史之著述，包括孫奇逢《理學宗傳》、周汝登《聖學宗傳》等，故《明儒學案·發凡》云：「學者觀義是書，而後知兩家之疏略。」

而在眾多的明儒當中，除去未收語錄者，可能因爲人力不及，無法突破時空限制而選抄論學著述外，一般學案末所選附的資料種類，以一種爲主，而且內容以「論學」爲主，十個學案之案主選錄之資料種類是這樣的：

（一）崇仁學案——只有選錄吳與弼「吳康齋先生語」一種。
（二）白沙學案——選錄了陳獻章「論學書」、「語錄」、「題跋」、「著撰」等四種。
（三）河東學案——只選錄了薛瑄「讀書錄」一種。
（四）三原學案——只選錄了王恕「石渠意見」一種。
（五）姚江學案——選錄了王守仁「陽明傳信錄」、「語錄」、「傳習錄」三種。
（六）止修學案——選錄了李材「論學書」、「大學約言」、「道性善編」、「知本同參」四種。
（七）泰州學案——只選錄了王艮「心齋語錄」一種。

（八）甘泉學案——選錄了湛若水「心性圖說」、「求放心篇」、「論學書」、「語
　　　　　　　　錄」等四種。

（九）東林學案——選錄了顧憲成「小心齋劄記」、「商語」、「論學書」、「當下
　　　　　　　　繹」等四種；高攀龍「語」、「劄記」、「說」、「辨」、「論學
　　　　　　　　書」、「雜著」、「講義」、「會語」等八種。

（十）蕺山學案——選錄了劉宗周「語錄」、「會語」、「易簀語」、「來學問答」、
　　　　　　　　「原」、「證學雜解」、「說」、「讀易圖說」、「聖學喫緊三關」、
　　　　　　　　「大學雜辨」、「論語學案」等十一種。

　　對於明儒各學派的領導人或開創者，黃氏在選輯相關的參考資料時，自然會多加留意，其中吳與弼、薛瑄、王恕、王艮四位儒者只輯選一種，或許因為他們本身之著述種類本來就不多，加上時空等因素的影響，因此無法將引錄之資料進一步分類。而其他六位被黃氏視為引領明代儒學風騷的人物，則引錄三種的有一位，四種的有三位，八種的有一位，至多的有十一種之多。其中，尤以引錄八種的高攀龍以及引錄十一種的劉宗周值得特別留意，我們如果察看《明儒學案》中黃氏對高、劉二學者所作的評價便可得知：「今日知學者，大概以高、劉二先生並稱大儒，可以無疑矣。」（卷六二「蕺山學案・案首小序」）高攀龍是與黃氏老師劉宗周在當日「並稱大儒」的，何況黃氏有幸得覽《高子遺書》。因此，對於高攀龍，自然與乃師般，摘抄較多的資料。

　　經過粗略翻查統計的結果，其中以 1.「蕺山學案」劉宗周共收錄了 60,320 的資料最多，其次為 2.「泰州學案三」羅汝芳的 30,600 字，其他依序為 3.「江右王門學案三」羅洪先的 28,280 字、4.「姚江學案」的 24,720 字、5.「甘泉學案一」湛若水的 23,400 字、6.「止修學案」李材 23,400 字、7.「諸儒學案下一」羅欽順的 22,800 字、8.「東林學案」高攀龍的 22,360 字，其他如「諸儒學案中四」王廷相的 16,800 字、「諸儒學案中五」黃佐的 15,600 字等，則都在兩萬字以下了。

　　至於各學案所收錄之論學著述，以卷三七到卷四二的「甘泉學案」最為完整，每一儒者皆附有語錄著述，而卷二五至卷二七的「南中王門學案」，若果不含案首附錄無語錄可考見者十四人，則所載三卷九位儒者，都收錄有論學著述。

　　卷六二「蕺山學案」因為只有案主一人，所以亦可說是最完整的學案型態，即案首有一「小序」，其下之「小傳」則記明案主之生平出處，其成學過程，學術主張，評價，以及在傳後附錄語錄著述等；而卷三一的「止修學案」，可說與「蕺山學案」

一樣，都是以一人爲一學案者，只是「止修學案」在案首並無「小序」。〔註63〕

（二）未收論學著述之學案

《明儒學案·發凡》云：

> 是書搜羅頗廣，然一人之聞見有限，尚容陸續訪求。即義所見而復失
> 去者，如朱布衣《語錄》、韓苑洛、穆玄菴、范栗齋諸公集，皆不曾採入。
> 海內有斯文之責者，其不吝教我，此非末學一人之事也。

按：韓苑洛即卷九「三原學案」之韓邦奇；穆玄菴即卷二九「北方王門」之穆孔暉；
范栗齋即卷十一「浙中王門學案·案首小序」處所附傳的范瓘，三人小傳末皆未收
錄任何著述語錄。而文中所提及的「朱布衣」，在本書中若指的不是「泰州學案」附
傳中的樵夫朱恕，則不止其《語錄》已遺失，并連「朱布衣」之小傳亦不可見矣。
可見黃氏所搜集的著述語錄，有搜得而復散失者。以下即分別說明：

（一）小傳所載儒者，未收論學著述者，計有五十人：

 （1）崇仁學案——六人：婁諒、謝復、鄭伉、胡九韶、余祐、潘潤。

 （2）白沙學案——六人：陳茂烈、陳庸、李孔修、謝祐、何矩、史桂芳。

 （3）河東學案——十人：閻禹錫、張鼎、段堅、張傑、周蕙、李錦、呂潛、
          張節、李挺、郭郛。

 （4）三原學案——四人：王承裕、馬理、韓邦奇、王之士。

 （5）浙中王門學案——五人：蔡兗、朱節、陸澄、顧應祥、張元沖。

 （6）江右王門學案——五人：劉曉、劉魁、魏良政、魏良器、馮應京。

 （7）楚中王門學案——一人：冀元亨。

 （8）北方王門學案——三人：穆孔暉、張後覺、南大吉。

 （9）粵閩王門學案——一人：周坦。

 （10）泰州學案——一人：林春。

 （11）諸儒學案——三人：陳選、張吉、周瑛。

 （12）東林學案——五人：薛敷教、葉茂才、許世卿、劉元珍、華允誠。

（二）附傳所載儒者，未收論學著述者，計有五十二人：〔註64〕

 黃氏於附傳之中，有些摘收有論學著述之資料，有些則無。阮芝生所說：「學案
的作法，大抵每一學案有一案主，案主之後載列跟此案主相關或相近的學者。先立
案主的傳，然後選錄其人的著述附於本傳之後，但附案者不錄著述。」阮氏所云「附

〔註63〕浙江古籍本據莫刊本補入「小序」。
〔註64〕此爲粗略的估計，在書中只提及名氏而沒有傳文者並未計入。

案」，若果專是指全書最後所收錄之「附案」五人，而說「不錄著述」，那這一段話就沒有什麼大的問題，若果指的是全書在正傳以下所收錄的「附案」都沒有收錄「著述」，則是考察疏略之處，〔註65〕因爲，在《明儒學案》全書當中，不論是正案或附於正案之下的附案，都有收錄著述與不收錄著述二種，以上已論及正傳之後不收錄著述者，此處擬就正案之下的附案加以著墨。

爲何會出現正傳所收之案主未收語錄，而在附傳中反而有語錄的現象，則須從黃氏處理附傳的原則來加以說明。有關正傳與附傳之別，可從傳目之下註有「附」字的標示得知，如卷十六「江右王門學案一」，於「文莊鄒東廓先生守益」傳目之下，則以小字註明「附子善、孫德涵、德溥、德泳」，以表示鄒守益之學案下，收有其子孫之學案資料。至於黃氏之附傳有兩種形態，其一是出現於家族學問的情形，如上引例子。黃氏在安排家族成員之學案時，總是以一同處理爲原則，而對於家族中未能有所自得而獨出機杼者，則以附傳方式處理，對於上述鄒守益子孫學問之安排，就是基於這一原則。因此，在鄒守益以下之附傳中，由於資料取得不難，所以附傳當中也收有「語錄著述」等便不足爲奇了。如：鄒善有「穎泉先生語錄」、鄒德涵有「聚所先生語錄」、鄒德溥有「四山論學」、鄒德泳有「思成求正草」，卷十四「浙中王門四・董澐學案」下附其子董穀之「碧里疑存」等。〔註66〕

其二是對於一些同一派別，或居處在相近地域，或屬同一階層之人物，而又無語錄者，便以附傳方式處理，如：

(1) 卷十九「江右王門學案四」「御史劉三五先生陽」傳目下有「附劉印山、王柳川」之字樣。按：劉秉監，與劉陽、王釗即爲同爲江西安福縣人。〔註67〕

(2) 卷三二「泰州學案二」「處士王東崖先生襞」傳目下有「附樵夫朱恕、陶匠韓樂吾、田夫夏叟」字樣。按：朱恕以樵薪養母、韓貞以陶瓦爲業、夏廷美爲田夫，三人同是出身下層農業社會之人物，沒有受過正規教育，

〔註65〕 詳參阮氏〈學案體裁源流初探〉，收於《史原》，第二期，民國 60 年 10 月，臺灣大學歷史學研究所出版；另：曾春海〈經典導讀──《明儒學案》〉之相關論述，亦與本篇相同。顯然是承自阮氏之見，故其疏略處相同。

〔註66〕 當然，有家族學問傳統的儒者，未必都以附傳之形式處理。如：成學一方而足以自立爲案的家族成員，諸如：卷十九「江右王門學案四」的魏良弼、魏良政、魏良器三兄弟是分別以小傳處理；卷二二「泰州學案一」的王艮、王襞父子分列；卷三五「泰州學案四」耿定向、耿定理兄弟分屬兩個小傳；卷五八「東林學案一」顧憲成與卷六〇「東林學案三」的顧允成兄弟，亦分屬兩傳，均未以附傳方式處理。

〔註67〕 《明儒學案》言劉陽爲江西安福縣人；劉秉監（印山）與劉陽爲同邑人；王釗（柳川）爲安成人，翻查《中國歷代地名要覽》，頁 8，則知曉「安成」乃古地名，即今江西省安福縣。

而都樂聞泰州之學，所以一併附入王艮之字王襞學案之下。

除了上述兩種「附傳」之外，還有一種附傳多附之於案首，有些則註有「其無語錄可考見者附此」的字樣，（卷二五「南中王門・案首小序」）大部分都未加註明，而其精神是與「附傳」相同的。似乎都有等待後人加以補足的用心，而不願這些人物因為「無語錄」便連名氏也一併失傳，如：

（1）卷十一「浙中王門學案」中，案首附有十二人：范瓘、管州、范引年、夏淳、柴鳳、孫應奎、聞人詮、黃驥、黃文煥、黃嘉愛、黃元釜、黃夔。

（2）卷二五「南中王門學案」案首共附錄十六人：戚賢、馮恩、貢安國、查鐸、沈寵、蕭念、蕭良榦、戚袞、張榮、章時鸞、程大賓、程默、鄭燭、姚汝循、殷邁、姜寶。

（3）卷三〇「粵閩王門學案」案首附錄者有七人：方西樵、薛尚賢、楊驥、楊仕鳴、梁焯、鄭一初、馬明衡。

（4）卷三二「泰州學案」案首列有七人：顏鈞、梁汝元（即何心隱）、鄧豁渠、方與時、程學顏、錢同文、管志道。

此外，書末「附案」五人亦無語錄：應典、周瑩、盧可久、杜惟熙、顏鯨。再加上一些只有名氏而無傳者，如卷二八「楚中王門學案」案首提及的劉觀時、王文鳴、胡珊、劉獻、楊杓、何鳳韶、唐演、龍起霄等八人名氏，如果再加上一些師承人物無可考，或只知其名氏鄉里者，尚有不少，便可知在《明儒學案》未能收錄的傳記及語錄還有許多，黃氏只是在其畢生精力所能及處用心留意保存。

至於各學案有無選抄論學著述之比例情形大略如下：

（1）崇仁學案——全案十人中有六人未收論學著述。

（2）白沙學案——全案十二人中有六人未收論學著述。

（3）河東學案——全案十四人中有十人未收論學著述。

（4）三原學案——全案六人中有四人未收論學著述。

（5）浙中王門學案——全案十七人中有五人未收論學著述。（不含案首附案）

（6）江右王門學案——全案二十七人中有五人未收論學著述。（不含案首附案）

（7）楚中王門學案——全案兩人當中有一人未收論學著述。（不含案首附案）

（8）北方王門學案——全案七人中有三人未收論學著述。（不含案首附案）

（9）粵閩王門學案——全案兩人當中有一人未收論學著述。（不含案首附案）

（10）泰州學案——全案十八人中有一人未收論學著述。（不含案首附案）

（11）諸儒學案——全案四十二人中有三人未收論學著述。

（12）東林學案——全案十六人中有五人未收論學著述。

　　至於為何未收錄上述各儒者之「論學著述」，這可能是一些儒者本身並未著有論述以外，也有些儒學之著述可能已亡佚，有些則可能是因編者一人之精力有限，礙於時空的限制，無法順利收集及摘抄，一如前述黃氏所云：「此非末學一人之事也。」有待後學的繼續補足。

（三）夾注在所收論學著述內之按語

　　對於夾注於所摘錄著述語錄內之按語，一般學者在介紹《明儒學案》時，多略而不談，只有少數學者注意及此，如：吳光云：「每個學案中，首列小序一篇，次立個人小傳，次載傳主著作、語錄或書函，其間夾附編者按語和評論。」〔註68〕方克立亦云：「每個『學案』首列『小序』一篇，次立個人小傳，次載語錄、詩文，間雜編者按語以述論各家學術宗旨和各人生平、著述、師承等。」〔註69〕他們顯然是較深入的看出本書的另一特色的，以下即先羅列在全書所檢索到的按語：

（1）卷四「崇仁學案四」夏尚樸《夏東巖文集》按語四條。

（2）卷七「河東學案上」薛瑄《讀書錄》按語一條。

（3）卷七「姚江學案」王守仁《陽明傳信錄‧語錄》劉宗周序以及按語二十九條。

（4）卷十「姚江學案」王守仁《陽明傳信錄‧傳習錄》按語四十六條。

（5）卷十二「浙中王門學案二」王畿《語錄》按語一條。

（6）卷十八「江右王門學案三」羅洪先《雜著》按語三條。

（7）卷十九「江右王門學案四」劉邦采《劉師泉‧易蘊》按語一條。

（8）卷十九「江右王門學案四」何廷仁《善山語錄》按語一條。

（9）卷二三「江右王門學案八」鄒元標《會語》按語一條。

（10）卷二三「江右王門學案八」鄒元標《講義》按語一條。

（11）卷三五「泰州學案四」耿定向《天臺論學語》按語二條。

（12）卷四四「諸儒學案上二」曹端《語錄》按語十六條。

（13）卷五二「諸儒學案中六」張岳《雜言》按語二條。

（14）卷五二「諸儒學案中六」徐問《讀書箚記》按語二條。

（15）卷五五「諸儒學案下三」吳執御《江廬獨講》按語二條。

〔註68〕引自吳光《黃宗羲遺著考‧明儒學案考》，收於頁10-1001。

〔註69〕引自方克立主編《中國哲學大辭典》，「《明儒學案》條」，頁423。方氏所云「按語」，似乎亦只注意及黃氏於「小序」、「小傳」中「述論各家家學術宗旨和各人生平、著述、師承等」之「按語」，對於夾雜在所收詩文、語錄等著述中的按語顯然並未特加提及。

（16）卷五八「東林學案一」顧憲成《小心齋箚記》按語三條。

（17）卷五八「東林學案一」高攀龍《論學書》按語一條。

（18）卷五九「東林學案二」孫慎行《困思抄》按語三條。

（19）卷六二「蕺山學案」劉宗周《語錄》按語五條。

（20）卷六二「蕺山學案」劉宗周《會語》按語一條。

　　二十處共一百二十五條按語。如果我們仔細觀察，便會發現這些按語並非全是出自於黃宗羲一人之手。這一點吳光與方克立皆未加留意，二人只是將這些按語視爲是「研究著者本人哲學思想的重要資料。」〔註70〕這當中的按語，有些其實是出自乃師劉宗周之手，尤其是有關卷十「姚江學案」傳末所摘錄王守仁《陽明傳信錄》著述語錄中的按語。因爲，《陽明傳信錄》之標目下，即選錄了劉宗周五百字的序言，開宗明義的說道：

> 暇日讀《陽明先生集》，摘其要語，得三卷。首《語錄》，錄先生與門
> 弟子論學諸書，存學則也。次《文錄》，錄先生贈遺雜著存教法也。又次
> 《傳習錄》，錄諸門弟子所口授於先生之爲言學、言教者，存宗旨也。……
> 　　宗周因於手抄之餘，有可以發明先生之蘊者，僭存一二管窺，以質所
> 疑，冀得藉手以就正於有道，庶幾有善學先生者出，而先生之道傳之久而
> 無弊也。因題之曰「傳信」云。崇禎己卯七月既望（按：即崇禎十二年，
> 1639），後學劉宗周書。

由「姚江學案」案末所附錄之著述，分成《語錄》與《傳習錄》，而統括在《陽明傳信錄》之下，便可知這是黃宗羲輯存了乃師對於王守仁《陽明先生集》的摘錄資料與心得按語，《陽明傳信錄·語錄》有按語二十九條、《陽明傳信錄·傳習錄》處有按語四十六條、加上在卷五五「諸儒下三·吳執御學案」傳末所附《江廬獨講》有按語二條，皆是引述乃師劉宗周之按語。可知一百二十五條按語當中，粗略估計，最少有七十七條按語是劉宗周之意見，只餘四十八條未標明是劉氏之見，應該是屬於黃宗羲之按語。至於有關按語之內容，多是表達編者對於各儒學之論述見解之補充、申論或評論。

〔註70〕同註69。

第四章　「師說」與《明儒學案》

第一節　「師說」的意涵與黃宗羲對「師說」的態度

一、「師說」一詞之意涵

依據陳榮捷〈論《明儒學案》之師說〉一文對「師說」一詞的考察：〔註1〕

> 「師說」一詞，首見《魏志》卷四高貴鄉公髦傳，云「臣奉遵師說」。韓愈以之名篇。韓氏所謂師者，概言而已，不指一人。首指本人之師者為明人趙汸。《四庫全書總目提要》敘宗羲《孟子師說》云：「其曰師說者，仿趙汸述黃澤春秋之學，題曰《春秋師說》例也。

查《四庫全書總目提要》載及「《孟子師說》二卷」條云：「國朝黃宗羲撰。宗羲以其師劉宗周常釋《大學》、《中庸》、《論語》，惟《孟子》無所論著，乃述其平日所聞，以作是書。猶趙汸述黃澤之學為《春秋師說》也。」〔註2〕《春秋師說》是元代趙汸的諸多經學論著之一種。〔註3〕《四庫全書簡明目錄》記載「《春秋師說》」條云：「元趙汸撰。蓋本其師黃澤之說而演之，故曰「師說」。澤說春秋，以左氏為主，而深戒刻削繁碎之弊。蓋根本之學，與虛騰高論者，終有別也。」可見《孟子師說》亦如《春秋師說》般，是「本其師之說而演之。」故名其書曰「師說」。

〔註1〕陳榮捷〈論《明儒學案》之師說〉一文，最早發表於《幼獅月刊》，第四八卷第一期，民國67年7月，頁6-8。後收入氏著《王陽明與禪》論文集中，台灣學生書局，民國73年11月，頁181-190。

〔註2〕《四庫全書總目提要》，清·永瑢等撰，頁146-147。

〔註3〕其他如《春秋集傳》十五卷、《春秋屬詞》十五卷、《春秋左氏傳補註》十卷、《春秋金鎖匙》一卷，皆見《四庫全書簡明目錄》，頁108-109。

對於「師說」的意涵，陳氏首先指出：

　　所謂師說，可爲弟子憶述其師之言，可爲弟子依師之意而作，亦可爲
弟子摘錄其師著述。〔註4〕

以上三種「師說」，除了第三種「弟子摘錄其師著述」比較不會有與本師之意見相左的情況發生之外，〔註5〕其他兩種以己意講述「師說」之意，多可能會有失眞之嫌。只是在承認入室弟子的傳述能力的情況下，只要沒有其他弟子提出疑義，則也只好作爲論述的文本了。〔註6〕陳榮捷依據黃氏在《孟子師說·題辭》之論述，而作出之論斷指出：黃氏《黃子師說》「乃本舊聞於其師之說而成者也。」陳氏認爲應該是屬於以上三種「師說」義涵之第一種，即「弟子憶述其師之言」。不過，陳榮捷又在同一文章的同一頁另作斷言云《孟子師說》乃「依師意以成書。」〔註7〕不知陳氏在論述時爲何會出現前後不相照應的論斷情形？我們若細察《孟子師說·題辭》所云「羲讀《劉子遺書》，潛心有年，麤識先師宗旨所在，竊取其意，因成《孟子師說》七卷」一段，與上述陳氏所分的三種「師說」的意涵相對照，所謂「竊取其意」，則似乎是與「弟子依師之意而作」的第二種論述更切近。如上所述，不論「師說」是「憶述其師之言」，或是「弟子依師之意而作」，二者與乃師之說當然不能沒有出入，陳氏引述《孟子師說·題辭》之內容，只重在「羲讀《劉子遺書》，潛心有年，麤識先師宗旨所在，竊取其意。」一段來詮釋「師說」一詞，顯然是不足夠的。因爲，表面上看來似乎是與其師有關論述《四書》的其他著述不分軒輊，其師之「宗旨」與「其意」皆爲黃氏所「竊取」。不過，若果我們再往下文看去，將不難發現尚有「以補所未備，或不能無所出入，以俟知先生之學者糾其謬云」這幾句話，不但保留了黃氏《孟子師說》在論述「師說」之時，也意識到一己在「當身理會，求其著落。」「屛去傳註，獨取遺經，精思其故。」〔註8〕的狀態下，難免會有與乃師不盡相合

〔註4〕當然，也有可能是弟子聽講時記錄乃師之論述主張，如《傳習錄》等語錄式之著述多如此。

〔註5〕其實，只要不是全文引述他人之見，則或多或少都會存在斷章取義與誤引之可能，此處只就一般情況考量而言。

〔註6〕劉述先於《黃宗羲心學的定位》第一章，頁6，論述黃宗羲所認識的劉宗周的思想時，即曾觸及類似的觀點，云：「故梨洲對蕺山思想的解釋是否可以得到別的同門的首肯不是一個問題，對我來說重要的是，蕺山思想那些部分被梨洲吸收繼承，而被他作爲批評簡擇宋明思想的判準。」

〔註7〕同註1，頁182。

〔註8〕見《孟子師說·題辭》，本處所引文字標點，與《黃宗羲全集》有小異，《全集》第一冊所收之文字標點，是「而明月之珠，尚沈于大澤，既不能當身理會，求其著落，又不能屛去傳註，獨取遺經。精思其故，成說在前，此亦一述朱，彼亦一述朱，宜其學者之愈多而愈晦也。」其中，「精思其故」，《全集》屬之下句，顯然不如屬之上

的地方。畢竟乃師之學在啓發弟子的潛質，而非灌輸一人之見，要弟子死守。否則，黃氏也不會對前此論述《四書》學者，有「成說在前，此亦一述朱，彼亦一述朱」的慨嘆了。

以下，即進一步分點論述「師說」一詞的意涵：

（一）與韓愈「師說」同義的〈續師說〉、〈廣師說〉

有關「師說」一詞，除了陳榮捷引文提及之處外，在《二程全集》所提及的「師訓」，〔註9〕其義亦與「師說」相同，前者著重在老師的訓示開導，教誨之意涵較濃厚；後者重在表達老師的說法，開放學習的氣習較濃郁。不過，其大體意涵則是相同的。

而黃宗羲除了著有《孟子師說》七卷之外，還有〈續師說〉與〈廣師說〉兩文，（頁 10-638、647）〈續師說〉在續述韓愈所論〈師說〉之意，不敢自命爲「師」，實因「羲老而失學，欲求爲弟子者也，諸君子徒以其久侍劉夫子（按：指劉宗周，尊稱其師爲「夫子」。）而過情推獎，羲其敢冒今世之無恥哉？」其中所說當世之無恥者，指的是當世「蓋不特恥爲弟子，相率而恥不爲師。」亦即當世之許多學者皆自以爲是，不但不肯拜師求學，並且好爲人師，以不能爲師爲恥。黃氏是以作〈續師說〉以駁斥之。〈廣師說〉承前篇之論，說明「古人不敢輕自爲師」，指出當世「由於爲師之易，而弟子之所以事其師者，非復古人之萬一矣。」亦即當世之從師者皆從勢利著眼，「乘時則朽木青黃，失勢則田何糞土，固其宜也。」進而讚揚當時淮海劉文起師事岳薦，還能保存古人「事師之義」，不違背韓愈〈師說〉之宗旨。不過，這兩處所提及的「師說」之義涵，與韓愈此前的「師說」所指相同，「師」是泛論身爲「老師」的使命與職責等的特質與條件而已，並非專指受業「恩師」一人之論；此處「說」是「論說」之義，「師說」之義涵是「論說爲師的職責與道理」，與前文所引「師說」之「說」意爲老師之「言說」、「見解」、「意見」、「言論」者不盡相同。

（二）與趙汸《春秋師說》同義的《明儒學案》中的「師說」一詞

「師說」一詞，除了在《孟子師說》作爲書名之外，還可以在《明儒學案》的字裏行間尋得相關的記載，如：「（周衝）與蔣信集『師說』，爲《新泉問辨錄》。」〔註10〕然而，黃宗羲對於遵循「師說」與否的態度是如何？遵循與不遵循之間又有

句之合理可釋。

〔註9〕《二程全書》，遺書第十一，〈明道先生語一〉，〈師訓〉，劉絢質夫錄。

〔註10〕引自《明儒學案》卷二五「南中王門一・周衝學案」，意指周衝與蔣信輯集「師說」而編成《新泉問辨錄》一書。在《明儒學案》中出現的「師說」，主要是專指一己「老師的言論見解」，而並非如韓愈般泛論「師道」者。當然，其中也有少數例外者，如：

些怎麼樣的考量？以下即從《明儒學案》當中的「師說」出現之不同情形，加以分析之。

一般上，常見的義涵一如前例所云，是敘述各儒者「恪守師說」的美德，卷七「河東上‧張鼎學案」云：

> 先生少從父之任蒲州，得及薛文清（瑄）之門，終身恪守師說，不敢少有踰越。

對於張鼎「終身恪守『師說』，不敢少有踰越」，顯示了有些儒者對於「師說」奉為圭臬的情況，在書中卷十三「浙中王門三‧黃綰學案」亦有相同的論述，云：

> 陽明既沒，桂萼齮齕之。（黃綰）先生上疏言：「昔議大禮，臣與萼合，臣遂直友以忠君。今萼毀臣師，臣不敢阿友以背師。」

黃綰所云：「臣不敢阿友以背師」，表現出黃綰在師友的關係上，更重視老師的言論與形象的維護。卷二九「北方王門‧孟化鯉學案」亦載：

> 西川（尤時熙）既傳晴川（劉魁）之學，先生因往師之。凡所言發動處用功，及集義即乎心之所安，皆師說也。

這種重視「師說」的例子，還出現在卷十一「浙中王門學案‧案首小序」之中，云：

> 黃元釜，號丁山。黃夔，字子韶，號後川。皆篤實光明，墨守師說。

「墨守師說」、「恪守師說」是黃宗羲論述一些儒者時所出現的評語，到底這一種論述是否寄寓褒貶在其間，還是僅僅是客觀的論述而已。釐清這當中的的分別，有助於我們了解《明儒學案》與書中卷首「師說」的關係。

二、黃宗羲對於「師說」的態度

對於儒者「墨守師說」、「恪守師說」或不守「師說」，乃至於違背「師說」者，黃宗羲又是採取怎麼樣的態度呢？值得進一步探究。卷十七「江右王門二‧聶豹學案」云：

> 陽明自江右以後，始拈良知。其在南中，以默坐澄心為學的，收斂為主，發散是不得已。有未發之中，始能有中節之和，其後學者有喜靜厭動之弊，故以致良知救之。而曰「良知是未發之中」，則猶之乎前說也。先生亦何背乎師門？乃當時群起而難之哉！

由以上引文所透露的訊息，我們可以約略知曉違背師門之說者，往往會受到同門師兄弟的爭相責難，身為「江右王門」的聶豹即是如此。不過，我們如果再查考其他相關

卷四「崇仁四‧潘潤學案」載云：「（潘潤）師事婁一齋（諒），一齋嚴毅萬邁，慨然以『師道』自任。」文中「師道」指的即是先師之道，非專指啟蒙自己的老師。

資料，則不難發現，過早對黃宗羲有關面對「師說」的態度下結論，總會出現片面與不整全的可能。因此，我們需要全面的來分析黃宗羲對於「師說」的相關論述。

　　除了上述「恪守師說」以外，《明儒學案》中也出現了「非僅蹈襲師門」的論調，卷二「崇仁二・婁諒學案」云：

　　　　敬齋（胡居仁）之所訾者，亦唯石齋（陳獻章）與先生（婁諒）為最，謂兩人皆是儒者陷入異教去，謂先生「陸子不窮理，他卻肯窮理；石齋不讀書，他卻勤讀書。但其窮理讀書，只是將聖賢言語來護己見耳。」先生之書散逸不可見，觀此數言，則非僅蹈襲師門者也。

黃宗羲對於胡居仁批評婁諒「只是將聖賢言語來護己見耳」的見解，是從另一角度加以解讀，認為這實因婁諒能以類似「六經注我」的態度讀書，由此可以側面觀察出婁諒顯然是「非僅蹈襲師門者也」，但並未對婁諒沒有「恪守師說」的舉止表示不贊同或大肆批評。

　　反倒是對於一些挾「師說」之名來禁絕一切不同言論主張的自視「恪守師說」者，黃氏不表贊同，卷十六「江右王門學案・案首小序」云：

　　　　是時越中流弊錯出，挾師說以杜學者之口，而江右獨能破之，陽明之道賴以不墜。蓋陽明一生精神，俱在江右，亦其感應之理宜也。〔註11〕

越，春秋時國名，在今浙江一帶，「越中，泛指今浙江紹興市及其周圍地區。」〔註12〕因此，引文中所指的「越中」，顯然是指「浙江」而言。至於「是時越中流弊錯出，挾師說以杜學者之口」全句，指的主要是「浙中王門學案」中的王畿，他曾經與「江右王門學案」的聶豹論辯師門「致良知」之旨，而成〈致知議辯〉。〔註13〕本處所要注意的，是「挾『師說』以杜學者之口」一句，從黃宗羲論述的語氣看來，他似乎是對王畿等儒者，以嫡傳自師門之說為藉口，將一己的詮解視為不移之論，而杜絕一切企圖以不同角度與方法來詮解師門之說的作法，頗不以為然。所以對敢破除王畿等儒

〔註11〕《明儒學案・原序》云：「奈何今之君子，必欲出於一途，使美厥靈根者化為焦芽絕港？夫先儒之語錄，人人不同，只是印我之心體變動不居。若執定成局，終是受用不得。」此處所批評的雖是程朱學者，然而「挾師說以杜學者之口者」，實亦在此列，可見黃氏對「師說」的態度，並不贊同「必欲出於一途」，而不印證於一己內心的盲從方式。

〔註12〕詳參《中國古典詩詞地名辭典》，頁761，南昌市：江蘇教育出版社，1989年4月；1992年2月二刷。

〔註13〕有關王畿所著〈致知議辯〉，近人牟宗三曾闢專章加以疏解。詳參氏著《從陸象山到劉蕺山》，第四章，臺灣學生書局，民國68年8月；73年11月再版。另：有關聶豹與王畿之論爭，可參勞思光〈王門功夫問題之爭議及儒學精神之特色〉，收於氏著《思辨錄》，台北：東大圖書公司，民國85年1月，頁55-97。

者定於一尊之說提出挑戰而另成一說的「江右王門學案」的儒者，多所讚美，云：

> 天下學者，亦遂因先生（羅洪先）之言，而後得陽明之眞。其曉曉以
> 師說鼓動天下，反不與焉。（卷十八「江右王門三・羅洪先學案」）

承接著以上兩段引文來看，我們不難知曉黃宗羲對於「江右王門學案」羅洪先的讚美，溢於言表。認爲其學是「得陽明之眞」，即獲得王守仁學術的眞傳。並進而指出「曉曉以『師說』鼓動天下」者，亦即前述「挾『師說』以杜學者之口」的「浙中王門學案」的王畿等人，雖然口口聲聲自以爲是得自王門的嫡傳，其實，在黃宗羲的眼中看來，他們反倒是並未獲得王門的眞傳。這當中可以觀察出黃宗羲對於「師說」的態度，是建立在不違背「師說」的基礎，且依此而能夠「眞有自得」，並非是口談之資而已。所以面對「師說」，黃氏的態度是以「各人自得者爲眞」爲最高原則。

因爲，在黃宗羲的眼中，不違背師門之說者未必能得師門之眞傳，黃氏雖於卷十六「江右王門學案・案首小序」指出「姚江之學，惟江右爲得其傳。」不過，對於「江右王門」當中，能夠以身體精研「師門之旨」的學者劉陽，黃氏卻也不認爲他能與其他「江右王門」學者般，得到師門眞傳，黃氏於卷十九「江右王門四・劉陽學案」云：

> 先生（劉陽）於師門之旨，身體精研，曰：……由先生言之，則陽明
> 之學，仍是不異於宋儒也。故先生之傳兩峰（劉文敏）也，謂「宋學門戶，
> 謹守繩墨，兩峰有之。」其一時講席之盛，皆非先生所深契。嘗謂師泉（劉
> 邦采）曰：「海內講學而實踐者有人，足爲人師者有人，而求得先師之學
> 未一人見。」蓋意在斯乎！意在斯乎！

劉陽將陽明之學視爲與宋儒無異，認爲「江右王門」的劉文敏亦不出「宋學繩墨」，並指出當代未有一人能獲得陽明學之眞傳。黃宗羲則婉轉的道出劉陽之所以未能得到陽明學之眞傳，在於誤將陽明之心學混同於宋儒之理學。

爲何會有連黃宗羲認爲得自陽明眞傳的「江右王門」也會出現個別儒者會在「身體精研」「師門之旨」後，依然難以獲得陽明眞傳的情形發生。對於這個問題，黃氏在卷七「河東學案・案首小序」中加以說明，云：

> 河東之學，悃愊無華，恪守宋人矩矱，故數傳之後，其議論設施，不
> 問而可知其出於河東也。若陽明門下親炙子弟，已往往背其師說，亦以其
> 言之過高也。

其中所云「若陽明門下親炙子弟，已往往背其師說，亦以其言之過高也。」可見，有些學者是在不知不覺下偏離「師說」，而陽明弟子就算是「親炙」於陽明，免去層層輾轉傳承之易於失眞的可能，卻還是會背離「師說」。其最大的原因，在黃氏看來，

是因爲陽明論學「言之過高」，陳義過高，往往是只陳述了某一概念或命題，還來不及爲弟子完整的交待一己的見解與主張，便因忙於政務而無暇爲學者講明箇中的義涵。所以就連是門下親自受教的弟子，也會出現不明究裏的情形。更何況是一些無法或無緣親炙的門人弟子呢！當然其偏離「師說」的可能性會大增。

經由這番分析，我們可以確知依從「師說」的原則，在於眞的有所自得的傳承「師說」。否則，死守「師說」也未必眞的就是得到師門的眞傳。這樣的觀點可以在卷二五「南中王門・朱得之學案」中尋得，云：

> 其（朱得之）語尤西川（時熙）云：「格物之見，雖多自得，未免尚爲見聞所梏，雖脫聞見於童習，尚滯聞見於聞學之後，此篤信先師之故也。不若盡滌舊聞，空洞其中，聽其有觸而覺，如此得者尤爲眞實。子夏篤信聖人，曾子反求諸己，途徑堂室，萬世昭然。」即此可以觀其自得矣。

黃宗羲引述了朱得之與尤時熙的對話，由朱氏慨嘆一己有關「格物」之說「雖多自得」，然而未免還是受到聞見所限。而所謂的「聞見」，指的是「童習」時所受的家庭教育或塾師教育，長大之後所受業師之影響，是以無法「眞有所得」。若果想要如曾子般登堂入室，則千萬不可僅以一師一門爲限，重要的是要能如曾子般「反求諸己」，始能讓「所得者尤爲眞實」，黃氏承此贊揚朱氏之學問有所「自得」。

另一方面，黃氏於〈蘇州三峰漢月藏禪師塔銘〉亦云：

> 當是時，（密）雲雖有憾于師，心服其英偉辯博，非及門所及，姑且牢籠之。而及門者多惡其張皇，讒構間作。於是有《闢妄七書》，天下視其師弟子之間若水火焉。今之議新會（陳獻章）者，謂其從聘君（吳與弼）無所得，獨坐十餘年，恍然覺如馬之有勒，其不宗聘君明甚。儒釋同例，則師之齟齬于師門，又何害耶！（頁 10-515）

由此，我們可以得知，黃氏對於吳與弼與陳獻章的師生關係，是頗爲讚揚的。在黃氏眼中，爲師者只要能啓迪弟子，使其自得，未必眞要死守師說。提出了學貴自得，而並非一依師門的觀點。古清美即曾指出，黃氏「已知道學術不該拘執於一種立場而排斥別種立場。」「也才瞭解到學蕺山學的精華當不在於厚此薄彼，而在於從其學中使自己心性、行爲眞正的充實、光大；也就是要使自己眞正得到受用，而不是拿它來與別家論短爭長。」〔註14〕點明了黃氏對「師說」所秉持的基本態度。

經由上述的各層次剖析，我們可以得知，「恪守師說」者未必能將「師門之旨」發揚光大，有時反而可能在不知不覺當中偏離了「師門之旨」的精神。所以若「挾

〔註14〕詳參古清美《黃梨洲之生平及學術思想》，頁 140。

師門之旨」以排斥其他的見解理論，顯然是未必真有所得的。黃宗羲進而指出，若想將「師門之旨」發揚光大者，則需有「自得之見」，唯有具有「自得之見」，才能在眾多「師門之說」當中，簡擇其中最精要的，應該不受師門其他枝節的說法而影響其對於師門的傳承。並且，重要的不止是要有「自得之見」，還需要是「真有所得」之見，即是「反求諸己」，而非僅是聞見於他人者。亦即是有切身體會，聞於言說，而付諸行動之後，內心有所收穫，才是「真有所得」，而非僅是有所得於聞見者。由此可知，黃宗羲重「師說」，更重「自得」的治學觀點，勢必影響黃宗羲在《明儒學案》行文內容中對於案首「師說」內容的簡擇。因此，本文贊同陳榮捷與許蘇民所主張的，黃氏是「尊師而不盲從師說」的觀點。〔註15〕由此一結論，我們再檢視黃宗羲於《明儒學案‧原序》所云：

> 義爲《明儒學案》，上下諸先生，深淺各得，醇疵互見，要皆功力所至，竭其心之萬殊者而後成家，未嘗以懵懂精神冒人糟粕。於是爲之分源別派，使其宗旨歷然。由是而之焉，固聖人之耳目也。間有發明，一本之先師，非敢有所增損其間。此猶中衢之樽，後人但持瓦甌樿杓，隨意取之，無有不滿腹者矣。

其中，提及「間有發明，一本之先師，非敢有所增損其間」一語，似乎與本處所作的分析結果不同。其實，這句話應該可以從兩個方面加以闡釋，其一是指出黃氏在論述《明儒學案》各儒者之學，多是本自先師之教誨，黃氏在序言中提及，是爲了尊崇其師，〔註16〕而其有所發明自得之處，黃氏也將其啟迪之功歸之乃師，這是飲水思源的表現，並非在學術論斷上不敢與乃師之見相左，這點可以在下面章節當中得到具體的論證。其二，則是這句話當中的「一本之『先師』」，有另一種版本，作「一本之『所在』」〔註17〕如此，則不會有恪守師說的問題存在。相對於〈原序〉是在一己病重時口授其子代筆而成，病愈之後，黃氏又曾親筆作《明儒學案‧自序》，述及此處，就不曾有「間有發明，一本之先師，非敢有所增損其

〔註15〕許蘇民語，參引自許氏與蕭萐父合著《明清啓蒙學術流變》，瀋陽：遼寧教育出版社，1995年10月，頁529。陳榮捷〈論《明儒學案》之師說〉一文，即主張此論。此文收於氏著《王陽明與禪》一書，台灣學生書局，民國73年11月。

〔註16〕一如陳榮捷於〈論明儒學案之師說〉所作的結論：認爲「竊以謂其尊師則可，謂其據師說以著學案則不可。」其道理正同。

〔註17〕黃氏爲《明儒學案》曾先後留存了兩篇序，一篇爲其重病時所口授，即本處所引述者，一篇爲其病愈後所親筆。莫刊本將鄭刊本所刻「一本之先師」刻成「一本之所在。」《黃梨洲文集》，中華書局，1959年，頁380。「一本之先師」，或錄作「一本之所在」。黃進興〈「學案」體裁產生的思想背景〉一文，亦注意及此。收於《漢學研究》，第二卷，第一期，民國73年6月，頁215。

間」一句，而代以「諸先生學不一途，師門宗旨，或析之爲數家，終身學術，每久之而一變」一句，其義涵有較明顯的不同，不但令讀者免去黃氏之見是否與「師說」統一的疑惑，也積極指出了各家學說在「師門宗旨」之下，是允許「析爲數家」，「終身學術，每久之而一變」的學術開放態度，這樣一來，〈原序〉所引起的疑慮便可迎刃而解了。〔註18〕

以下即開始分述《明儒學案》「師說」的內容。

第二節 「師說」內容的來源與編排問題

有關「師說」內容的來源問題，歷來學者都嘗試從各種蛛絲馬跡當中尋析答案。1977 年 3 月，在美國波士頓由亞洲學會所舉行的年會上，秦家懿即認爲「師說」的內容來自劉宗周的佚書《皇明道統錄》，其後陳榮捷即依此一線索進行剖析，著成〈論明儒學案之師說〉一文。可說是論述「師說」相關問題當中最完備的一篇。〔註19〕

雖然晚近侯外廬等所編《宋明理學史》當中，曾闢專章論述《明儒學案》，也試圖將《明儒學案》之正文與卷首「師說」進行一番比較研究，而得出「師說」「是黃宗羲根據其師劉宗周評論明代學術的言論輯錄而成的；而劉宗周評論明代學術的言論則出自其所編的《皇明道統錄》一書。」並從劉宗周之子劉汋所編《年譜》所載：宗周於明熹宗天啓七年（1627）輯成《皇明道統錄》一書，凡七卷，「仿朱子《名臣言行錄》，首紀平生行履，次語錄，末附斷論。」〔註20〕雖然此書現在已佚，不過，撰者「從《年譜》所摘錄的部分內容來看，與宗羲所編的「師說」相符，尤其是「師說」中的「王陽明守仁」條的行文，更是一字不差。這說明《明儒學案》卷首「師說」一篇是取材於劉宗周的《皇明道統錄》一書的。」〔註21〕雖然進一步比對了《年譜》所引《皇明道統錄》與《明儒學案·師說》之有關論述，而得出二者有淵源的關係。不過，這一推斷在陳榮捷等學者處即已論及了，亦即指出了劉宗周亡佚之著述《皇明道統錄》被視爲是《明儒學案·師說》唯一的資料來源。因此，本章之脈

〔註18〕黃宗羲著成《明儒學案》時，因罹重病，無法親筆作序，故口授其子百家代筆而成序言一篇，病愈之後，黃宗羲又曾親筆作序。因此，《明儒學案》有兩篇序言，其後，因爲各刻本傳刻之時，又出現序中文字異同不一的情況，不過，大體仍有親筆與代筆之異。

〔註19〕同註1。

〔註20〕詳參董瑒編《劉子全書》卷四○《年譜》上。

〔註21〕上引皆見侯外廬等主編《宋明理學史》，下卷，第二十八章，「《明儒學案》及其對明代理學的總結」，頁 781-782。北京：人民出版社，1987 年 6 月。

絡，即多從此一研究成果再細析之，以期能達到精益求精的境地。

對於「師說」的來源有一大致的了解之後，我們若將「師說」文字當中所呈顯的現象加以歸納，將不難發現以上的結論似乎仍然有其啟人疑竇與值得商榷的地方。首先是在「師說」當中，出現有許多「按語」一類的文字，其體例並非完全統一。在二十五位明儒當中，除了七位完全無「按語」，〔註22〕出現「按語」者可分成數種：

（一）在文中用「按」字以指稱「按語」者有六人：

其中，又可分為在全文起始即用「按」語者五人：如鄒守益、羅洪先（附趙貞吉、王時槐、鄧以讚）；在行文中段始用「按」語者一人：如曹端。

（二）在全文起始即用「愚按」者，有十二人：

即薛瑄、吳與弼、周蕙、陳獻章、陳選、羅倫、王畿、羅欽順、呂柟、孟化鯉（含孟秋、張元忭）。

此外，在「師說」的內文中，也有出現以「余」、「愚」、「予」、「竊」「我」等不統一的自稱名詞，以下即分述之：

（一）以「余」自稱者：

如：（1）「方孝孺傳」云：「或言：『先生之忠，至矣，而十族與殉，無乃傷於激乎？』『余』曰：『先生只辦一死。其激而及十族，十族各辦其一死耳。』」

（2）「許孚遠傳」云：如「『余』嘗親受業許師」。

（3）「吳與弼傳」云：「『余』嘗僭評一時諸公：『薛文清多困流於流俗，陳白沙猶激於聲名，惟先生醇乎醇』云。」

（4）「羅汝芳傳」云：「『余』嘗聞江西諸名宿」、「『余』故擇其喫緊真切者，載於篇。」

（二）以「愚」自稱者：

如「曹端傳」云：「『愚』謂方正學而後，其道之絕而復續者，實賴有先生一人。」

（三）以「予」自稱者：

如「吳與弼傳」云：「『予』則謂先生之過，不特在訟弟之時，而尤在不能喻弟於道之日。」

（四）以「竊」自稱者：

如「羅欽順傳」云：「『竊』思先生所謂心目之間者」。

〔註22〕完全無「按語」者七人：即方孝孺、陳真晟、蔡清、王守仁、羅汝芳、李材、許孚遠。

（五）以「我」自稱者：

如「羅欽順傳」云：「『我』故曰：『先生未嘗見性，以其外之也。』」

以上這兩種用字體例不一的現象是值得進一步分析與探討，因此，如果我們從「師說」上述兩種體例不盡相同的現象進行分析與推論，將不難發現「師說」的內容來源可能不是出自同一著作。亦即我們可以推測出「師說」的來源之一是劉宗周《皇明道統錄》，而不能確定說它是完全出自此書。因為，以古人著述的慎重，應不致於雜湊資料成書。就算是雜湊成書，也會對全書體例與格式進行統一的工作。而「師說」之論述體例之不一，有「愚按」、「按」等之不同、有「余」、「愚」、「予」、「竊」、「我」等自稱語之不同，依據一般著述體例多為統一的情形看來，「師說」所用自稱語會有如此多的應用方式，似乎可視為劉宗周不同時期的意見、或不同著述之記載。如果這一推斷是正確的話，可以知曉的是，黃氏除了取材自《皇明道統錄》之外，有些也可能是聽聞自其他門人之記載或轉述，也有些可能是一己親侍講席時的記載。如劉宗周曾著《聖學宗要》一卷，〔註23〕也可能是黃宗羲纂輯「師說」時參考資料之一。總之，較不可能是完全出自《皇明道統錄》的內容。如果我們堅持《皇明道統錄》是「師說」的唯一來源，則上述現象反映出已亡佚的《皇明道統錄》可能是本尚未成書的著述，或只是劉宗周不同時期評價明代儒者的匯編而已。

解決了「師說」來源的問題之後，我們對於這二十五位明代儒者是黃宗羲從劉宗周對眾多明儒的學術評價中「精選」而來，或是「輯錄」自劉宗周所遺存的吉光片羽，是接下來要討論的問題。

「師說」傳目上一共出現的二十五位明儒，依序為：方孝孺、曹端、薛瑄、吳與弼、陳眞晟、周蕙、陳獻章、陳選、羅倫、蔡清、王守仁、鄒守益、王畿、羅欽順、呂柟、孟化鯉（含孟秋、張元忭）、羅洪先（含趙貞吉、王時槐、鄧以讚）、羅汝芳、李材、許孚遠。這些儒者之先後排列順序，大體上是按照出生年代加以排列的。〔註24〕

─────────────────

〔註23〕本書乃「合周、張、程、朱與王守仁之說，各為之訓解。」詳參《四庫全書簡明目錄》，「《聖學宗要》」條，頁362。

〔註24〕（一）依生年排列「師說」儒者順序如下：1.方孝孺（1357～1402）、2.曹端（1376～1434）、3.薛瑄（1389～1464）、4.吳與弼（1391～1469）、5陳眞晟（1411～1474）、6.周蕙（生卒年不詳。附列其友段堅之生卒年（1418～1484））、7.陳獻章（1428～1500）、8.陳選（1430～1487）、9.羅倫（1431～1478）、10.蔡清（1453～1508）、12.王守仁（1472～1528）、14.鄒守益（1491～1562）、15.王畿（1498～1583）、11.羅欽順（1465～1547）、13.呂柟（1479～1542）、25.孟化鯉（1545～1597）、21.孟秋（1525～1589）、23.張元忭（1538～1588）、16.羅洪先（1504～1564）、17.趙貞吉（1508～1576）、20.王時槐（1522～1605）、24.鄧以讚（1542～1599）、18.羅汝芳（1515～1588）、

　　仔細分析「師說」所收的儒者，我們不難發現，其中有許多是不甚重要的人物。甚至連劉宗周都未知其詳，只是耳聞之儒者，也被攬入「師說」當中。如「師說‧陳眞晟傳」只有「先生學方胡敬齋，而涵養不逮，氣質用事。晚年靜坐一機，疑是進步，惜未窺先生全書。」一句；「師說‧孟化鯉、孟秋、張元忭傳」云：「愚按二子先生如冰壺秋水，兩相輝映，以紹家傳於不墜，可稱北地聯璧。吾鄉文恭張先生則所謂附驥尾而名益彰者乎！讀〈二孟行〉張文恭作可信也。」其下則只敘及張元忭之生平行事而已，很明顯的，對於孟化鯉、孟秋之見，劉氏多從張元忭〈二孟行〉一詩知曉，因而在合傳中對二孟只提及一句而已。如果說這些都是《皇明道統錄》對明儒的評價，則這種語焉未詳的介紹，劉氏所著《皇明道統錄》未免太過簡略與不負責任；如果說是黃宗羲所「精選」的結果，又似乎是說不過去。因此，上述數種說法，包括說「師說」是完全黃宗羲所「精選」，並且是完全取材自劉宗周《皇明道統錄》，或說是劉宗周《皇明道統錄》的精華呈現，乃至說是呈現劉宗周對整個明儒的史觀，都有以偏概全之嫌，免不了會遭受到只是片面之論的指責。

　　經由以上的剖析，如果我們要對「師說」的內容安排加以推敲，則可知曉是黃宗羲大體「輯錄」來自各處記載有關老師劉宗周對明儒的見解，不管是成篇的，或只成片段的論述，黃氏將之統成「師說」一卷，再將其中之儒者，大體按照出生年代的先後加以排列整理，這應該是一個合理的推斷。

第三節　「師說」內容之疑誤者——有關「師說‧羅汝芳傳」

　　在「師說」的內容當中，其中「師說‧羅汝芳傳」是最啓人疑竇者，以下先將「羅汝芳傳」之原文分段抄錄如下，再進行分析：

> 鄧先生當土苴《六經》之後，獨發好古精心，考先聖人之遺經，稍稍

19.李材（1519～1595）、22.許孚遠（1535～1604）。（二）依卒年排列之先後如下：1.方孝孺（1357～1402）、2.曹端（1376～1434）、3.薛瑄（1389～1464）、4.吳與弼（1391～1469）、5.陳眞晟（1411～1474）、6.羅倫（1431～1478）、7.周蕙（生卒年不詳。附列其友段堅之生卒年（1418～1484））、8.陳選（1430～1487）、9.陳獻章（1428～1500）、10.蔡清（1453～1508）、11.王守仁（1472～1528）、12.呂柟（1479～1542）、13.羅欽順（1465～1547）、14.鄒守益（1491～1562）、15.羅洪先（1504～1564）、16.趙貞吉（1508～1576）、17.王畿（1498～1583）、18.張元忭（1538～1588）、19.羅汝芳（1515～1588）、20.孟秋（1525～1589）、21.李材（1519～1595）、22.孟化鯉（1545～1597）、23.鄧以讚（1542～1599）、24.許孚遠（1535～1604）、25.王時槐（1522～1605）。經由以上依生、卒年的排序比較，我們將不難發現這一排列順序大體上是按照出生年代加以排列的。

補綴之，端委纚然，挽學者師心誣古之弊，其功可謂大矣。

乃其學實本之東廓，獨聞戒懼慎獨之旨，則雖謂先生爲王門嫡傳可也。

余嘗聞江西諸名宿，言先生學本修，羅先生本悟，兩人齗齗爭可否。
及晚年，先生竟大服羅先生，不覺席之前也。考其〈祭羅先生文〉，略見一班。則羅先生之所養，蓋亦有大過人者。

余故擇其喫緊眞切者，載於篇，令後之學莽蕩者，無得藉口羅先生也。

以上將「羅汝芳傳」原文大略分成四小段文字，以便於分析論述，其中，有以下數個疑竇：

（一）第一段中所言及的「鄧先生」，「師說‧羅汝芳傳」劈頭即云「鄧先生」，而並未言明其名氏，顯然是不合常理的。到底「鄧先生」是何人？值得進一步確認。

（二）次段「其學」所指的是何人？是「羅汝芳」？或「羅洪先」？還是另有其人，值得推敲。

（三）第三段文字當中，「余嘗聞江西諸名宿，言先生學本修，羅先生本悟」，其中，「先生」指的是何人？「羅先生」指的又是哪位「羅先生」，值得仔細推敲。

（四）此外，末段所載「余故擇其喫緊眞切者，載於篇，令後之學莽蕩者，無得藉口羅先生也。」文中所云「其」指的當然是「羅先生」之學。然而，「羅先生」指的是「羅汝芳」或「羅洪先」？還是另有其人，則尚待進一步分析。

以下即分別加以剖析說明：

釋疑（一）

第一段劈頭即云「鄧先生」，而並未言明其名氏，顯然是不合常理的。除非「鄧先生」是朱熹、陸九淵、王守仁一類的著名儒者，一般學者也才會在有共識的情況下對於以姓氏來代替其全稱的儒者有一相應的了解，而不會引起誤會。然而，姓氏爲「鄧」者似乎未有如朱、陸、王等著名學者地位相等者，因此，此處的傳文起頭顯然是不合常規的。

不過，如果我們仔細比對「師說」所提及的其他二十四位儒者當中，不難發現，姓「鄧」的儒者只有一位，就是「鄧以讚」。而「鄧以讚」的傳文，正好是在「羅汝芳」傳文之前，因此，「鄧先生」顯然是指「鄧以讚」而言。這樣看來，第一段文字應是承接上一傳文「羅洪先、趙貞吉、王時槐、鄧以讚傳」之文字而來，所以說「鄧

先生」指的是「鄧以讚」，可以無疑。

釋疑（二）

次段「乃其學實本之東廓，獨聞戒懼慎獨之旨，則雖謂先生爲王門嫡傳可也。」承自「鄧先生當土苴《六經》之後，獨發好古精心，…其功可謂大矣。」一句，看起來「其學」似乎理所當然是指鄧以讚而言。

不過，如果我們參照「師說·鄒守益傳」所作之記載，將不難發現這個有趣的現象：

> 鄧文潔公（以讚）稱：「陽明必爲聖學無疑。及門之士，概多矛盾其說，而獨有取於念菴（羅洪先）。」然何獨近遺東廓（鄒守益）耶？東廓以獨知爲良知，以戒懼慎獨爲致良知之功，此是師門本旨，而學焉者失之，浸流入猖狂一路。…可謂有功師門矣。後來念菴收攝保任（按：「師說·羅洪先傳」作「收攝保聚」。）之說，實溯諸此。〔註25〕

引文中提及的「鄧文潔」即鄧以讚，而「念菴」即羅洪先之別號。「東廓」指的即是鄒守益。鄒守益以「戒懼慎獨」爲「致良知」的功夫，而劉宗周在此也同時指出了羅洪先「收攝保任」之說，實是溯源自鄒守益之學說。並且贊同鄧以讚之說，認爲羅洪先是陽明之學的眞正傳人。至此，我們便可知曉「其學」所指的應是羅洪先。〔註26〕因爲，在劉宗周眼中，羅洪先既可稱得上是「王門嫡傳」，且「其學」是「實

〔註25〕「師說·鄒守益傳」所云：「鄧文潔公（以讚）稱：『陽明必爲聖學無疑。及門之士，概多矛盾其說，而獨有取於念菴（羅洪先）。』」卷十八「江右王門三·羅洪先學案」引作「鄧定宇曰：『陽明必爲聖學無疑，然及門之士，概多矛盾。其私淑而有得者，莫如念菴。』」引文中之鄧定宇即鄧以讚。如果我們將兩段引文作一比較，則會發現，《學案》所引末句「其私淑而有得者，莫如念菴。」與「師說」所引末句有異：「師說」所引其文意有「陽明……獨有取於念菴」的趨向義涵，少了「私淑」一句，似乎欽定了陽明的繼承者；不過，若《學案》所引是鄧定宇之原文，則鄧定宇本句話只說羅洪先是所有「私淑」王守仁之學當中最有收穫者，似乎並未包括陽明的及門弟子。亦即並非是指陽明及門弟子無一人可繼承其學，只有私淑的羅洪先知曉陽明學之眞義。二種文字差之毫釐，其意涵卻失之千里，其間區別，不辨自明、昭然若揭。因此，劉氏引文顯然有誤解。實是未注意及或遺漏了鄧以讚所云有「私淑而有得」的義涵。所以才會有「然何獨近遺東廓耶？」的疑問。

〔註26〕雖然就語法而言，「其學」所指應爲「鄧以讚」而非「羅洪先」，但若考察下文所云「其學」者之師承源流，則「其學」所指之人實爲「羅洪先」無疑。這種張冠李戴的情形，在《明儒學案》當中，也出現在卷二〇「江右王門五·王時槐學案」當中：「陽明沒後，致良知一語，學者不深究其旨，多以情識承當，見諸行事，殊不得力。雙江（聶豹）、念菴（羅洪先）舉未發以救其弊，中流一壺，王學賴以不墜，然終不免頭上安頭。」（頁7-541）這段小傳內的文字，黃氏在傳末所附王時槐「語錄」中亦有類似的記載：「『致良知』一語，惜陽明發此於晚年，未及與學者深究其旨。先

本之東廓」，「獨聞戒懼慎獨之旨」，即指羅洪先是承自鄒守益之學。

劉氏於「師說・鄒守益傳」中，進一步說出：「東廓以獨知為良知，以戒懼慎獨為致良知之功。此是師門本旨，……後來念菴（羅洪先）收攝保任之說，實溯諸此。」而《明儒學案》「鄧以讚學案」中，也並未提及其與鄒守益之學術關聯。由此一線索，可以確知誤置於「師說・羅汝芳傳」中的「乃其學實本之東廓，獨聞「戒懼慎獨」之旨，則雖謂先生為王門嫡傳可也。」一段文字當中，「其學」指的顯然是羅洪先，而不宜以上下文之行文脈絡判斷為評述鄧以讚之文字，否則就會出現牛頭不對馬嘴的情形。因為，依據卷二一「江右王門六・鄧以讚學案」所載云：「先生私淑陽明之門人，龍溪、陽和其最也。」其中，龍溪指的是王畿、陽和指的是張元忭，兩人都是「浙中王門學案」之人物。因此，影響鄧以讚最深的，是「浙中王門」的王、張二人，並非「江右王門」的鄒守益。此段論述亦可作為「其學」指的是「羅洪先之學」，而非「鄧以讚之學」的另一例證。〔註27〕

至於羅汝芳之學，是年十五而定志於張洵水，年二十六而正學於顏鈞，年三十四而悟《易》於胡生，年四十六而證道於泰山丈人，年七十而問心於武夷先生。其學顯然並未「本之東廓」。（卷三四「泰州三・羅汝芳學案」）因此，當然不是引文中「其學」所指涉的人物。

釋疑（三）

第三段文字當中，提及了「先生學本修，羅先生本悟」，若依上下文的行文脈絡來看，則「先生」指的應是「羅洪先」，而「羅先生」指的是「羅汝芳」。不過，既然「羅汝芳傳」已有許多疑竇之情形看來，則可能還有其他的錯誤發生。因此，在使用這段資料來補充論述原來之儒者之評價時，則需辨明到底是論評哪一位儒者。雖說「師說・羅汝芳傳」大半是論述羅洪先與鄧以讚兩位儒者，然則哪些是論評羅洪先，哪些是論述鄧以讚者，則需細為辨別，切不可囫圇吞棗，而再度犯上張冠李戴之誤。

因此，如果結合下文之「羅先生」，則不難發覺「羅先生」指的是羅洪先，而非

生沒後，學者大率以情識為良知，是以見諸行事，殊不得力。羅念菴乃舉未發以究其弊，然似未免於頭上安頭。」兩相比對，我們會發現黃氏之引述文字當中赫然多出了「雙江（轟豹）」這位人物，因此，《明儒學案》當中的文字，其實是有誤引的情形發生。

〔註27〕至於為何鄧以讚受「浙中王門」的王畿、張元忭影響最深，黃氏卻不將他歸入「浙中王門」，而反置入「江右王門」之中。可能是鄧氏乃南昌新建（江西南昌市新建縣）人的緣故，而以地域為分案標準的《明儒學案》王門弟子學案，自然將鄧氏歸入「江右王門學案」當中。

羅汝芳。而「先生」指的是鄧以讚,非羅洪先。因此,劉氏在本段指出了羅洪先之學本「悟」,且其修養亦有超越常人之處,與鄧以讚本「修」之學不盡相同。

釋疑(四)

此外,末段「羅先生」指的是何人?是「羅汝芳」或是「羅洪先」?本段引文當中,要注意的,是所謂「莽蕩者」,與「鄒守益傳」所云王門流弊「浸流入猖狂一路」指的顯然是同一毛病。鄒守益既能讓「(陽明)先生之教,率賴以不敝,可謂有功師門矣。」則後來被認為是承繼自鄒守益之學的羅洪先「收攝保任」之說,當然是具有同樣的效果存在。而所謂的「猖狂」、「莽蕩」者,一般指的是「泰州學案」之人物,羅汝芳是「泰州學案」之代表人物之一,劉宗周豈會為「泰州學案」之人物羅汝芳洗脫「莽蕩」之嫌,而鼓勵學者修習泰州之學?

小 結

至此,前述懷疑「羅汝芳傳」起句突兀的問題終於可以得到一個圓滿的解決方式。可知「師說‧羅汝芳傳」所述實為「師說‧羅洪先、趙貞吉、王時槐、鄧以讚傳」之延伸,皆是評價鄧以讚及羅洪先之學。因此「師說‧羅汝芳傳」之內文資料則宜併入相關儒者之論述處相互參照。而「師說」當中有關「羅近溪汝芳」這條傳目,在無一語論及羅汝芳的情況下,顯然是多餘與誤增的,所以可以去之而無疑。

從黃氏之論述,在《明儒學案》「泰州三‧羅汝芳學案」中,不見引用、承傳、辨駁「師說‧羅汝芳傳」之內容看來,顯然黃氏亦知未曾留存有對羅汝芳評述之資料,是以學案中并未加以引述承襲。如此看來,則黃氏是知曉「師說」未有論及羅汝芳之處,則「羅近溪汝芳」此一傳目之誤置增入,黃氏似乎並不知情,否則,必會錯誤的沿用或加以辨明其中的錯誤所在。

我們既已確定「師說」「羅汝芳傳」之內容完全不是論述「羅汝芳」此一儒者的,而是論述「羅洪先」與「鄧以讚」這兩位儒者的。但為何會出現這樣的疏漏呢?亦即逸出「羅近溪汝芳」傳這一標題,細究其因:首先在於「羅汝芳」與「羅洪先」兩人之姓氏相同,且同為王門之傳人;其次是因為兩人之傳記正好緊鄰排列。因此,「羅汝芳傳」之內容,顯然是其前之「羅洪先、趙貞吉、王時槐、鄧以讚」四人合傳之文字內容的後半部分。「師說‧羅洪先、趙貞吉、王時槐、鄧以讚傳」的原文是這樣的:

> 按:王門惟心齋氏盛傳其說,從不學不慮之旨,轉而標之曰「自然」,
> 曰「學樂」,末流衍蔓,浸為小人之無忌憚。羅先生後起,有憂之,特拈
> 「收攝保聚」四字,為「致良知」符訣,故其學專求其未發一機,以主靜
> 無欲為宗旨,可為衛道苦心矣。或曰:「先生之主靜,不疑禪歟?」曰:「古

人主教皆權法，王先生之後，不可無先生。吾取其足以扶持斯道於不墜而已。」況先生已洞其似是而出入之，逃楊歸儒，視無忌憚者，不猶近乎？

趙、王、鄧三先生，其先生之意歟？鄧先生精密尤甚，其人品可伯仲先生。

本段文字的最後一段是「趙、王、鄧三先，其猶先生之意歟？鄧先生精密尤甚，其人品可伯仲先生。」如果我們嘗試將它與誤署為「羅汝芳傳」的全部內容重新銜接上，再加以判讀：

> 鄧先生當土苴《六經》之後，獨發好古精心，考先聖人之遺經，稍稍補綴之，端委纚然，挽學者師心誣古之弊，其功可謂大矣。

> 乃其學實本之東廓，獨聞戒懼慎獨之旨，則雖謂先生為王門嫡傳可也。

> 余嘗聞江西諸名宿，言先生學本修，羅先生本悟，兩人斷斷爭可否。及晚年，先生竟大服羅先生，不覺席之前也。考其〈祭羅先生文〉，略見一班。則羅先生之所養，蓋亦有大過人者。

> 余故擇其喫緊真切者，載於篇，令後之學芥蕩者，無得藉口羅先生也。

我們將發現其文意更為完整，而毫無格格不入或顯得突兀之嫌。由此可知，「羅近溪汝芳」這標題是多餘的，或許是「有目無文」的，也可能是多加入的「標目」而已。

第四節　「師說」與《明儒學案》論述觀點之比較

對於「師說」與《明儒學案》觀點的異同，陳榮捷指出，「師說」與《明儒學案》不盡相同。即《明儒學案》未必「亦依師意而作」，亦即《明儒學案》之觀點未必與「師說」的觀點完全相同。這是因為：「師說」為劉宗周所自撰，而與黃宗羲之集劉宗周之說以成《孟子師說》不同，故不可一概而論，此其一；「師說」之內容是出自《皇明道統錄》，此其二；〔註28〕《明儒學案》乃偏向「學術批評史」之論著，而與劉宗周以「道統」名書的《皇明道統錄》在著述動機上不同。後者與朱熹《伊洛淵源錄》、《名臣言行錄》是更為相近的。所以陳氏反對以《明儒學案》為「師說」格局之擴大的說法。實因二者之最大分別，在於《學案》側重思想，與多屬品格行為之「師說」有異，此其三。〔註29〕

〔註28〕此一見解是承自姚名達，參見姚氏《劉蕺山先生年譜》，上海商務印書館，1934年，頁125。其後侯外廬主編《宋明理學史》亦承此見解。

〔註29〕同註1。

而劉述先於《黃宗羲心學的定位》一書中，則曾在第一章即專論「黃宗羲對於蕺山思想的繼承」問題時，指出「梨洲既佩服蕺山的人格，也佩服他的學問，作《明儒學案》即以蕺山之思想為綱領。」因為「學案之首，先敘〈師說〉，對於蕺山可謂推崇備至。」因此，對於「或謂《學案》內容似與〈師說〉不類，譬如白沙學案對於白沙的評語…兩方面的判斷似乎不侔。」然而，劉述先指出，蕺山對於朱子、陽明並有褒貶，此間當知其立論之取意，而不可失之拘執，否則自然難覓善解。如孔子之評管仲，一則曰：「管氏如知禮，孰不知禮！」再則曰：「微管仲，吾其被髮左衽矣！」這兩句話並不構成矛盾，要在讀者之善會意耳。」〔註30〕劉述先指出，「梨洲之學博極古今，家學淵源著重史學，又精象數，自非蕺山一家所可範圍。」不過，劉述先堅持「梨洲之學為蕺山之進一步的發展，其宗旨固無背於蕺山。而蕺山決非索書不觀、遊談無根者流，則梨洲之重經，又開創思想史之先河，實無不直接淵源於蕺山。」駁斥了錢穆先生所云「梨洲所走的學術方向與蕺山不同」之論斷。〔註31〕

以下，即從「師說」與《明儒學案》對明儒的論述觀點異同作一比較，再回頭檢視上述學者所作的論斷，以期能更如實的看待這一個頗受爭議的問題。

一、對明儒行止之評價比較

（一）對明儒行止之評價相同者

（1）對方孝孺之行止評價相同

「師說・方孝孺傳」中，劉氏對於方孝孺年四十六即因朝廷靖難之變後，不肯依附新主而遭磔，株連十族之事，甚表同情，認為方孝孺是「時命不偶」。對於他的死，劉氏以為是「遂以九死成就一個是，完天下萬世之責。」認為其忠義之心，可「扶持世教」於不墜，「信乎不愧千秋正導也。」〔註32〕

至於後世以方孝孺因不肯為成祖草詔而致株連十族，認為方孝孺之「節義與理學是兩事，出此者入彼，至不得與揚雄、吳草廬論次並稱。」雖然在學術上的貢獻人稱「程朱復出」，但劉氏對「後之人反以一死抹過先生一生苦心」的作法頗不以為然。劉氏極力釐清方孝孺之言行舉止並未過激，而是完全秉持孟子「成仁取義」的精神，去完成一己的使命。讓「亂臣賊子」知所警惕，不使社會失去正

〔註30〕詳參氏著是書章節，頁 1-3，台北：允晨文化出版，民國 75 年 10 月。
〔註31〕詳參錢穆《中國近三百年學術史》，台灣商務印書館，民國 26 年 5 月；76 年 3 月九版，頁 26-32、44-46、64-65。
〔註32〕因此，也難怪劉氏晚年遭遇朝代更迭，明朝覆亡之際，寧願絕食而死，而不仕二主，他所堅持的理念，大約與其評論方孝孺之觀念相雷同吧！

義的方向與目標。他是對一己的生命與理想負責,至於成祖因他不肯草詔而使他連累十族殉命,那是方孝孺無法干涉或遏止的。他的一切作為,都是秉持平日所學所教「臣忠子孝」的理念,到靖難之變時,方孝孺只是將平日所學所教在此刻加以如實展現,並非刻意求奇。因此,劉氏仍認為「雖謂先生為中庸之道可也。」意即方孝孺「成仁取義」的行為,並非過激的手段訴求,而是儒家「中庸之道」的呈現方式之一。

在「諸儒上一·方孝孺學案」中,對於罪誅十族之事,一般人以「先生激烈已甚,致十族之酷。」黃氏承師說,而更加明白的直指是帝王之非。劉氏在言及成祖誅方孝孺十族處,只保守的說出「普天之下,莫非王土,十族眾乎?而不當死乎?」暗示了百姓生殺大權完全操控在帝王手中,不管是非曲直,「君要臣死,臣不得不死」的教條是從古到今都一直重覆者。只是年輩較晚的黃宗羲,在明亡後,與其師採取迥然不同的態度面對變局,劉氏追隨方孝孺「成仁取義」的路徑,而黃氏則起而立論以抨擊帝王政治,強烈訴求政治的改革。因此,黃氏直指「成祖天性刻薄」,得不到方孝孺親筆草詔,才「怨毒倒行,無所不至。」實在是不關乎方孝孺的行為舉止過不過激的問題。畢竟,方孝孺以外,在靖難之變後,「其受禍如先生者」大有其人,如景清、黃觀、王叔英等,〔註33〕尤其景清,誅及全鄉,謂之「瓜蔓抄」,可見誅族不關臣子一人之行止,而是朝廷「欲加之罪,何患無辭。」因此,對此不幸事件之發生,黃氏只能將之歸咎於「無妄之運數耳。」亦即儒者生活當中所遭遇的無妄之災。

除了承劉氏所辨,黃氏還進一步對時人提出「先生(方孝孺)得君而無救於其(君)亡」的命題,提出了更全面的評論觀點。認為自漢高祖分封族子太多,因而有吳王濞等釀成的七國之亂;明代亦因明太祖分封子弟太厚,始釀成靖難之變。只是前後諸王之亂,一成一敗,都肇因於諸王坐大,切不可以成敗來褒貶王室之政策得失。更何況方孝孺乃惠帝時侍讀學士,只是經史之見受惠帝激賞,並未曾真正掌理全國之行政事務。因此,黃氏認為不能以惠帝之遭逢靖難之變,而認為方孝孺護主不力,在朝無功。

(2)對陳選之行止評價相同

「師說·陳選傳」中,劉氏以陳選「躬行粹潔,卓然聖人之徒無疑。其平生學力,盡見於張敔一疏。」

相較於劉氏,黃氏則於「諸儒上三·陳選學案」中,敘及陳選之出處行止處,

〔註33〕詳參孟森《明史》,頁98。

補足了劉氏所云張嶷因受感化而爲陳選上疏申冤之始末，並引其師劉氏之言作結曰：「由張東白之事〔註34〕觀之，非平日安貧守道之意徹乎表裡，安能使朋友信之如是？由張嶷之事觀之，非在官賞罰黜陟出乎至公，安能使黜吏化之如是？吾有以見先生存誠之學矣。」

（3）對羅倫之行止評價相同

「師說・羅倫傳」中，劉氏一大段文字，多用在引述羅倫性格剛烈，以致影響到問學上的剛正與無耐性，有以孔融方之，劉氏以爲是錯誤的。此外，劉氏還記載了傳聞之說，指出羅倫曾求謁吳與弼，吳氏素聞其剛，擬磨鍊其耐性而不即刻與之相見，羅倫一怒之下，題詩而別。劉氏以爲，吳與弼是爲了使羅倫有所長進，可惜羅倫不能體會。因此，他與張元禎一樣，對吳與弼之學無甚好感。但劉氏認爲這都無損於吳氏之學，因爲被劉氏譽爲已臻「醇乎醇」者的吳氏之學，並非他們二人所可企及的，可見劉氏對吳與弼學術的重視與喜好。

黃氏則先提及他在應對策論之時，曾指出君臣之關係，應依程正公（頤）所說的：「人主一日之間，接賢士大夫之時多，親宦官宮妾之時少。」主張人主應親賢遠佞。主事者爲了怕這種言論開罪君王，想要刪去其引文之下句，羅倫堅持不肯，顯出了他剛正不阿之性格。這是黃氏從實事中補述羅倫性格剛正的一面。此外，黃氏亦載羅倫在朝廷任職期間，亦曾因同僚李文達奪情任官，不肯居家守喪三年，羅倫爲還曾親自到他的府第勸告他。並在等候幾日，都不見李文達有辭官守喪的動作之後，便上疏舉證歷歷的闡明奪情任官之有違禮教。指出「爲君者當以先王之禮教其臣，爲臣者當據先王之禮事其君。」從另一層面上說明了君臣關係。〔註35〕

此外，黃氏指出先生剛介絕俗之個性，不說和同妥協之話，不做軟弱卑順之行爲。有人因此而以「太剛則折」之語評論他，他引用蘇軾之話反駁說：「士患不能剛爾，折不折天也，太剛乎何尤？爲是言者，鄙夫患失者也。」點出了羅倫最憂慮的是士人處世不能剛正不阿，會不會遭挫是天命之問題，行止太剛是無過錯的。〔註36〕

黃氏還從數方面來論述羅倫「無欲」之行止，很明顯的是想從「無欲則剛」〔註37〕的角度來加以彰顯羅倫之人格，比如（一）家貧，不能升火煮食，卻還談

〔註34〕「張東白之事」，指陳選辛後，身爲其友的張東白殮以疏紓，即以薄葬完成陳選清苦治身的遺志一事。

〔註35〕黃宗羲亦由此而呈現某些自己的政治主張。

〔註36〕可一併參考《蘇軾文集・論剛》一文。

〔註37〕《論語・公冶長第5・第10章》：子曰：「吾未見剛者。或對曰：『申棖。』子曰：『棖也慾，焉得剛？』」

學不倦；（二）將權臣高氏所贈之綈袍，覆蓋在路上所遇橫死者之身上；（三）曾想做古制置義田，以贍養族人，而邑令長官以公俸補貼其伙食費。羅倫以既已在家而未任官，堅決不肯接受，以致幾乎因爲挨餓受凍而死，都無所動心改志。因此，黃氏稱贊羅倫云：「若先生，庶幾可謂之『無欲』矣。」

（二）對明儒行止之評價不同者

（1）對薛瑄之行止評價不同

「師説・薛瑄傳」中，劉氏云：「前輩論一代理學之儒，唯先生無間言，非以實踐之儒歟？」指出前人對薛瑄這位儒學前輩，無甚批評微言之處，殆因薛瑄是重視實踐力行之儒者，所以不忍心苛責其不足之處。

劉氏則以薛瑄在朝論政適逢代宗（景帝）易儲之事，傳言中，一說薛瑄時爲南京大理寺卿，卻不敢上諫；一說薛瑄剛好轉餉貴州，因此，無法上諫。劉氏主前者，故指出薛瑄實是犯了失諫之處，這點是劉氏不願如前輩般對薛瑄曲加呵護，而就事論事之處。〔註38〕

「河東上・薛瑄學案」中，對於代宗易儲而薛瑄爲何不置一言之事，黃氏似乎傾向主張後者，即認爲當日薛瑄不在朝廷，故在學案傳文中對此一易儲事件並未著墨。不過，有關景泰八年（1457），徐有貞、石亨等擁護英宗復辟，薛瑄以原官轉任禮部右侍郎，〔註39〕兼翰林學士，入內閣，適逢英宗復位之初，以「意卻迎外藩入繼大統」之罪名，擬捕殺兵部尙書于謙、宗蕭、王宮保等大臣，薛瑄曾向同僚述說：「此事人所共知，各有子孫。」意即指于謙等主張復立儲之事，此是大臣所宜勸諫主張之職。今以欲加之罪殺之，縱使欺瞞得了一時之人，後代子孫也會很清楚的知道今日發生事故的緣由。擁皇有功的石亨堅持決定，以「事已定，不必多言。」當英宗召請閣臣入朝共議國是時，薛瑄便再進諫云：「陛下復登寶位，天也。今三陽發生，不可用重刑。」以《易經》三陽爻的「陽氣盛，萬物生」的經典義涵，企圖說服皇帝，也改變不了皇帝的決定。在朝同僚無一敢對此事件發表看法，而薛瑄并因此而遭減職一等，薛瑄還嘆息云：「殺人以爲功，仁者不爲也。」可以看出，黃氏在勾勒出薛瑄當日已盡心盡力的扮演好儒臣之角色，并非如劉氏所云：「僅請末減，坐視忠良之死而不之救」的失職行爲。

因此，不管是前述劉氏所云二處出處大節，或其後崔復渠爲薛瑄應王振之邀出任大理寺卿，林竿糾正薛瑄爲提學時，曾追討已罷斥生員之糧俸一事。引來後人對

〔註38〕這一態度顯然也影響了黃氏對《明儒學案》的撰寫態度，不護短、不曲爲之解，也不惡意重傷，一切皆憑資料證據驗證。
〔註39〕同註33，頁148。

其人品之懷疑。黃氏以前賢之出處大節,「豈後學所敢輕議」。何況每個人都「盡美不能盡善」,因此,難免會有誤會與批評的產生。在此,可知黃氏是相當肯定薛氏其人其學的,故立為「河東學案」之首。

至於薛瑄之乞歸致仕,實是有見於小人石亨、曹吉祥正受寵用,並非行道之時,才失望的離開。此外,黃氏對於薛瑄其他的出處大節,也條列其犖犖大者,展現薛瑄不曲學阿世、不畏權冑、直言敢諫、公私分明、光明磊落的性格,因而也感化了不少民心。

(2)對吳與弼之行止評價不同

「師說・吳與弼傳」中,劉氏於吳與弼有爭議之兩項行止上,多所著墨。劉氏云:「先生所不滿於當時者,大抵在『訟弟』一事,及為石亨跋族譜稱門士而已。」劉氏評述,「一時名流盡譁,恐未免為羽毛起見者。」意即眾人多未詳察緣由,只在於枝微末節上大作意見文章。對此二事,劉氏都表明了一己之看法。

在「訟弟」一節上,師徒二人之看法明顯不同。劉氏以為,吳與弼之過失,不在於站出來告發自己之弟弟私賣祭田,而特別在於「不能喻弟於道之日,而遂至於官,且不難以囚服見有司,絕無矯飾。」即不能以所學,在家中感化乃弟,使乃弟最終作出不孝不義之事,並認為「此則先生(吳與弼)之過,所謂揭日月而共見者也。」

對此,黃氏在「崇仁一・吳與弼學案」中,首先引張廷祥「上告素王,正名討罪,豈容久竊虛名」之語,又引劉先生(宗周)言:「予於本朝,極服康齋(吳與弼)先生。其弟不簡,私鬻祭田,先生訟之,遂囚服以質,絕無矯飾之意,非名譽心淨盡,曷克至此?」表示了黃氏知曉此前諸人對於吳與弼「訟弟」一事的觀感,上引張、劉二人對此事多有批評責怪,黃氏又援引楊時喬之意見以澄清之,云:「先生(吳與弼)自辭官諭歸,絕不言官,以民服力田,撫守張貴,因先生拒而不見,貴知京貴有忌先生者,欲壞其節行,令人訟之。久之,無應者。貴以嚴法令他人代弟訟之,牒入,即遣隸執牒拘之。門人胡居仁等勸以官服往,先生服民服,從拘者至庭。貴加慢侮,方以禮遣。先生無慍色,亦心諒非弟意,相好如初。貴以此得內貴心。張廷祥始亦信之,後乃釋然。」此為實錄也。

黃氏以為「訟弟」一事,吳與弼完全沒有過失,這由楊時喬的實錄可知,而楊氏亦云當日要「正名討罪」的張元禎也已釋然。劉氏雖有「此則先生之過,所謂揭日月而共見者也」的評語。不過,黃氏引述劉氏之見,則側重其「極服康齋先生……絕無矯飾之意,非名譽心淨盡,曷克至此?」如此說來,黃氏所云若非其師劉氏晚年對此事所見已稍有所改變,就是黃氏寧願從劉氏大體肯定吳與弼之學處著筆,而不願使一己有直接駁斥其師所言有誤的嫌疑,可謂是煞費苦心。

二、對明儒學術貢獻之評價比較

（一）對明儒學術貢獻之評價相同者

（1）對方孝孺之評價相同

「師說‧方孝孺傳」中，劉氏對方孝孺推崇備至，云：「神聖既遠……，此非學而有以見性分之大全不能也。」雖然劉氏亦云曹端五十而始曉悟「天下無性外之物，而性無不在焉」，亦「見性」之人，不過，卻未有如對方孝孺般讚不絕口。

相較於劉氏之見，黃氏亦將方孝孺置於「諸儒學案」之首，其實，若進一步說得更明白些，黃氏譽之為「持守之嚴，與紫陽（朱熹）眞相伯仲。朱熹是宋代理學之集大成者，而方孝孺則是「固為有明之學祖也。」可知黃氏亦尊崇方孝孺在明代儒學思想史上的「學祖」地位。

（2）對王守仁之評價相同

劉氏指出王守仁之學術興起背景是：「先生承絕學於詞章訓詁之後，一反求諸心，而得其所性之覺，曰：『良知』。因示人以求端用力之要，曰：『致良知。』」劉氏進而對「良知」作了詮解。並指出王學與朱學不同，王學是承繼陸象山之學者，所以有疑其學近禪者：「特其學與朱子之說，不無牴牾，而所極力表章者，乃在陸象山，遂疑其或出於禪。」對於王守仁與禪學的關係，劉氏云：「禪則先生固嘗逃之，後乃覺其非而去之矣。」王氏顯然是迷途知返的儒者。

並由「夫一者，誠也，天之道也；誠之者，明也，人之道也，『致良知』是也。因明至誠，以人合天之謂聖，禪有乎哉！」指出陽明「致良知」之學，是與禪學無關的。至於有些學者因為陽明先生曾言：「良知即是獨知時。」劉氏指出，這句話其實「本非玄妙」之語，是學者「強作玄妙」以觀之，認為近禪。劉氏則認為，此「殊非先生本旨。」

相較於劉氏，黃氏在「姚江‧王守仁學案」中，指出王守仁之學凡三變而始得其門後，又有學成之後的三變。並對王守仁所提「致良知」之論作剖析，並指出王守仁「立言之大旨，不出於是。」

另一方面，對於有些學者懷疑王守仁之學近釋，黃氏大費唇舌的加以釐清。黃氏指出，有以王守仁之「心學」與釋氏論「本心」之說相近者，黃氏加以辨明云：「而或者以釋氏『本心』之說，頗近於『心學』，不知儒釋界限只一『理』字。釋氏於天地萬物之『理』，一切置之度外，更不復講，而止守此『明覺』；世儒則不恃此『明覺』，而求『理』於天地萬物之間，所為絕異。然其歸『理』於天地萬物，歸『明覺』於『吾心』，則一也。向外尋理，終是無源之水，無根之木，總（縱）使合得，本體

上已費轉手，故沿門乞火與合眼見闇，相去不遠。先生點出『心』之所以爲『心』，不在『明覺』而在『天理』，金鏡已墜而復收，遂使儒釋疆界淼若山河，此有目者所共睹也。」

　　黃氏指出，儒釋之別，在於一「理」字，釋氏將「天地萬物之理」，置之度外，一切不復講求，亦即止守此「心」之「明覺」，而不理天下萬民之甘苦；一般儒者，即宋明以來的儒者，〔註40〕不深求此一「明覺」之「心」，只知窮「理」於天地萬物，而不知在自「心」中窮「理」。這些世儒所爲之向外「格物窮理」與釋氏所爲的向內求「此心之明覺」，修養方式與側重雖然迥然不同，不過，宋明以來的世儒將『理』視爲存在於天地萬物之間，而將『明覺』視爲『吾心』所具有的特質的觀點，則是相同的。

　　世儒之「向外尋『理』，終是無源之水，無根之木，總（縱）使合得，本體上已費轉手，故沿門乞火與合眼見闇，相去不遠。」宋明以來的程朱學者，只知向萬事萬物上尋求「理」，而不知「心即理」，此「理」就在「心」中，不假外求。會發生向外逐理的情形，在於世儒與釋氏相同，都將本心視爲只具有「明覺」的功用，而不知道『心』之所以爲『心』，不在『明覺』而在『天理』，這就是陽明學「心即理」與世儒，乃至與釋氏不相同的地方。

　　黃氏並試圖以孔子所言：「人能弘道，非道弘人」〔註41〕以及孟子對告子「義外仁內」之說的批判〔註42〕來進行解釋與論證之，云：

　　　　試以孔、孟之言證之。致吾「良知」於事物，事物皆得其「理」，非所謂「人能弘道」乎？若在事物，則是「道能弘人」矣。告子之外「義」，豈滅「義」而不顧乎？亦於事物之間求其「義」而合之，正如世儒之所謂「窮理」也，孟子胡以不許之，而「四端」必歸之「心」哉！嗟乎，糠枇眯目，四方易位，而後先生可疑也。

黃氏指出，王守仁所倡「致良知」之教，是要人向內求得道德心的根源——良知，而勿捨本逐末的向外茫尋。因此，對於格物致知之學，不贊成朱熹所倡的致吾知於事事物物，亦即向外窮理。因爲，如果我們用孔子「人能弘道」之語來論述之，則

〔註40〕上文云：「先生憫宋儒之後學者，以『知識』爲『知』，謂『『人心』之所有者不過『明覺』，而『理』爲天地萬物之所公共，故必窮天地萬物之『理』，然後吾『心』之『明覺』與之渾合而無間』。說是『無內外』，其實全靠『外』來聞見以塡補其靈明者也。」顯示了此處所云之「世儒」即是「宋儒」，乃至宋明以來的程朱學者。

〔註41〕《論語・衛靈公篇・第二十九章》。

〔註42〕《孟子・告子上》・第四章載云：告子曰：「食色，性也。仁，內也，非外也；義，外也，非內也。」

王守仁所強調的，是此心中良知的彰顯發現能夠使我們成聖成賢，使聖賢之道再度獲得表揚。並非是我們挖掘研究外頭的許多成聖成賢之道，或增加對萬事萬物的理解與知識，就能使個人之本心受到彰顯，就能使自己成為聖賢。這是本末倒置的修養方式。如果我們再用孟子批評告子「義外仁內」的說法，來看待明儒對王守仁的「致良知」以求此心所內存的「天理」與程朱等的「格物致知」以求取外在於事事物物之「天理」，則不難發現，程朱學者將「理」視為外在於此心之外，一如告子「義外仁內」的說法，所以孟子絕不會加以苟同。近人古清美即指出：

> 梨洲認為朱學格物窮理之說使學者向外尋理，鄰於告子與釋氏，非聖學之正。而陽明學的最大貢獻就在於講「心即理」，將心學從向外尋理之弊中解救出來。〔註43〕

世儒因為受到程朱學者之感染已深，不知王守仁之說才是更切近於孔、孟之學的。因此，黃氏以為，懷疑王守仁之學近禪，是本末倒置的看法。〔註44〕

（3）對鄒守益之評價相同

「師說・鄒守益傳」中，劉氏引述鄧以讚之言：「陽明必為聖學無疑。及門之士，概多矛盾其說，而獨有取於念菴（羅洪先）。」認同鄧以讚所云羅洪先是承傳陽明之學者。劉氏並指出陽明之學，在傳至羅洪先之前，鄒守益正好是其中關鍵的轉接者，亦篤守陽明學之本旨者。

承襲乃師之論，黃氏在「江右王門一・鄒守益學案」中，對鄒守益亦大加讚揚，認為「夫子之後，源遠而流分，陽明之沒，不失其傳者，不得不以先生為宗子也。」〔註45〕黃氏以鄒守益得陽明嫡傳，推尊頗高。較之其師劉氏所云鄒守益之學「是師門本旨」、「可謂有功師門」，其評價可謂相同。

（4）對羅洪先之評價相同

「師說」在論及羅洪先處，指出「乃其學實本之東廓，獨聞戒懼慎獨之旨，則雖謂先生為王門嫡傳可也。」〔註46〕

〔註43〕引自氏著〈從《明儒學案》談黃梨洲思想上的幾個問題〉，收於氏著《明代理學論文集》，台北：大安出版社，1990年5月，頁355。
〔註44〕有關黃宗羲對於陽明心學「是禪」、「非禪」問題的辨析，可參看李明友《一本萬殊——黃宗羲的哲學與哲學史觀》一書的剖析，北京：人民出版社，1994年5月，頁134-139。
〔註45〕此處黃氏顯然將鄒守益視為王守仁之學的真正繼承者。
〔註46〕此處指羅洪先雖為王門私淑弟子，然其深究陽明學而有所得，故可以說是與直傳自陽明之教的門人相同的。即謂之為陽明正傳之門人，也無不可，由此表現出劉氏對羅洪先承傳王學的學術史觀。

黃氏在「江右王門三・羅洪先學案」中，褒揚羅洪先之學，認爲「天下學者，亦遂因先生之言，而復得陽明之眞。」並指出「其曉曉以師說鼓動天下者，反不與焉。」最後，並以鄧以讚之評語作結云：「『陽明必爲聖學無疑，然及門之士，概多矛盾。其私淑而有得者，莫如念菴。』此定論也。」〔註47〕

兩人都認爲羅洪先是「王門嫡傳」、「得陽明之眞」。

（二）對明儒學術貢獻之評價不同者

（1）有關薛瑄之評價不同

「師說・薛瑄傳」中，劉氏以「（薛）先生於道，於古人全體大用，儘多缺陷，特其始終進退之節，有足稱者。」正呼應了劉氏前文所云：「實踐之儒」之讚譽。劉氏再驗之以薛瑄《讀書錄》一書，「多兢兢檢點言行間，所謂『學貴踐履』，意蓋如此。」雖說最後引用某些學者的觀點說「先生晚年聞道，未可量也」。不過，劉氏大體上是只稱許薛瑄之某些行止，對其學術思想是不加肯定的。

在「河東上・薛瑄學案」，黃氏則特闢一段加以敘說，以薛瑄學術思想以「復性爲宗，濂、洛爲鵠。」因此，所著《讀書錄》，在內容上可說是周敦頤《太極圖說》、張載《西銘》、《正學》諸書的義疏。而在思想主張上，黃氏贊成薛氏所云：「理氣無先後」、「無無氣之理，亦無無理之氣」的理氣不二的觀點，對於他有關日光、飛鳥之引喻失當處，則加以釐清，以清水、毫毛、鏡物爲喻的心、理關係，也加以糾正言明。

師、徒兩人在引述《讀書錄》時，劉氏只見其「學貴踐履」時之「兢兢檢點」語，而黃氏則從本書所反映的學術思想源流以及概念主張論述，其不同態度由此可見一斑。

（2）有關吳與弼之評價不同

有關吳與弼的評價上，劉氏在「師說」中以吳與弼「日記」所云：「澹如秋水貧中味，和似春風靜後功」這一聯詩可爲先生寫照。並認爲其氣象幾乎到達「依乎中庸，遯世不見知而不悔」的境界。〔註48〕較之薛瑄之「多困於流俗」，陳獻章「猶激於聲名」，劉氏認爲吳與弼之學可說是「醇乎醇」者，其推崇可謂極高。

〔註47〕引述鄧以讚之評語，劉、黃師徒二人之引述有異，亦即劉氏在引述時沒有「其私淑而有得者，莫如念菴」一語，而添加「而獨有取於念菴」一語，顯然劉氏在引述時有擴大羅洪先之學對陽明學貢獻之處。兩段引文，詳參「師說・鄒守益傳」與「江右王門三・羅洪先學案」。

〔註48〕「師說・方孝孺傳」末，讚譽方氏「雖謂先生爲中庸之道可也。」同樣是享有崇高的評價者。

「崇仁一‧吳與弼學案」中，黃氏以臨川章袞之言曰：「其（吳與弼）「日錄」（按：即「日記」）為一人之史，皆自言己事，非若他人以己意附成說，以成說附己意，泛言廣論者比。」又引顧涇陽之言云：「先生一團元氣，可追太古太樸。」雖然推尊他為「崇仁學派」之開山祖師，不過，可能是因吳與弼仍「一稟宋人成說」。因此黃氏並沒有像其師劉氏般推尊至極，反而將曾受學於吳門的陳獻章特加贊揚。將其地位提升在吳與弼之上，正好與劉氏對此二人之評價相反。

（3）有關周蕙之評價不同

「師說‧周蕙傳」中，劉氏并述與周蕙亦師亦友的段堅之學，以二人之學「至乎聖人，一日千里無疑也。」又引述段堅訪周蕙不遇之詩句：「何為有大如天地，須信無窮自古今。」指出周蕙之學已信及聖道。雖說是出自薛瑄門下，不過，較之「（薛瑄）先生於道、於古人全體大用，盡多缺陷。」〔註49〕周蕙等「關中之學」，雖出自薛瑄所代表的「河東之學」，不過，卻可說是「一變至道」，可見劉氏是推尊周蕙，以為在薛瑄之上的。

黃氏或是因為無法檢視到周蕙的學術論著，因此傳後並未附有語錄。所以也不敢如其師劉氏般推崇周蕙，而只將周蕙列入「河東學案」之中。當然，這也是因為劉氏懷疑薛瑄是否真見至道，而黃氏則確認薛瑄是見道之人，故認為他開「河東」一派學術。因此，劉氏極欲將周蕙等見道之人別立為「關中之學」，而黃氏則直接將他納歸為「河東學派」一員。師徒二人對周蕙評價之高低可見一斑。

（4）有關陳獻章之評價不同〔註50〕

「師說‧陳獻章傳」中，劉氏予陳獻章的評價是「方之古人，識趣近濂溪（周敦頤）而窮理不逮，學術類康節（邵雍）而受用太早。質之聖門，難免欲速見小之病者也。」亦即「猶激於聲名」。〔註51〕因而認為其學似是而非，以至於時人評為「似禪非禪」處，等而下之，劉氏以為更「不必論矣」。整篇文字，幾乎都是推翻前

〔註49〕詳參「師說‧薛瑄傳」。

〔註50〕許多學者多已注意到這點不同，以陳榮捷最具代表。詳參氏著〈論明儒學案之師說〉一文；其後黃進興亦舉此例以證「師說」與《學案》中之評斷多有不合之處。詳參氏著〈「學案體」產生的思想背景〉，收於《漢學研究》，第二卷，第一期，民國73年6月，頁216；古清美〈從《明儒學案》談黃梨洲思想上的幾個問題〉一文亦有類似觀點；而許蘇民亦云：「《學案》中對各家評斷，與『師說』不同乃至抵牾者甚多。」其中指出了兩人對陳獻章之評價即有明顯不同。（《明清啓蒙學術流變》，頁528。）

〔註51〕詳參「師說‧吳與弼傳」載：「余嘗僭評一時諸公：『薛文清多困於流俗，陳白沙猶激於聲名，惟先生醇乎醇』云。」

輩對陳獻章的定評，以爲只是聖門之小道。會有這樣的評價，應是劉氏認爲陳氏所倡「靜坐」、「靜中養出端倪」是屬於禪門所有，非儒學所宜倡。因此欲拒之於聖門之學以外，不欲混同儒佛界限，是以斥之不遺餘力。

相較於其師劉氏，黃氏有關陳獻章學術的評價，可說是南轅北轍，存在著極大的差異。在「白沙上‧陳獻章學案」中，黃氏開宗明義的指出，「有明之學，至白沙（陳獻章）始入精微，……至陽明而後大。」又云：「故有明儒者，不失其矩矱者亦有之，而作聖之功，至先生而始明，至文成而始大。」將陳獻章與王守仁視爲明代儒學之兩大宗師，推尊可謂甚高。

此外，對於羅欽順以「近世道學之昌，白沙不爲無力，而學術之誤，亦恐自白沙始。至無而動，至近而神，此白沙自得之妙也。彼徒見夫至神者，遂以爲道在是矣，而深之不能極，幾之不能研，其病在此。」黃氏則辨明之，認爲這是因爲羅欽順終身主張「心性爲二」，「遂謂先生『明心』而不見『性』，此文莊（羅欽順）之失，不關先生也。」顯示黃氏對陳獻章學說主張的肯定。至於成中英在論黃宗羲辨白沙之學處，將「師說‧陳獻章傳」所云白沙之學「識趣近濂溪，而窮理不逮；學術類康節，而受用太早，質之聖門，難免欲速見小之病也。」視爲是「宗羲對白沙的評價」，這種混同劉、黃之見，則是在我們深入研究「師說」後，實宜避免的觀點。〔註52〕

（5）有關王畿、王艮之評價不同

在「師說‧王畿傳」中，劉氏指出，王陽明門下之王艮與王畿二人，學皆尊「悟」，世稱「二王」。不過，細析二人之所學，則仍有分別：王艮之「悟」，「言雖超曠」，而「不離師門宗旨」，〔註53〕至於王畿則把「良知」看作是「佛性」，懸空「良知」之作用而求「悟」，終成「玩弄光景」之論，可謂是「操戈入室」也。〔註54〕因此，

〔註52〕詳參成中英〈理學與心學的批評的省思——綜論黃宗羲哲學中的理性思考與眞理標準〉，收於《黃宗羲論》，頁40。

〔註53〕「師說‧王畿傳」原文爲：「心齋言悟雖超曠，不離師說門宗旨。」。另：「師說‧李材傳」中，劉氏也指出有關《大學》一書的義涵，經由程、朱以誠（意）正（心）釋之，陽明以「致知」說之，心齋王艮以「格物」說之，盱江羅汝芳以「明明德」說之，釧江李材以「修身」說之，劉氏以爲，《大學》之奧義「至此無餘蘊乎！」可說又將王艮「格物」之學推尊到與程、朱，以及王陽明同等的地位。

〔註54〕劉氏以王畿實是「入室操戈」，有損王陽明學說之眞義，顚覆學者對陽明學說的見解，而將王門引入佛氏之途。《子劉子行狀》卷下亦載：「當是時，浙河東之學，新建一傳而爲王龍溪，再傳而爲周海門，陶文簡，則湛然澄之，禪入之。三傳而陶石梁，輔之以姚江之沈國謨、管宗聖、史孝咸，而密雲悟之，禪又入之。會稽諸生王朝式者，又以捭闔之術，鼓動以行其教。證人之會，石梁與先生分席而講，而又爲會于

劉氏顯然是傾向於推崇王艮而貶抑王畿的。〔註55〕

而「浙中王門二・王畿學案」中，黃氏對王畿的總評是這樣的：因爲王畿追隨陽明的時日很長，使其言談著述之中，往往流露著陽明學之微言大義。因此，不可因出入禪、老，就擯斥其一切之見解。〔註56〕

黃氏進而舉例說，王畿在王門的地位，就如楊簡（1141～1226）在陸九淵的門下地位一樣，都能對師說有所發揚光大，但都不免帶有佛老的思想色彩。因此，一如「象山之後不能無慈湖（楊簡）」，「文成之後，（也）不能無龍溪（王畿）。」因爲象山學與陽明學之盛衰轉折，楊簡與王畿這樣的弟子剛好起到了關鍵的影響作用。楊簡引象山之學入釋，而王畿則汲取佛老之學的靈感爲陽明學作疏河導源的工作，可說是對陽明學多所發明。古清美也看出黃氏承認王畿「乃親承陽明末命微言」，而且指出黃氏「不否定龍溪在思想精神上是繼承陽明的。」〔註57〕

對於王艮，黃氏首先將他摒除在「王門學案」之外，在卷三二別立「泰州學案」以容納之，指出其所倡「淮南格物」之說，雖有所得，不過，他倡言「故欲齊治平，在於安身」，又云「安其身而安其心者上也，不安其身而安其心者次之，不安其身又不安其心，斯爲下矣！」這種以「縐蠻爲安身之法」，亦即傾向把「安身」重於「安心」的修養方法，黃氏認爲是爲僥倖者「無乃開一臨難苟免之隙乎！」並指出其學「於遯世不見知而不悔之學，終隔一塵。」

由上可知，在劉氏眼中，亦即其學術史觀上，王艮實是不離王門宗旨，而王畿則是逸出王門宗門的。與黃氏《學案》中將王畿納入王門正宗的「浙中王門」，而將王艮置入王門別派，使之成爲「泰州學案」的始作俑者，下開狂蕩之風的不良風氣，顯見兩人的學術史觀是不盡相同的。

（6）有關李材之評價不同

「師說・李材傳」中，劉氏指出「文成而後，李先生又自出手眼，諄諄以「止修」二字壓倒「良知」，亦自謂考孔、曾，俟後聖，抗顏師席，率天下而從之，與文成同。」可謂推崇至極矣。此外，劉氏也指出有關《大學》一書的義涵，經由程、朱以誠（意）正（心）釋之，陽明以「致知」說之，心齋王艮以「格物」說之，盰江羅汝芳以「明明德」說之，釗江李材以「修身」說之，劉氏以爲，《大學》之奧義

白馬山，雜以因果、僻經、妄說，而新建之傳掃地矣。」可以與劉氏對王畿（龍溪）的評價作一參照。本文收於《黃宗羲全集》第一冊，頁253。

〔註55〕吳光亦持此論。詳參氏著〈論黃梨洲對陽明心學的批判繼承與理論修正〉，收於《中國哲學》，第十七輯，長沙：岳麓書社，1996年3月，頁357。

〔註56〕這就是黃氏對待雖沾染了佛老之學，而卻對儒學有功者之態度。

〔註57〕同註14，頁369。

「至此無餘蘊乎！」〔註58〕

而在「止修‧李材學案」中，黃氏對於李材「止、修」之學，評價並不高，云：「其實先生之學，以『止』為存養，『修』為省察，不過換一名目，與宋儒大段無異，反多一張皇耳。」黃氏還引述兩位學者對李材之批評，一是引述許孚遠所云：「見羅（李材）謂道心人心，總皆屬用，心意與知總非指體，此等立言，不免主張太過。…」二是引高攀龍之論云：「《大學》格致，即《中庸》明善，所以使學者辨志定業，絕利一源，分剖為己為人之界，精研義利是非之極。要使此心光明洞達，無毫髮含糊疑似於隱微之地，以為自欺之主。不然，非不欲『止』欲『修』，而氣稟物欲拘蔽萬端，皆緣知之不至也。工夫喫緊沈著，豈可平舖放在，說得都無氣力！」許氏指出李材對道心、人心皆歸入「用」當中，而使「本體」不明的見解，認為未免太偏執。〔註59〕高氏指李材雖云「止」、「修」，卻未真正了解「止」「修」之不易踐履與達至，其間多有「氣稟物欲」之私的夾纏，如何精研「義利是非」、「為己為人」之界，是更基本的工夫，李材卻屏去不談，而高談「止修」。所以高氏認為其主張未能真正觸及《大學》「格致」之方。因此，黃氏得出「兩公所論，皆深中其病。」的結論。〔註60〕

第五節　小　結

經由以上的分析，我們大致知曉劉宗周在「師說」中與黃宗羲在《明儒學案》對明儒的觀點是有同有異的。而朱仲玉將「師說」視為黃宗羲所親筆，並以「師說」二十五人中，有十餘人分屬「河東」、「崇仁」、「白沙」、「姚江」、「江右王門」、「浙

〔註58〕旴江與劍江所指何人，依筆者推測，宜為羅汝芳與李材。詳參「師說‧李材傳」。而朱鴻林《明儒學案釋誤》亦主此見。另一方面，劉氏在此處以「修身」說《大學》一書，其實「修身」一語，有時實是涵蓋「止修」二者。因為在許多地方，李材除了分言「止、修」之工夫外，還不時有只提「修身」之處，諸如「李材學案」傳末所附論學書云：「捉定修身為本」（〈答弟孟乾〉，頁7-781）；「大學未嘗不致知，只不揭知為宗，蓋知本用，不可為宗也。……身心意知，並列於八目之中，特揭修身，不復及心意知也。…此其中真有千聖不傳之祕…」（頁7-786〈答董蓉山〉）；「學之以修身為本也尚矣。」（〈答李汝潛〉，頁7-796）；「每謂修身為本之學，允執厥中之學也。」（〈格致義〉，頁7-799）等，都是單提「修身」者，實即兼含「止」「修」之學。在此已將李材「止修」之學推尊到與程、朱，以及王陽明同等的地位。

〔註59〕可參「止修‧李材學案」末，頁7-783，〈答陳汝修〉論學書中，論及道心人心之處。

〔註60〕另一方面，卷五九「東林二‧孫慎行學案」中，黃氏引孫氏之論已發、未發之說，從側面論斷：「如此，則見羅（李材）之說，不辨而知其非矣。」可知黃氏對李材之說多所批評。

中王門」、「北方王門」、「泰州」、「止修」、「甘泉」十個學案，是「梨洲認爲其先師蕺山的學術來源有如此之多。」〔註61〕這種未經詳細比較與探討的論斷，雖然頗能一新耳目，但經由本文詳加研究之後，卻是不攻自破的。因此，本文研究的結果，認爲前節所述陳榮捷之觀點顯然是較接近於眞實的。〔註62〕至於劉述先，其實，他在《黃宗羲心學的定位》一書的「緒言」處即明言黃宗羲「他受蕺山思想的影響最深，大體以師說的判準去簡擇陽明的思想，批評朱子的哲學，而把周、張、二程當作宋明儒學的共同淵源。他對這些思想了解的深度與分配的份量恰好與這一條線索成爲正比。」〔註63〕並得出以下的結論：

> 從各種跡象看來，細節不論，就大原則而言，他的確把蕺山的思想徹底內化，而且加以進一步的發揮，似並未違背他由蕺山處繼承來的那些原則。他著《明儒學案》，後來又準備著手編寫《宋元學案》，均以這些原則爲判準。〔註64〕

如果所謂「大原則」與「大方向」指的是對陽門學的內涵以及王門弟子鄒守益、羅洪先的評價，則可以說是一脈相承。不過，如果加上其他的儒者，諸如陳獻章、吳與弼、薛瑄、王畿、王艮、李材等另一些在明代儒學中具有舉足輕重的人物的話，這個「大原則」的相同顯然是不適用的。這是因爲劉述先是從宏觀的角度切入，而本文則嘗試從微觀的角度進行深入剖析其分別的緣故。盧鍾鋒亦曾指出，黃氏：

> 提倡學術上要創新，其實質是主張獨立思考，反對經學教條的束縛。即使對於業師，他也不盲從，不苟同，敢於提出自己的獨立見解。例如《明儒學案》卷首有〈師說〉一篇，……黃宗羲將其冠於該書卷首，意在表明自己編纂《明儒學案》確有所師承。即使如此，他也沒有全盤照搬劉宗周的觀點，其中，尤以對曹端、陳獻章、王畿等人的評價最爲突出。〔註65〕

〔註61〕詳參氏著〈試論黃宗羲《明儒學案》〉，《黃宗羲論》，頁567。
〔註62〕此外，黃進興、許蘇民等亦主此見。
〔註63〕詳參氏著《黃宗羲心學的定位》，頁1-2。引文末所云「這一線索」指的是今人牟宗三認爲宋明儒學思想的統緒最重要的不外下列九人：周（濂溪）、張（橫渠）、二程（明道、伊川）、胡（五峰）、朱（考亭）、陸（象山）、王（陽明）與劉（蕺山）。（可參牟宗三《心體與性體》，三冊，卷一，頁415，台北，正中書局，民國58年6月；76年5月七刷。）劉述先指出，除了湖湘之學（五峰）早就式微，缺少深遠的影響之外，其餘的選擇大概不會有太多的異議。而黃宗羲所撰的《明儒學案》與《宋元學案》的論述，大體即依此一脈絡著墨的。
〔註64〕同註6，頁29。其實，劉述先在本書一再強調黃宗羲的「簡擇」，也強調一己論述時之「簡擇」，不過，在「簡擇」處，似乎只對蕺山、陽明、朱子三人的思想作重點「簡擇」，這種「跳島戰術」，一如作者自云：其「結果不免掛一漏萬。」（頁130。）
〔註65〕引自〈略論《明儒學案》學術風格的新特點〉，《黃宗羲論》，頁561。其中，盧氏所

「師說」既是置於《明儒學案》之首，與《孟子師說》之以「師說」命名，其間的意義不同，前者側重於「弟子摘錄其師著述」之意涵，後者偏重於「弟子依師之意而作」之意涵。對於《明儒學案》而言，它更重要的是含有學術史觀的意涵，亦即並非僅止是解說代表儒者之學說思想主張是否得體、是否切重學說要點。更重要的是，作爲第一部斷代儒學史，〔註66〕黃宗羲是試圖在拼湊式的「師說」以外，建構出一個完整而有一己自得的學術史觀。因此，切勿泛泛的以爲這一個黃宗羲苦心建構的學術史觀是乃師一早就已成型的觀點，也毋需爲了彰顯黃宗羲的苦心孤詣，而斬斷臍帶，否認他與劉宗周「師說」的關係。在此中尋得一個平衡點才是學者所宜用心的地方。

因此，經由以上仔細比較「師說」與《明儒學案》相關儒者的論述內容，我們不難發現，師徒兩人對於儒者在行止上，乃至學術評價上，都有相同或差異之處，不容我們隨意加以混同。其中，諸如方孝孺、鄒守益、羅洪先是評價觀點相近者。而對於薛瑄、吳與弼、周蕙、王畿、王艮、李材諸位儒者的評價，則顯然是大異其趣的，這顯示了《明儒學案》有一己的判斷，亦即有一己的學術史觀在評斷，而非與劉宗周「師說」的見解完全雷同。黃進興承自陳榮捷之觀點所云：

> 「師說」冠於《明儒學案》卷首，究其用意僅在尊崇其師，非以「師說」爲全書編纂之指引。〔註67〕

這一結語顯然是肯定的。而且亦誠如古清美所云，黃氏「與蕺山學取徑雖不盡同，

云黃、劉師生對曹端之評價不儘相同，指出「師說」推崇曹端，譽之爲「今之濂溪」，而《學案》評曹端的學術，「各有得失」「有褒有貶」。經過筆者仔細比對，「師說」指曹端「不由師傳」，並由曹端見道過程之艱難，期勉學者「慎毋輕言悟也哉！」並稱譽曹端云：「雖謂先生爲今之濂溪可也」、「愚謂方正學而後，斯道之絕而復續者，實賴有先生一人。薛文清亦聞先生之風而起者。」《學案》則因其「不由師傳」之故，所以與方孝孺同列「諸儒學案」內，並述其力闢佛道之事蹟，指出其學「以力行爲主，守之甚確，一事不容假借」，「誠哉所謂有本之學也。」而在曹氏糾正朱熹以人乘馬比喻理氣之說處，認爲仍受「理氣爲二」的見解所拘，其後「薛文清有日光飛鳥之喻」，黃氏認爲，「一時之言理氣者，大略相同爾。」劉、黃兩人對曹端之評價，兩相比對，似乎有前後相承之痕跡存在，實在看不出二者有明顯不同，是以本文未舉曹端爲例。

〔註66〕一般泛稱爲「學術史」、「斷代學案史」，然而，如果我們依據《明儒學案》的釋名，以及黃氏的著述動機，不難發現他所編著的著作確切的說其實斷代「儒學」史。當初所規劃的《元儒學案》、《宋儒學案》亦是如此，雖然後來無法獨力完成，其弟子全祖望等始合宋、元儒者編成《宋元學案》。但並不減損其在《明儒學案》所樹立的斷代儒學史規模。

〔註67〕詳參〈「學案體」產生的思想背景〉，頁216。而陳榮捷之見爲：「竊以謂其尊師則可，謂其據師說以著學案則不可。」

並不可說是有違師道。」〔註68〕這是我們在論述黃氏對「師說」時所應採取的態度
與前提。

〔註68〕同註 14，頁 140。

第五章　黃宗羲的學術史觀

第一節　「一本萬殊」的學術史觀

　　黃宗羲編著《明儒學案》，企圖整理明代的儒學思想史，然而，要怎樣才能如實地再現思想本身的歷史？一如勞思光所云：「哲學史根本上就是要敘述已有的哲學理論、學派的主張或是學人的主張，所以它最基本的工作即是對於已有的理論結構的展示。」〔註1〕這是指理想的狀況而言。一般而言，思想史家在重演歷史上思想演變的時候，不可能不涉及到思想史家的主體問題。這是因為，雖然在重現思想的演變史時，應該盡量如實的、客觀的加以呈現，但是，在面對眾多思想史料的時候，總需要加以選擇與編排，隨之而產生的史家觀點的介入，也在所難免。因此，也就有思想史觀的出現。只有當我們能夠提出一個確定的學術史觀時，學術史才能得到本末一貫的觀點加以觀照。這是因為「本然的哲學史，是客觀的擺在那裏的，它不依哲學史家的主觀願望改變它原來的樣。而人寫的哲學史，卻是五花八門，各式各樣。就大的方面說，有正確反映本然哲學史的面貌的，有部分正確反映本然哲學史的面貌的，有部分歪曲本然哲學史的面貌的，有根本歪曲本然哲學史的面貌的。」〔註2〕在進行判定之前，須先加以介紹黃宗羲編著《明儒學案》時所秉持的學術史觀。

〔註1〕引自氏著〈哲學史的主觀性與客觀性〉，《中國文哲研究通訊》，第一卷第二期，民國80年6月。

〔註2〕引自趙宗正《略談哲學史學》，收於《中國哲學史研究》，第三期，1982年7月，頁3-7。

　　馮契指出，黃宗羲是「用『一本而萬殊』的觀點來看待學術史」，〔註3〕可說是指出了黃宗羲學術史觀的特色。依據楊國榮的解釋，「所謂『一本而萬殊』，是指眞理表現爲一個由多方面的規定（萬殊）所構成的統一體，而自得之見（一偏之見）則分別構成了統一體的各個側面。」〔註4〕可說是從學術史觀的角度對黃宗羲「一本而萬殊」一語所蘊涵的內容作了詮釋。

　　此外，方克立亦云：黃宗羲《明儒學案》「建立了以『一本萬殊』爲指導，以『會眾合一』爲方法的哲學史觀。」〔註5〕李明友則承此指出「『一本萬殊』是黃宗羲的哲學史觀」，〔註6〕李氏又云：黃宗羲「用『一本萬殊』解釋中國哲學發展的歷史，并以此原則編寫第一部眞正的中國斷代哲學史——《明儒學案》和《宋元學案》，是黃宗羲的首創。」〔註7〕而許蘇民則指出黃宗羲在學術史觀上提倡「殊途百慮」的「眞理史觀」。〔註8〕

　　證諸《明儒學案・原序》的三段文字所云：〔註9〕

〔註3〕　馮氏指出，黃氏以此「一本萬殊」的觀點，先呈顯「分源別派，使其宗旨歷然」的「萬殊」現象，然後再綜合起來，以求其可以把握「數百年學脈」之「一本」所在。詳參馮契《中國古代哲學的邏輯發展》，下冊，〈黃宗羲的啓蒙思想與歷史主義的方法〉，頁 1035-1039，上海：人民出版社，1985 年 4 月；1987 年 8 月二刷。

〔註4〕　楊氏進而指出：從本體論角度出發，一切「萬殊」的學術觀點的提出，都是此心之所作用發散，都是此心之有所自得而發而成篇者。若從方法論出發，則學術史的論述，唯有經過「分源別派，使其宗旨歷然」的「萬殊」過程，再綜合起來，求得其「一本」之所在，如此一來，則可以把握「數百年學脈」之所在。詳參楊國榮《王學通論——從王陽明到熊十力》，第六章「王學的歸宿——黃宗羲對王學的改造與王學的終結」，第三節「從心體的歷史展開到學脈的歷史展開」，上海三聯書店，1990 年 12 月，頁 191。

〔註5〕　詳參《中國哲學大辭典》，方克立主編，「黃宗羲」條，北京：中國社會科學出版社，1994 年 5 月，頁 618。

〔註6〕　李明友並以「一本萬殊」爲其研究「黃宗羲的哲學與哲學史觀」的書名，可見其極爲贊同此一觀點。詳參氏著《一本萬殊——黃宗羲的哲學與哲學史觀》一書，第六章，「一本萬殊」，頁 117，北京：人民出版社，1994 年 5 月。

〔註7〕　同註6。

〔註8〕　詳參《明清啓蒙學術流變》，蕭萐父、許蘇民著，中篇，八之二，「黃宗羲的學術史觀」，頁 511。本文在引述此書之觀點時，以許蘇民爲代表，實因本書另一作者蕭萐父於〈跋語〉中，自云本書「除少數章節係擇取愚作加以熔裁鑄成以外，其餘全書各章節皆是許蘇民之心血所凝成。」瀋陽市：遼寧教育出版社，1995 年 10 月。

〔註9〕　黃宗羲《明儒學案・序》有兩篇，第一篇是黃宗羲生重病時，口授其子百家書寫而成，一般稱爲〈原序〉，或稱〈序〉、〈前序〉，浙江本稱爲〈自序〉；其後黃宗羲病愈後又親筆寫成一篇序言，一般稱爲〈序〉、〈自序〉，或稱〈後序〉。雖然許蘇民曾以爲〈自序〉的寫成在《明儒學案》成書後十八年，黃氏八十四歲時，爲北地貫醇庵願刻印此書而鄭重撰寫的自序文，現存至少有三種稿本，說明曾經反復修改，「堪稱晚年哲學定論」。(《明清啓蒙學術流變》，頁 515。) 不過，各篇文字雖然稍有差異，

（一）

　　盈天地皆心也，變化不測，不能不萬殊。心無本體，工夫所至，即其本體。故窮理者，窮此心之萬殊，非窮萬物之萬殊也。

（二）

　　仲昇欲義敍其《節要》，義終不敢。是則仲昇於殊途百慮之學，尚有成局之未化也。

（三）

　　義為《明儒學案》，上下諸先生，深淺各得，醇疵互見，要皆功力所至，竭其心之萬殊者而後成家，未嘗以懵懂精神冒人糟粕。於是為之分源別派，使其宗旨歷然。由是而之焉，固聖人之耳目也。

研究者以「一本萬殊」來概括黃宗羲的學術史觀，即因黃氏在《明儒學案・原序》中提及了「萬殊」，「心無本體，工夫所至，即其本體」，「殊途不慮之學」，「竭其心之萬殊者而後成家」等話語，可知黃宗羲是以「一本萬殊」作為他的學術史觀的。

　　其實，「一本萬殊」的學術史觀是有其淵源的。《明儒學案・自序》所云「是則仲昇於殊途百慮之學，尚有成局之未化也」一語，即透露著這樣的訊息。早在先秦時期的《周易・繫辭下》即云：「子曰：天下何思何慮？天下同歸而殊塗，一致而百慮。天下何思何慮。」〔註10〕戰國時期的《莊子・天下篇》亦已提及「百家往而不反」、「道術將為天下裂」等有關學術爭鳴不休之觀點，〔註11〕司馬遷於《史記・太史公自序》中所述乃父司馬談之〈論六家要旨〉，也開宗明義的引述了《易大傳》所云：「天下一致而百慮，同歸而殊塗」的學術史觀，〔註12〕這在在顯示了「一本而萬殊」的學術史觀，實是承自這「一致而百慮」的學術史觀。

　　既然是前有所承的學術史觀，則其間的異同又是如何呢？《周易・繫辭下》孔子所云「同歸而殊途」，是強調「一以貫之」之修養方式，似乎未直接用以指稱學術史的發展方式；《莊子・天下篇》所云「道術將為天下裂」的觀念，是指先秦諸子百家各自從一己所擅長的角度來理解與探討宇宙、人生本原的學問，而漸失其本，這已經是從學術史的角度來對學術史的分派作一詮解，並對此一分流現象有些憂心，認為「天下多得一察焉以自好」，不明「道術」之全。司馬遷〈論六家要旨〉所云，

　　然就其「一本萬殊」之學術史觀，並無不同，故此處只依〈原序〉作申論。

〔註10〕　《周易》，王弼、韓康伯注，台北：新興書局，民國68年12月，頁52。注云：「夫少則得，多則惑，塗雖殊，其歸則同。慮雖百，其致不二，苟識其要，不在博求，一以貫之，不慮而盡矣。」

〔註11〕　詳參《新譯莊子讀本》，黃錦鋐註譯，台北，三民書局，民國63年1月。

〔註12〕　詳參《史記會注考證》，瀧川龜太郎著，台北：洪氏出版社，民國75年9月，頁1366。

雖引述《周易‧繫辭下》之語，然而，卻顯然是承繼《莊子‧天下篇》的學術史觀，認為儒、道、法、墨、陰陽、縱橫六家之學，除了道家之學似乎較為全備以外，其餘五家似乎都有得有失。這些觀點，顯然是還想在學術史當中追求完備的一家一派之學的學術史觀。

相較於莊子與司馬遷的學術史觀，黃宗羲所強調的「一本萬殊」之學術史觀，是強調各家「要皆功力所至，竭其心之萬殊而後成家，未嘗以懵懂精神冒人糟粕。」展現了黃宗羲重視「自得」之學，並不苛求一家一派之學者能涵蓋整個學術面貌，這是黃氏「肯定人的思維認識活動之多樣性，從而肯定學術思想發展歷史的多樣性及其理論思維關於客觀事物及其條理性的抽象把握的多樣性」，這是黃氏「學術思想史觀的理論前提」。〔註13〕

此外，黃宗羲所主張的「一本萬殊」之學術史觀，還有其特殊的義涵：首先，所謂的「一本」，是以「斷代」為本，或為「明代」，或為「元代」，或為「宋代」，〔註14〕都是以斷代論述當代的學術為主。因此，嚴格說來，黃宗羲學術史觀的初衷是企圖以斷代史方式撰寫宋、元、明三朝之學術。對於《明儒學案》，李似珍云：這是「中國古代第一部有系統的斷代學術思想史專著。」〔註15〕許蘇民云：「《明儒學案》，實開斷代學術史論的先河。」〔註16〕這種以「明代」為「一本」所在的學術史觀，可以說是具有劃時代意義的。畢竟，在歷來都貴古賤今的風潮下，能稍為正視當代的學術，一如周汝登般，在所著《聖學宗傳》十八卷當中，以七卷收錄了二十三位明儒的傳記，已是具有某些當代的眼光。另一本理學史傳，孫奇逢之《理學宗傳》，則更進一步，已能逸出堯、舜、禹、湯、文、武、周公、孔、孟以來的道統的束縛，而摒棄這些道統的中堅人物不載，直接論述從漢、隋、唐以來的學者，並讓當代的明儒佔有顯著的篇幅，在全書二六卷中，將薛瑄、王守仁、羅欽順、顧憲成推崇為與宋七子同尊之地位，各以一卷論述，其後再以六卷專論明儒，補遺的一卷亦對明儒多所論述，可見其對明儒之看重，這已是難能可貴的編撰眼光。〔註17〕不過，以上兩書大體上可說是以學術通史的形態編撰而成，唯有《明儒學案》是以

〔註13〕引自陶清《明遺民之九大家哲學思想研究》，頁430，台北：洪葉文化公司，1997年6月。

〔註14〕黃宗羲曾計畫在編了《明儒學案》之後，能隨後編成《元儒學案》與《宋儒學案》，可惜未能如願，後來由其子黃百家與門人全祖望等編撰成《宋元學案》。

〔註15〕引自《孔子大辭典》，張岱年主編，「明儒學案」條，頁804，上海辭書出版社，1993年12月；1996年2月二刷。

〔註16〕同註8，頁510。

〔註17〕雖然黃宗羲對此二書多所批評，不過，我們不能否認這兩本思想史的論著中，對於當代儒者的正視，啟迪著黃宗羲以斷代史論的方式處理明儒的材料。

當代的儒者為唯一的編撰對象。這一學術史編撰觀念的改變，在學術史觀上，具有某些的意義。其一是對於「道統觀」的摒棄：即不再只是一味的以「道統觀」為主，而將後儒附屬於前賢之框架與脈絡當中，這種「道統說」易於在編撰過程對不合於「道統」的各家宗旨加以抹殺。黃宗羲的斷代史觀，正是加以正視與介紹當代各家宗旨的內容，尤其重視「自得」之學，這無疑是對「道統」說之挑戰。〔註18〕是以陶清讚美云：「明確否定宋明以迄門戶爭訟，黨同伐異的思想發展之異化，以及執定成局、舉一廢百之門戶觀念和學閥作風，以確保學術思想健康正常的發展，是黃宗羲學術史觀的原則立場。」〔註19〕其二，黃氏以「明代」為「一本」之所在的學術史觀，對當代學術思想的重視，與文學史上反對前後七子的復古理論的公安與竟陵相互輝映。一如史學上《漢書》之出現，《明儒學案》是思想史論著中為斷代學術史樹立了新的里程碑。〔註20〕

其次，「一本」有以「儒者」為範圍的義涵，日本學者難波征男於〈劉念台思想的展開──其中日比較〉一文，便以「儒學史」看待黃宗羲所撰《明儒學案》一書。〔註21〕近人楊自平於其學位論文《梨洲歷史性儒學之建立》當中，提出了黃宗羲所開展的「歷史性儒學」路數，相較於陽明、蕺山的「道德性儒學」，其特殊處在於「一方面重視人生命中的歷史性，一方面重視人的歷史實踐，此與陽明、蕺山由天命下貫處肯定人的存有是不同路數的思考。」這種試圖採取劉述先所云從「思想史」進路的方法，來將梨洲學放入整個思想史的脈絡中思考，而得出黃宗羲所開展的是屬於「歷史性儒學」路數的結論，無疑是探討黃宗羲之學術為何能在承繼心學後而轉出清初經世致用之學的一個有意義的探討。〔註22〕不過，如果我們能從黃宗羲《明儒學案》當中所顯示的學術史觀來加以探討，我們會發現，這其實是黃宗羲在「一本萬殊」的學術史觀的過程當中，將宋元以來程朱等「道

〔註18〕有關這一方面的研究，可參黃進興〈「學案」體裁產生的思想背景──從李紱的《陸子學譜》談起〉，收於《漢學研究》，第二卷第一期，民國73年6月，頁213-218。馮契亦云：黃氏重視表現獨特見的「一偏之見，相反之論」，「這種觀點反對了儒家的『道統』說，具有民主精神。」（《中國古代哲學的邏輯發展》，下，頁1037。）

〔註19〕同註13，頁431。

〔註20〕朱熹《伊洛淵源錄》等論述，雖然似乎可以視為斷代史，然其學術史觀上，則仍是受到「道統觀」的束縛，不能持平的看待各家學說。張豈之指出，朱熹此書，「只收錄一家一派之言。」（《中國思想史》，頁821。）倉修良亦云：「全書只反映一個學派的學術淵源而已。」（《中國史學名著評介》，中卷，頁1173。）

〔註21〕本文收於《論浙東學術》一書，方祖猷、滕復主編，北京：中國社會科學出版社，1995年2月，頁227-230。

〔註22〕詳參楊自平《梨洲歷史性儒學之建立》，第一章，頁1-23，中央大學中文所碩士論文，民國84年5月。

學」家所排斥的「事功之學」，重新的納入「儒學」的體系當中，使「道學」與「事功之學」，內聖與外王之學重新得以結合，而在學術發展上完成了承先啓後的使命。〔註 23〕

本文在前面章節中曾對《明儒學案》作一釋名的工作，黃宗羲堅持以「儒學」爲此書命名，而摒棄了「理學」、「心學」、「道學」等宋明以來流行的名稱，實是思圖將宋明以來的理學等逃名者回歸到先秦儒學的根源上，而指出「儒者之學，經緯天地。」「立功建業」之法門都盡在其中，非別有門徑可尋。這樣一來，便將宋明理學自朱熹以來自命爲獨承儒學道統的理學家，與被排斥在理學樊籬之外的事功學派陳亮等學者，重新編撰入《宋元學案》當中，一律視爲「此心萬殊」的表現，不黨同而伐異，共同爲時代負起儒者經世濟民之使命。

因此，黃宗羲以「儒者」爲範圍的「一本萬殊」的學術史觀，即是以儒學爲其學術史論著之重心，並力排佛道，〔註24〕顯然是宗經思想之表現。這是自漢武帝獨尊儒術之後，開始以儒家學說爲治國方針以來，歷來各朝皆以儒家思想爲教材。因此，在這樣的傳統風氣底下，黃氏耳濡目染，當然亦以儒學爲其關注重心。不過，相較於傳統思想史家之重「道統說」，黃氏反而能儘量以持平的態度去看待儒學的各式各樣的主張，這其實是與他主張「窮理者，窮此心之萬殊」的觀點相關聯的，只要能顯現出此心之所自得者，黃氏即加以論列，而不以「道統」的框架來排拒眞正有創見的儒者。

〔註23〕同註 22，頁 1-21。楊自平云：「故梨洲可視爲宋明理學的總結，清代新學啓蒙，於學術發展上扮演具有承先啓後的重要角色。」就心學往經世之學的過渡而言，這並非過譽的評價。至於《宋元學案》中，即編有事功學派，如永嘉葉適之「水心學案」（卷五四～五五）、永康陳亮之「龍川學案」（卷五六）。

〔註24〕馮契引述黃氏《南雷文定·三集·清谿錢先生墓誌銘》中，黃氏所云「道非一家之私，聖賢之血路，散殊於百家」，指出黃氏「雖然批判了道家、佛家，但也認爲對佛道不能忽視。所以黃氏以爲道佛也「不可謂無與於道者也。」（馮契《中國古代哲學的邏輯發展》，下，上海人民，1985 年 4 月；1987 年 8 月二刷，頁 1037。）按：本文收於《黃宗羲全集》第十冊，頁 342-342，原題爲〈朝議大夫奉敕提督山東學政布政司右參議兼按察司僉事清溪錢先生墓誌銘〉，文首云：「昔明道汎濫諸家，出入于老、釋者幾十年，而後返求諸《六經》；考亭于釋、老之學，亦必究其歸趣，訂其是非：自來求道之士，未有不然者。蓋道非一家之私，聖賢之血路，散殊于百家，求之愈艱，則得之愈眞。雖其後之有至有不至，要不可謂無與于道者也。」這段話實是黃氏爲篤信佛理之錢清溪誤入宗門作一解釋，認爲錢氏「所至雖異，其求道之心則一也。」表示了黃氏只肯定錢氏求道之心，而非錢氏所求之佛道，因此，黃氏於銘文後方才會有「天假之年，豈復如可任之不反乎？」點明了若果錢氏在世間能活得再久一些，就不會與林可任般「白椎秉拂，一往一返」，而能如程顥與朱熹般能「究其歸趣」，「返求《六經》」。則黃氏並未有肯定佛道的意涵，且在《明儒學案》當中多所釐清。

　　第三，也是最重要的，是黃宗羲的「一本萬殊」的學術史觀，實是以「心」作為其「一本」之所在。張高評以所謂「一本」者，「非梨洲發明陽明、蕺山之學乎？」，〔註25〕若用以作為「以大宗屬姚江，以蕺山為後勁」（莫晉〈序〉語）的闡釋則可，若以「一本」即以「王學為綱領」、「陽明為中心」，則似有可疑。因為「心」從某一角度而言是可與「王學」等同視之，不過，將黃氏所云「一本」視為與「王學」等同，則將使整個學術史觀下墜成以王陽明一人為準繩的史觀，其間差異不容不知，況且黃氏也只在〈諸儒學案〉中卷始提及「皆覼聞陽明之學而駁之，有此辨難，愈足以發明陽明之學。」並未說整個《明儒學案》是以陽明之說為其學術史觀建立之源頭。雖然說《明儒學案》中陽明學實際上是佔有大宗。如前所述，他之所以能以持平之心看待儒家內部的各種學說主張，最重要的是他對「心」的理解有一己之見。《明儒學案‧原序》一文即是黃氏陳述其「一本萬殊」的學術史觀的文字，以下即摘其要者論述之：

　　　　盈天地皆心也，變化不測，不能不萬殊。心無本體，工夫所至，即其
　　本體。故窮理者，窮此心之萬殊，非窮萬物之萬殊也。

一般學者多將這句話視為黃氏思想觀念的論述，鮮少有從學術史觀的提出的角度來進行檢視者。我們以為，既然這是《明儒學案》的序言，亦即這是一本斷代儒學史論著的序言，自然應是作者著述這本學術史論著所秉持的主張。一如李明友所說：「有些論著將此命題僅作道德本性與道德修養關係解，其實不妥。」〔註26〕許蘇民則印證了從學術史的角度來探討的可能性，許氏云：「『盈天地皆心也』以及下文所展開的諸命題，出於《明儒學案》一書自序，其所論述的是學術思潮演變或真理發展過程的問題，實屬於探討哲學史上展示的精神發展的鏈條或人類理性的反思等方面的命題，似乎并未涉及世界本原或心物關係的問題。」〔註27〕當然，一如其他學者將它視為黃氏思想觀念的表述，本序言內容也可能是作者一己理學觀念的呈現。〔註28〕不過，作為一本學術史論述，我們理應對它所呈顯的學術史觀作一研究與剖析，始知其學術史觀之特色。〔註29〕

〔註25〕詳參氏著《黃梨洲及其史學》，頁153。
〔註26〕本段文字，李明友本只針對〈原序〉「心無本體，工夫所至，即其本體」一段而言，筆者認為全序皆當作如是觀。
〔註27〕同註8，頁516。
〔註28〕蕭萐父指黃氏「盈天地皆心也」這一段話，「頗滋歧解」。（〈黃宗羲的真理觀片論〉，《黃宗羲論》，頁163。）劉述先亦云：「歷來并無善解。」（〈論黃宗羲心學的定位〉，《黃宗羲論》，頁148。）
〔註29〕以吳光〈論黃梨洲對陽明心學的批判繼承與理論修正〉最具代表，本文收於《中國哲學》第十七期，湖南：岳麓書社，1996年3月，頁337-357。另外，劉述先《黃

　　受到宋代陸九淵「心即理」與明代王守仁提倡「心外無理」、「心外無物」觀念的影響，我們在黃氏此一序言當中很容易就看到這種「心學」觀念的影子，這派學者將「心」視爲宇宙萬物的本原，即將宇宙萬物的本原視爲包容在主體「心」之中者。心是宇宙萬物的本原和主宰，並進而視「心」爲認識和修養的最根本與唯一的對象。〔註30〕黃氏將「心學」這種理學主張援用到學術史觀當中，認爲既然「盈天地皆心也」，亦即天地之間的宇宙萬物，無一不是此心之外在呈現。〔註31〕而此「心」之感應發用，「變化不測」，當然使得此心發用後所呈現出的宇宙萬物「不能不有千變萬化之別」。對於同爲宇宙萬物之一的學術史，亦是如此。所有儒者的儒學主張，都是他們各人用「心」體會之後，所提出的主張與見解，因此，如果從「心」之相同處言之，則人人此「心」莫不相同；若從「心」之變化不息言之，則此「心」之內涵不能不有千差萬別的現象發生。既然不得不有千差萬別的現象發生，當然應該完全加以介紹與概括，豈可以一己之見而任意去取於其間。

　　　心無本體，工夫所至，即其本體。〔註32〕

黃氏「本體」與「工夫」不分，應該與黃氏於卷三五「泰州四‧方學漸學案」中所提及的對心體之主張有關，黃氏在論及「心體」之源時，贊成王守仁四句教中的「無善無惡心之體」一語，是以對方學漸以爲「心體」在「不睹不聞之中，有莫見莫顯者，以爲萬象之主，非空然無一物者也」的見解，並不表贊同。黃氏以爲：

　　　宗義心學的定位》，亦以這段話爲黃宗羲思想之特色。詳參是書，頁 91-123。台北：允晨文化公司，民國 75 年 10 月。

〔註30〕詳參《中國理學大辭典》，「心學」、「陸王學派」、「心即理」、「心外無理」、「心外無物」等條目。廣州：暨南大學出版社，1996 年 10 月。

〔註31〕王茂、蔣國保等雖亦視此句所指乃是「學術史論題」，並指出「這個命題的內容，是要求一種殊途百慮，人人可以自伸其說的學術自由局面。」與本處所談之學術史觀相同。不過，在解釋「盈天地皆心也」一語，王、蔣等認爲此處所謂「心」，不是作爲本體的「心」，而是泛指思維活動、精神現象，具體說，即各種學術見解及理論。」這種見解，將使黃氏思想中用「心」之意涵在理學上與學術史觀上出現歧異，似乎太爲牽强了。（詳參諸氏著《清代哲學——蕺山哲學的傳人——黃宗羲》，安徽人民出版社，1992 年 1 月。）一如姜廣輝所述，即使作爲一個學術史的陳述，「也不妨有哲學原理的命題作爲根據。」（姜廣輝〈黃宗羲哲學新論〉，《國際儒學研究》，頁262。）

〔註32〕「師說‧王守仁傳」云：「先生承絕學於詞章訓詁之後，一反求諸心，而得其所性之覺曰良知，因示人以求端用力之要，曰致良知。良知爲知，見知不囿於聞見；致良知爲行，見行不滯於方隅。即知即行，即心即物，即動即靜，即體即用，即工夫即本體，即下即上，無之不一，以救學者支離眩騖，務華而絕根之病。」而「姚江‧王守仁學案」云：「先生致之於事物，致字即是行字，以救空空窮理，只在知上討個分曉之非。」頁 7-197。又載云：「知之眞切篤實處即是行，行之明覺精察處即是知，無有二也。」頁 7-201。

心體本空，而其中有主宰乎是者，乃天之降衷，有無虛實，通爲一物
者也。渣滓盡化，復其空體，其爲主宰者，即此空體也。若以爲虛中有實，
岐虛實而二之，豈心體之本然哉？（卷三五「泰州四‧方學漸學案」）

黃氏指出，「心體本空」，處於「有無虛實，通爲一物」的狀態，透露了黃氏所云之
「空」字，實是涵蓋了「有無虛實」，並非只是空無之意。因此，「心之本體」狀態，
實是涵蓋了「有無虛實」的「空」，只有在工夫當中顯現出來。在認識論上，是只要
在養心上多下工夫，則心之本體即可能顯現出來，否則，只是隱而未發而已。從學
術史觀的角度言之，則所有各家之說，正是「明儒學術」顯現之處，在各家學說主
張之外，「明儒學術」這個名稱是空洞無義的。

　　黃氏這一觀點，實是進一步發揮乃師劉宗周「工夫之外無本體」的說法，而提
出「工夫即本體」的主張。認爲做學問不能執定成局，要刻苦努力方能有成。〔註33〕
李明友即認爲，本段引文有兩層意義，一是指良知本體與成德工夫；二是指知識本
體與致知工夫。〔註34〕

　　從學術史觀看待這一命題，它是指出了學術史上各種見解主張之提出，實是各
人在實際修養當中所當身體悟而來。只有當學者本著此心之靈明，去作工夫之時，
才能將「本體」的義涵全盤托出。黃氏於此巧妙的結合了程朱「格物窮理」之學與
陸王「致良知」之學，使二者之偏頗得到修正，而另開出浙東經世之史學。〔註35〕

　　　故窮理者，窮此心之萬殊，非窮萬物之萬殊也。

本處指出，黃氏所主張的「格物窮理」，是反對程朱理學所提出的格物即是「即物窮
理」，程、朱學者認爲格物重在即物上，必須向物求知，不能「只泛泛然竭其心思」，
且必須窮至其極，以達「豁然貫通」的境界。亦即指出「格物」就是「即物窮理」，
「致知」就是推致吾心中固有知識，而「推極我所知，須要就那事物上理會」。因此，
物之理窮盡之時，也就是吾心之知致之時。格物致知便是通過窮客觀事物之理來驗
證吾心固有之理，這是一種內外合一的認識方法論。〔註36〕黃氏認爲，如果窮萬物
之理而不歸併於此心，並且不以此心爲出發點，則會發生逐物騖外之弊，而於身心
性命之處，了不相干。也不會在乎天崩地裂的時局是否須要儒學力挽狂瀾，而使國
家存亡與己身毫無關係。

〔註33〕董玉整語，同註30，「心無本體」條，頁108。
〔註34〕同註6，頁93。
〔註35〕有關浙東史學，可參方祖猷、滕復主編，《論浙東學術》一書，北京：中國社會科出
　　　　版社，1995年2月。
〔註36〕同註30，「格物」、「格物致知」條，頁456-457。

因此，黃氏認爲，所謂「窮理」，非如程朱所云，是「窮萬物之萬殊」，而是「窮此心之萬殊」。這當中的區別，就在於窮此心之萬殊，則一切皆落歸於「有本」之學，與身心有切身關係者，若果是「窮萬物之萬殊」，則有逐物鶩外之弊，這類學問，可以和一己身心毫不相干。

所以，《明儒學案》之作，實是黃氏在以「心」作爲「一本」之內涵，力求能如實呈現明儒在體悟此「心」之萬殊之處，而並非是爲了純粹學問，而與儒學濟世胸懷完全沒有關係。這是黃氏在著述時，時時刻刻與經世觀點相結合，與己身之時代相切合之處。

由於此心之發用萬殊，是以黃氏在「一本萬殊」的學術史觀上，主張各種的學說，只要是此心之發用，是自得於心者，皆應承認其存在，理當視爲此心之呈顯，不宜以不同於道統或正統觀念而加以排斥。因此，黃氏《明儒學案·原序》又云：

> 是以古之君子寧鑿五丁之間道，不假邯鄲之野馬，故其途亦不得不
> 殊。奈何今之君子，必欲出於一途，使美厥靈根者化爲焦芽絕港？

黃氏「一本萬殊」之學術史觀，是希望將學術史上所呈顯的「此心之萬殊」加以如實的記載與評價，只可惜堅持正統儒學的程朱後學對王門心學多所批駁，致使黃氏想著書加以容納介紹之時，也必須加以呼籲與闡明。〔註37〕在黃氏的學術史觀當中，是肯定各式各樣的主張的，一如承認此心之萬殊。因此，黃氏責問述朱學者，〔註38〕爲何只以程朱之學爲正宗，而對「美厥靈根者」，亦即闡發此心之萬殊者，卻遭受到斲傷與阻隔。黃氏並不贊同這樣封閉的學風。

黃氏進而指出：

> 夫先儒之語錄，人人不同，只是印我之心體變動不居。若執定成局，
> 終是受用不得。此無他，修德而後可講學，今講學而不修德，又何怪其舉
> 一而廢百乎！

黃氏認爲，先儒之語錄，人人不同。豈可執定宋儒之語錄，而自成限制？因爲不管是宋儒之語錄，或是明儒之語錄，都是闡發各人所體悟的「心」之萬殊，只可作爲我們一己在印證我心「心體變動不居」時之參考，並非是唯一的標準，眞正的標準在於我們眞有自得，自覺眞有受用。因此，若果我們固執前人之說，「終是受用不得。」因爲，一切「講學」，其基礎在於「修德」，只有先以「修德」爲本，從此心之修養體悟出發，才能在「講學」當中不誤蹈虛空，而無所受用。今日之所以講學而無所

〔註37〕這是黃氏著述動機之一，以免心學在清初程朱之學復興之際，慘遭淪亡淹沒之命運。
〔註38〕清初之程朱學者，諸如黃氏於〈復秦燈巖書〉中所提及的高彙旃，即「排擊文成，同於異學。」（頁 10-202。）

受用者，當然在於不以「修德」爲本，不以「此心」爲本，不以「工夫」爲本，這是黃氏慨嘆之處，也是其所以著述《明儒學案》的動機之一。

這種觀點，黃氏在《明儒學案‧原序》當中其實有舉例加以說明，黃氏云：

> 歲己酉，毘陵鄆仲昇來越，著《劉子節要》。仲昇，先師之高第弟子也。書成，義送之江干，仲昇執手丁寧曰：「今日知先師之學者，惟吾與子兩人，議論不容不歸一，惟於先師言意所在，宜稍爲通融。」義曰：「先師所以異於諸儒者，正在於意，豈可不爲發明？」仲昇欲義敘其《節要》，義終不敢。是則仲昇於殊途百慮之學，尚有成局之未化也。〔註39〕

黃氏對於同門師兄的鄆仲昇，著《劉子節要》時，認爲不宜強調劉宗周言意之所在，以免與先儒之主張不同，遭受疑難。黃氏並不苟同這種一味求同的觀念，認爲學者正要能在「一本」處求其「萬殊」，而不是爲了「一本」而抹殺其「萬殊」，但求和同，而排斥其差異之所在。在黃氏看來，心體變化，不能不萬殊，是以儒學在演變的過程當中，到了明代，強調心學，學者從各方面探討此「心」之發用變化，求其自用得著之處，而著成各種論述。因此，身爲學術史家，理應對各儒者的「殊途百慮」之學，加以引介，以使得後學能明瞭「此心之萬殊」的情況，而知所選擇各學者自用得著者深造以自得之。若是只堅持「歸一」之儒學，而否定儒學在探討此「心」時所可能出現的「萬殊」現象，則這是不能持平看待學術的表現，是「有成局之未化」，有所執著而不周全的狹隘觀念，這會限制了學術的自由化。

因此，黃氏在編述《明儒學案》之時，即力求保存「殊途百慮」之儒學，不一味的追求和同，追求一統，而是如實呈現各儒學之學說主張。當然，這也並不代表每一學說都是同等的重要與深醇的。所以需要加以評量，黃氏云：

> 義爲《明儒學案》，上下諸先生，深淺各得，醇疵互見，要皆功力所至，竭其心之萬殊者而後成家，未嘗以懵懂精神冒人糟粕。於是爲之分源別派，使其宗旨歷然。由是而之焉，固聖人之耳目也。

黃氏進一步指出，《明儒學案》所收之「殊途百慮」之學，並非是毫無準繩的，而是以各人有所自得、或自用得著者爲原則，如果是懵懂的人云亦云，襲取前儒之糟粕，則是首先被排除在選編之外的。而在各儒者竭盡其能以探討出「此心之萬殊」而後成家之處，又是有高下淺深醇疵之別的，這個衡量標準，則是建立在各儒者對此「心」

〔註39〕有關鄆仲昇與黃宗羲對劉宗周思想詮釋之不同，從而形成蕺山學派的分裂，可參王汎森〈清初思想趨向與《劉子節要》——兼論清初蕺山學派的分裂〉，《中央研究院歷史語言研究所集刊》，第六十八本，第二分，417-447。以及衷爾鉅《蕺山學派哲學思想》。

的探討體會上。對此，成中英指出，這就是「心無本體，功夫所至，即其本體」的實際應用。學術思想都是人心功夫的成績。雖說「功夫所至，即其本體」，但思想有圓融有不圓融，學術有瑕有疵，并非每一學術思想都有本體之真。真正的本體還是要在相互比較辨明中才顯出的。」〔註40〕因此，黃氏將明儒分源別派，使大小宗旨，一目了然。

此外，為了對眾多的儒者加以引介，在方法上還對各儒者加以分源別派，其分源別派之原則，則一方面是從師承授受之源流上，加以區分；一方面是從講學地域上加以分派。使各派的大小宗旨清清楚楚。後學要了解明代學術的流變，只要按其源流派別加以認識與了解，必然能夠得其所願。

最後，由《明儒學案·原序》引述湯潛菴所云：「《學案》宗旨雜越，苟善讀之，未始非一貫。」一語，可知黃氏亦贊同此一見解，亦即《學案》宗旨雜越，這實是《明儒學案》的最大特色，即是不堅持任何一個理學流派，尤其是自宋代鵝湖之辨後，尊德性與道問學之先後本末問題，歷來受到爭議。至明代官方以程朱之學為科考之方，而明中葉在民間興起陳、王「心學」，兩派之學常常出現互相攻擊，勢同水火的現象。黃氏站在以「心」為本的立場上論述，對陳、王「心學」當然大加稱許，不過，對程朱理學也作了詳盡的記載。較之許多儒學史的論著，不是以程朱為譜系，則是以陸王為宗傳，而絕不及於其他者，黃氏之著述宗旨顯然是「雜越」的。因為，在黃氏看來，這是非關「學脈」的問題，可以兼容并收，只要釐清儒釋之別，儒家之學脈自明。〔註41〕此其一；其二，黃氏在論述上，力求秉持保存明儒探討「此心之萬殊」處，而不似程朱等學者力求學問之統與歸一之論，所以在各儒者只要有自得者都加以論述其宗旨的情況下，顯得「雜越」。不過，這些「雜越」的各家宗旨，殊途百慮之學，又是有其「一貫」之宗旨，亦即「一本」之所在。此「一本」，亦即以「儒學」為本，以此「心」為其依據，是各儒者「工夫」「本體」合一之處。

《明儒學案·原序》亦載及賈若水手錄是書而歎曰：「此明室數百年學脈也，可聽之埋沒乎？」這話顯示出黃氏之論著，是為了在明亡之後，保存明代數百年的學脈，亦即保存有明一代數百年的儒學思想的流變與發展，讓後人能備知其詳。〔註42〕

〔註40〕引自〈理學與心學的批評的省思——綜論黃宗羲哲學中的理性思考與真理標準〉，《黃宗羲論》，頁35。

〔註41〕黃宗羲於〈復秦燈巖書〉提及「朱、陸異同」云：「非尊德性則不成問學，非道問學則不成德性。故朱子以復性言學，陸子戒學者束書不觀。……此一時救法，稍有偏重，無關於學脈也。」

〔註42〕〈原序〉最後引用司馬光《資治通鑑》作一對比，似乎是有「資治」之意圖，亦即

第二節　《明儒學案》的分期

　　在總論了黃宗羲在《明儒學案》所呈顯的學術史觀的特色之外，以下剖析黃氏以「心」爲本的「一本萬殊」的學術史觀之下所建構起的明代儒學發展史。唯有認清黃氏以「心」爲判準的有關明儒的深淺醇疵的評價，才能對黃氏的學術史觀有進一步的了解。

　　在黃氏以「心」爲準的「一本萬殊」的學術史觀下，有關明代儒學的分期，即以陳獻章、王守仁所形成的「心學」脈絡爲其分期座標。這可在卷五「白沙學案·案首小序」中得到證明，黃氏云：

> 有明之學，至白沙始入精微，其喫緊工夫，全在涵養，喜怒未發而非
> 空，萬感交集而不動，至陽明而後大。兩先生之學最爲相近。

在黃氏以「心」爲本的學術史觀當中，明代儒學，到陳獻章心學之出現，才使明代儒學的發展進入精微細緻的階段，而心學的發展，到王守仁的倡導才使之發揚光大。形成與宋代以「理學」爲主的儒學之外不同特色的學問。〔註43〕

　　這個以「心」爲本的「一本萬殊」的學術史觀的原則，也在「諸儒學案」中得到具體的說明。「諸儒學案」是收錄一些被黃氏視爲無法歸類的個別儒者，或無所師承，或只有朋友夾持，或後之學者無傳其學者，俱列於此學案之中。並非如王瑞明所云：「『諸儒學案』是將一些不出名的學者的材料匯集在一起寫成的。」〔註44〕在「諸儒學案」中，黃氏首先將它分爲上、中、下三卷，在每卷當中又分爲若干卷。至於上、中、下三卷的區分原則，黃氏云：「上卷則國初爲多，宋人規範猶在。」「中

　　　是在「工夫所至，即其本體」的即體即用的論點當中，注入了經世思想。

〔註43〕按：有些學者所引「要其微意，實以大宗屬姚江，而以崇仁爲啓明，蕺山爲後勁」，乃莫晉〈序〉語，非黃氏之見。因其已隱去陳獻章之地位。而卷六二「蕺山學案」末云：「先生大指如是。此指出眞是南轅北轍，界限清楚，有宋以來，所未有也。識者謂五星聚奎，濂洛關閩出焉；五星聚室，陽明子之説昌；五星聚張，子劉子之道通，豈非天哉！豈非天哉！」似乎隱約透露出宋明儒學之發展，是從濂洛關閩——王守仁——劉宗周等三個大的發展段落。亦即由理學——心學——儒學之發展，值得深思其意。

〔註44〕「諸儒學案·案首小序」云：「諸儒學案者，或無所師承，得之於遺經者；或朋友夾持之力，不令放倒，而又不可系（繫）之朋友之下者；或當時有所興起，而後之學者無傳者，俱列於此。」卷四六「諸儒上四·陳眞晟學案」云：「先生無師承，獨得於遺經之中。」即爲顯例。其實，對於「諸儒學案」，黃氏主要考量的是將無法以宗派分類者統歸於此，並非因其沒無名的關係。因爲「諸儒學案」所收之方孝孺、曹端、羅欽順等，都是當日享譽一時者，豈可視爲「不出名的學者」？王瑞明之見，見於張舜徽主編《中國史學名著題解》「學術史類·《明儒學案》」中，頁250，北京：中國青年出版社，1984年2月；1992年2月八刷。

卷則皆驟聞陽明之學而駁之，有此辨難，愈足以發明陽明之學，所謂他山之石，可以攻玉也。」「下卷多同時之人，半歸忠義，所以證明此學也，否則為僞而已。」由此分卷，我們可以知道黃氏對於明代諸儒學術的發展觀念，是以促使心學大興的王守仁為其中介點：初期是介紹王守仁崛起以前之儒學發展；中期則是以與王守仁同期的各學者為其介紹重心；後期則以與黃宗羲同為明末之儒者為主。既然整個明代的諸儒的學術發展可以分為三期，則同理可知，黃氏對明代學術的發展，也是以三期視之的，這三期的區分與評價，也是緊密的以「心」為其衡量標準的。

　　至此，我們可以試圖將黃宗羲對《明儒學案》當中各學案的分期作以下粗略的區分：

　　（一）明代初期儒學的派別：崇仁學案、白沙學案、河東學案、三原學案、諸儒學案上卷；

　　（二）明代中期儒學的派別：姚江學案、浙中王門學案、江右王門學案、南中王門學案、楚中王門學案、北方王門學案、粵閩王門學案、止修學案、泰州學案、甘泉學案、諸儒學案中卷；

　　（三）明代後期儒學的派別：東林學案、蕺山學案、諸儒學案下卷。

　　至於黃氏怎樣用以「心」為本的一本萬殊的學術史觀來闡述與評介這三期的明代儒學，以下即分別述之：

一、明代初期儒學的派別

（一）不事張皇的「河東學案」、「三原學案」

　　依據以「心」為本的學術史觀，黃氏對於明初儒學的發展，曾作出以下的評論，云：

> 有明學術，從前習熟先儒之成說，未嘗反身理會，推見至隱。所謂「此亦一述朱，彼亦一述朱」耳。高忠憲云：「薛敬軒、呂涇野語錄中，皆無甚透悟。」亦為是也。（卷十「姚江學案·案首小序」）

明初學術，都依從前此儒者之舊說，未曾以「己心」為本進行反省與思考，以求取此「心」之萬殊處，是以會出現「此亦一述朱，彼亦一述朱」的現象。這是黃氏所最不願看見的，因為，在黃氏的學術史觀當中，學術正是要呈顯「此心之萬殊」，此「心」之「殊途百慮」，而並非是以朱子一人之見解為學術界唯一的公論，畢竟這會斲喪心體變化萬殊的可能，因此對於學界的這一現象加以論述與評斷。在《孟子師說·題辭》當中，黃氏亦提及這一現象，指出自朱子著《四書集注》以來，學《四書》者，不能盡明《四書》之義的緣由，在於學者「既不能當身理會，求其著落，

又不能屏去傳註，獨取遺經，精思其故。成說在前，此亦一述朱，彼亦一述朱，宜其學者之愈多而愈晦也。」在黃氏看來，除了陳獻章之外，明初學者即是犯上「此亦一述朱，彼亦一述朱」的毛病，不能眞的「當身理會」，是以會出現如高攀龍所云，「河東學案」的薛瑄與呂柟所著之語錄，「皆無甚透悟」之語，正是因爲他們「恪守宋人矩矱」的緣故。〔註45〕

所謂「恪守宋人矩矱」，指的是堅守宋代程、朱之學。黃氏指出，明初儒學大體是承繼自宋人成說，這一時期的儒者，黃宗羲常在述及明初儒學現象時，提及「此亦一述朱，彼亦一述朱」的慨嘆，指的即是這些承繼宋人成說的儒者，有些學者即依此而將明初儒學視爲「述朱期」或「述朱學派」。〔註46〕因此，黃氏對於承繼「先儒成說」的「河東學派」、「三原學派」等之評價不高。黃氏於卷八「河東學案‧案首小序」云：

> 河東之學，恟恟無華，恪守宋人矩矱，故數傳之後，其議論設施，不
> 問而可知其出於河東也。

指出以薛瑄爲首的河東學者多「恪守宋人矩矱」，無所創獲與自得之處。在卷九「三原學案‧案首小序」，黃氏亦云：

> 關學大概宗薛氏，三原又其別派也。其門下多以氣節著，風土之厚，

〔註45〕古清美於〈從明儒學案談黃梨洲思想上的幾個問題〉，即認爲黃氏在「河東學案‧案首小序」當中，所述及的「然河東有未見性之譏，所謂『此心始覺性天通』者，定非欺人語，可見無事乎張皇耳。」古氏認爲「這段話就藏著梨洲心中的矛盾。」因爲梨洲對河東「未見性」之評，「雖是引用高攀龍的話，但實極爲同意，並數度引用。」「一見於姚江學案，再見於〈餘姚縣重修儒學記〉一文。」（頁10-127）其實，這句話還不止見於兩處，「東林一‧高攀龍學案‧會語」當中，即收錄此語云：「薛文清、呂涇野《語錄》中，無甚透悟語。後人或淺視之，豈知其大正在此？他自幼未嘗一毫有染，只平平常常，腳踏實地做去，徹始徹終，無一差錯，既不迷，何必言悟？所謂悟者，乃爲迷者而言也。」（頁8-793）由高攀龍之言，我們可以知道高氏對二人「無甚透悟語」之評論，並非是貶抑之辭。而黃宗羲在援引之時，著重探討二人《語錄》無甚透悟語的因素，是在於在「述朱」學風之下，少有標新立異之論，亦即所言多不出宋人理學之樊籬，但這並不代表其學即是無甚透悟，一如高攀龍所云：「既不迷，何必言悟？」言悟易於蹈虛，是以少言爲妙，不代表其學無甚透悟之處。黃氏亦是依據此一論調，指出薛瑄曾有「此心始覺性天通」一語，可見其眞有所得，並非是欺人之言，只是一如高攀龍所云，是「無事乎張皇耳。」亦即只重視躬身實踐，不想過度強調徹悟之語。這其實也是承自劉宗周「師說‧薛瑄傳」的觀點：「或曰：『七十六年無一事，此心惟覺性天通。』先生晚年聞道，未可量也。」可見，古清美所質疑的矛盾之處，似乎是不存在的。

〔註46〕繆天綬《明儒學案選註‧新序》（臺灣商務，民國57年1月；62年12月臺三版。）、褚柏思《中國哲學史本義》（台北：黎明文化，民國67年4月）、鄭自誠《明代前期理學思潮研究》（台灣大學中文所碩士學位論文，民國86年6月）皆如此主張。

　　　而又加之學問者也。

此處所謂「關學」，指的並非宋代理學的四個主要學派「濂、洛、關、閩」當中的「關學」，宋代張載講學於陝西關中，故後人名其學曰「關學」。但此處所指的「關學」卻是明代的「關中之學」，即「師說‧周蕙傳」末所云：「是時關中之學，皆自河東派來，而一變至道。」。又「師說‧呂柟傳」云：「愚按關學世有淵源，皆以躬行禮教爲本，而涇野先生實集其大成。」《中國理學大辭典》所列「關中學派」云：

　　　　以明哲學家呂柟爲主要代表的學派，因其學者大多出生於陝西關中一
　　　帶，故名。是與陽明心學同時的朱學流派。呂柟師事薛敬之，敬之承於周
　　　蕙，蕙則是薛瑄私淑段堅門人，是之謂呂柟係河東學派薛瑄四傳弟子……
　　　學派主要人物有周蕙、薛敬之、呂潛、張節、李挺、郭郛、楊應詔。

此辭典列有「關中學派」之條目，雖較另外兩本辭書《哲學大辭典》、《中國哲學大辭典》來得仔細，〔註47〕不過，所引據的資料，亦只是《明儒學案‧師說‧呂柟傳》所載一語：「愚按關學世有淵源，皆以躬行禮教爲本，而涇野先生實集其大成。」而忽略了《明儒學案》當中其他提及「關學」或「關中之學」的地方，顯然有斷章取義之嫌。雖然所舉的代表人物有多位，不過，卻未講明其源流發展。

　　其實，在黃氏眼中，「關學大概宗薛氏」，指出「關中之學」的宗主是薛瑄，其下除了段堅、周蕙、薛敬之、呂柟、呂潛、張節、李挺、郭郛等之外，尚有閭禹錫、張鼎、張傑、王鴻儒、李錦等儒者，這是「關中學派」之「正宗」。

　　此外，還有「關中學派」之「別派」，亦即「三原學案」。黃氏云：「關學大概宗薛氏，三原又其別派也。」其中「關學」指的即是「關中之學」。這樣一來，《明儒學案》中「關學」指的並不是宋代張載之學，並且「關學」還有正宗與別派之分，不容混淆。被劉、黃師徒稱呼爲「關學」的明儒當中，代表「河東學案」的薛瑄即山西河津人，而「三原學案」之王恕爲陝西三原人。「河東學案」與「三原學案」皆可說地處關中，〔註48〕所以亦稱「關中之學」。黃氏未採取「關中之學」一名，似乎是因此處尚可細分爲「河東學案」與「三原學案」的緣故吧！

〔註47〕《中國理學大辭典》（頁230）與《哲學大辭典》（頁661）、《中國哲學大辭典》（頁
　　　　314）三書所列「關學」條，皆云所指乃「橫渠學派」張載所代表的「關學」。顯然
　　　　是沒有考慮到明初儒學發展的情況，這一條目的解說顯然是不夠全面的。
〔註48〕「關中，即今陝西關中盆地。因東有函谷關，南有武關，北有蕭關，西有散關，處
　　　　四關之中而得名。」（《三國演義辭典》，「關中」條，頁347。）另一記載云：「關中，
　　　　泛指故函谷關或今潼關以西、隴山以東陝西中部地區。」（《中國古典詩詞地名辭典》，
　　　　「關中」條，頁334。）「河東學案」之代表薛瑄爲山西河津人，山西河津位在潼關
　　　　附近，雖非關中之地，但因諸人學術源流密切相關，故黃氏仍概括言之。

　　不過，黃氏既然對於「此亦一述朱，彼亦一述朱」的學術現象不以為然，那為何還會加以載錄成「河東」、「三原」兩學案，而不將這些學者與方孝孺、曹端等歸入「諸儒學案」當中？這除了因為師承授受源流較為明顯之外，更重要的，是黃氏還是肯定他們對此「心」之體悟與實踐有得，卷七「河東學案・案首小序」所云：

　　　　然河東有未見性之譏，所謂「此心始覺性天通」者，定非欺人語，可
　　見無事乎張皇耳。

對於人們認為薛瑄為「未見性」者，黃氏頗不以為然，指出薛瑄臨終前能留「七十六年無一事，此心始覺性天通」一詩，顯然薛瑄對「本心」是有所了悟的，只是不想大肆誇言而已。既然如此，則「宗薛氏」的「關中之學」的別派「三原學案」的宗旨，自然是與薛瑄般「無事乎張皇」的。如此一來，黃氏所立「河東」、「三原」兩學案，亦是不違背其以「心學」為一本所在的學術史觀的。

（二）心學的啟蒙：「崇仁學案」與「白沙學案」

　　在明初「學案」當中，「崇仁學案」的學術大體上仍是「一稟宋人成說」者，黃氏於「崇仁學案・案首小序」云：

　　　　康齋（吳與弼）倡道小陂，一稟宋人成說。言心則以知覺而與理為二，
　　言工夫則靜時存養，動時省察。故必敬義夾持，明誠兩進，而後為學問之
　　全功。其相傳一派，雖一齋（婁諒）、莊渠（魏校）稍為轉手，終不敢離
　　此矩矱也。

引文中即指出「崇仁學案」之吳與弼是「一稟宋人成說」。如上所述，黃氏的學術史觀當中，是「學貴自得」的，尤其是重視以「心」為「本」的學術史觀，因此，黃氏將「崇仁學案」置之全書之首個「學案」，實是從另一角度加以肯定其貢獻的。「崇仁學案・案首小序」繼云：

　　　　白沙出其門，然自敘所得，不關聘君，當為別派。於戲！椎輪為大輅
　　之始，增冰為積水所成，微康齋，焉得有後時之盛哉！

與「河東」、「三原」學案同為「恪守宋人成說」的「崇仁學案」，會受到黃氏之刻意突顯，其實也是著眼於以「心」為本的學術史觀。「崇仁學案」之代表儒者吳與弼之所以評價高於明初其他繼承「宋人成說」者，在於其弟子當中出現了一位倡導「心學」的先鋒人物陳獻章。黃氏將陳獻章倡導心學的啟蒙之功歸屬於吳與弼，這是以「心」為本的學術史觀之下，使同為「一稟宋人成說」的明初儒者之評價有其高下之別的因素所在。

　　既然黃氏重視以「心」為本的學術史觀，自然對以「心學」為尚的明儒青眼有

加，在明初儒者當中，以陳獻章初倡「心學」之功即受到黃氏肯定，指出了「白沙學案」開明代心學風氣之先的貢獻。所謂開啓明代心學風氣之先，指的是明代儒學正式告別一稟「宋人矩矱」、「宋人成說」，而能別出機杼，以「心」爲本所體悟自得的學問，能夠突顯出明代儒學的特色者。黃氏爲了肯定陳獻章之學，是以在陳獻章乃師「崇仁學案」之後，繼立「白沙學案」。〔註49〕

　　這是黃氏在編排明初儒學之學案時，何以突破了歷來以生卒年代爲排列先後的唯一考量，而將吳與弼所代表的「崇仁學案」列爲首卷，其次則排列了「白沙學案」，而明初大儒薛瑄所代表的「河東學案」則置於「白沙學案」之後的第三順位的緣故。這也正顯示了黃氏以「心」爲本的「一本萬殊」的學術史觀。〔註50〕

　　如前所云：「白沙出其（吳與弼）門，然自敘所得，不關聘君（吳與弼），當爲別派。」可見，在黃氏的學術史觀當中，明初儒學，除了可分爲恪守宋人矩矱者與別出宋人機杼者之外，還可以從學術源流與主張異同上將「崇仁學派」細分成正宗與別派：即以吳與弼等爲正宗，以陳獻章等爲別派。〔註51〕

　　黃氏於「白沙學案・案首小序」云：

　　　　有明之學，至白沙始入精微，其喫緊工夫，全在涵養，喜怒未發而非
　　空，萬感交集而不動，至陽明而後大。兩先生之學最爲相近。

在黃氏的學術史觀當中，陳獻章之心學是與王守仁之心學「最爲相近」者。這兩位儒者的出現，標誌著明代儒學能在宋代儒學之外有所創獲。〔註52〕

〔註49〕繆天綬《明儒學案選註・新序》與褚柏思《中國哲學史本義》將陳獻章也視爲「述朱期」之人物，顯然是未看清黃宗羲所給予陳獻章的心學先鋒者的地位。

〔註50〕孫奇逢《理學宗傳》所表彰的「宋明十一子」當中，明代是以薛瑄、王守仁、羅欽順、顧憲成爲代表，並未有陳獻章；陳龍正《學言》云：「有明之盛，道至醇深者，薛（瑄）、高（攀龍）二子而已。」（頁8-879）唐伯元〈諸子解〉云：「國朝正儒，莫如薛文清（瑄），高儒莫如陳白沙（獻章），功儒莫如羅文莊（欽順）。」（頁8-305）由這些記載，可知陳獻章在明儒當中的地位，並未有高於薛瑄者。黃宗羲抬高陳獻章的地位，正顯示其以心爲本的一本萬殊的學術史觀。

〔註51〕侯外廬《宋明理學史》以陳獻章之學統，乃「上承陸學，下接崇仁。」則爲陳獻章之學再上溯源頭。（頁791）

〔註52〕這與現今畫分宋明儒學爲宋代理學與明代心學的學術史觀可說是大體相同的。黃氏眼光之銳利、判斷之正確，使其分類成爲後來各學者對宋明理學分期的重要指標與依據。不過，朱仲玉指「梨洲對姚江之學卻并不十分尊崇」、「他認爲姚江之學最後并未形成一個完整的體系，所以後來門徒才會形成許多派別，并不是想要闡明王學爲有明一代學術之大宗，而卻是爲了說明王學末流是如何的支離破碎，對有明一代的學術起了不好的作用。」（〈試論黃宗羲《明儒學案》〉，《黃宗羲論》，頁565。）朱氏顯然混同了黃宗羲所要釐清的陽明學本身與陽明後學，尤其是陽明後學有「正宗」與「別派」之分，就是避免人們將流弊都歸咎於陽明身上。更何況黃氏於〈移

　　只是，在這一學術史脈絡的探索當中，黃氏發現，陳獻章與王守仁之學雖然有許多承繼的痕跡存在，但是卻不見王守仁提起陳獻章這位前輩。這種在文獻資料不可徵之處，黃氏站在學術史家的立場，本來不必為之牽合的。黃氏卻在此處加以著墨，顯然是黃氏在為明代心學的萌芽與發展尋找線索時，對於由明代初期陳獻章心學過渡到明代中期王守仁心學之時，無法找到合理可靠的承傳淵源，是以使得黃氏以「心」為本的一本萬殊的學術史觀橫遭截斷。黃氏云：

> 兩先生之學最為相近。不知陽明後來從不說起，其故何也？薛中離，
> 陽明之高第弟子也，於正德十四年上疏，請白沙從祀孔廟，是必有以知師
> 門之學同矣。

黃氏在找不到立論的依據之後，只能從王門弟子薛侃上疏諫請將陳獻章從祀孔廟之舉，認為王門弟子當中，是承認王門之學是與白沙之學有其淵源關係的。〔註53〕勉強為一己的學術史觀找到一條還算合理的脈絡發展。近人山下龍二推敲王守仁為何對陳獻章一言也未曾提及時云：

> 這或因陽明不重視靜坐的修養法，但不論如何最大的理由乃是二人對
> 「心」之把握方法不同。陽明並非集白沙之學的大成，這也可說是因為他
> 不贊成湛甘泉的「隨處體認天理」。〔註54〕

或許可以作為王守仁未提及陳獻章之學的一個注腳。

　　其實，對於陳獻章在明代儒學的地位，被黃宗羲批評得一文不值的周汝登《聖學宗傳》即已提及：

> 蠡測曰：本朝理學，至白沙自鑿一戶牖，其精神命脈，全吐露於詩句
> 中，亦可謂無待之豪傑也已。（卷十二「國朝・陳獻章傳」，頁947。）

文中所云：「本朝理學，至白沙自鑿一戶牖」，即已肯定陳獻章在明初理學的獨特的地位。只是未將其學與王守仁之學視為相類似者。且也未如黃氏般是從以「心」為本的學術史觀來進行評價。

　　史館論不宜立理學傳書〉云：「有明學術，白沙開其端，至姚江而始大明。……逮及
　　先師蕺山，學術流弊，救正殆盡。向無姚江，則學脈中絕；向無蕺山，則流弊充塞。」
　　可知黃氏顯然是肯定蕺山學對王學末流的救正，其實，也是肯定姚江之學無疑，朱
　　仲玉之見的形成，顯然是未通觀全書所致。
〔註53〕學術史觀之提出，必須依據實際資料作推論，黃氏似乎是想從資料推論陳、王之學
　　有所承接的脈絡之外，也想由王學門人弟子當中，直接找到陳述王學承傳自白沙之
　　學的證據，以強化一己所提出的儒學史發展的觀點。
〔註54〕詳參《中國思想史》，山井湧等著，張昭譯，「心學的出現」，頁263。台北：儒林圖
　　書，民國70年4月。

二、明代中期儒學的派別

（一）「心學」大宗之一：「姚江學案」與「王門學案」

在以「心」爲本「一本萬殊」的學術史觀指導下，黃氏對於王守仁的評價之高是空前的，卷十「姚江學案・案首小序」云：

> 自姚江指點出「良知人人現在，一反觀而自得」，便人人有個作聖之
> 路。故無姚江，則古來之學脈絕矣。

在黃氏看來，王守仁是明代接續儒學學脈的不二人選。其「致良知」之學，將《大學》「致知」與《孟子》的「良知」結合起來，提出「致吾心良知之天理於事事物物，則事事物物皆得其理矣。」〔註55〕這使得以程、朱爲首的宋代「格物窮理」之儒學，回歸到以「良知」來衡量外在事事物物的價值，不捨本逐末。

這種「一反觀而自得」的「致良知」之學，正是對朱熹之學向外「格物窮理」的挑戰，以使道問學再度向尊德性處靠攏，再度重視修身養性之學。黃氏認爲這是自孔孟以來儒者之學脈所在，如果只是口頭上的「此亦一述朱，彼亦一述朱」，未能眞的「反觀而自得」於心，再多的論著與講學，都是與德性無關的。當然，這似乎有指出程朱之學非「學脈」所在的傾向。黃宗羲在〈復秦燈巖書〉指出：「非尊德性則不成問學，非道問學則不成德性。故朱子以復性言學，陸子戒學者束書不觀。……此一時救法，稍有偏重，無關於學脈也。」〔註56〕可見在黃宗羲心中，所謂的朱、陸異同，只是教學上的有所側重，無關儒學學脈。不過，如果後學只在口頭上論學，而不從「心」出發，自然會讓儒學學脈斷絕。王守仁所倡「致良知」之學，正是重提以道德修養爲本的儒學，所以黃氏贊揚他使「人人有個作聖之路」。

黃氏又云：

> 先生之格物，謂「致吾心良知之天理於事事物物，則事事物物皆得其
> 理。以聖人教人只是一個行，如博學、審問、愼思、明辨皆是行也。篤行
> 之者，行此數者不已是也。」先生致之於事物，致字即是行字，以救空空
> 窮理，只在知上討個分曉之非。乃後之學者測度想像，求見本體，只在知
> 體上立家儅，以爲良知，則先生何不仍窮理格物之訓，先知後行，而必欲
> 自爲一説邪！

對於「致良知」之學，黃氏是將之與王守仁所提出的「知行合一」命題相結合，詮

〔註55〕引自《傳習錄》中。有關「致良知」的内容，可參《中國理學大辭典》，頁472。

〔註56〕詳參頁10-202。另：楊國榮於《王學通論──從王陽明到熊十力》認爲，所謂一時的偏重，即是從整個學術的發展來看帶有偶然性的現象，按黃氏之見，「以復性言學」與「戒學者束書不觀」就是這樣一種偶然的提法。（頁194）

釋「良知」即「知」，而「致」即「行」。黃氏認為，這是為了挽救「格物窮理」只
在外物上求空洞之理，或只在「知」體上作文章之弊，因此，王守仁倡「知行合一」
以救學者之虛空不實。

（1）王門心學之正宗：「浙中」、「江右」、「南中」、「楚中」、「北方」、「粵閩」王學學案

　　黃氏基於以「心」為「本」的學術史觀，指出明代儒學之學脈在王守仁倡導心
學後，其門人大興。是以黃氏進而為「王門學案」清理出其源流脈絡。黃氏依其地
域，分為「浙中王門」、「江右王門」、「南中王門」、「楚中王門」、「北方王門」、「粵
閩王門」等，在黃氏看來，這些地域之王門皆為陽明學之「正宗」，而「泰州學案」
與「止修學案」則被黃氏視為陽明之別派。

　　其中，「浙中王門」是王學的發源地，故卷十一「浙中王門‧案首小序」云：

　　　　姚江之教，自近而遠。其最初學者，不過郡邑之士耳。龍場而後，四
　　方弟子始益進焉。

可見「浙中王門」是王門弟子當中最早受教於陽明者，其中以錢德洪與王畿為代表
人物。而在眾多「王門學案」中，被黃氏視為陽明真傳的是「江右王門」，卷十六「江
右王門‧案首小序」云：

　　　　姚江之學，惟江右為得其傳。東廓、念菴、兩峰、雙江其選也。再傳
　　而為塘南、思默，皆能推原陽明未盡之旨。〔註57〕

黃氏認為，「江右王門」以鄒守益、羅洪先、劉文敏、聶豹等人為代表，得到陽明之
真傳，並且能闡揚陽明未盡之旨。

　　此外，黃氏於卷二五「南中王門‧案首小序」云：

　　　　南中之名王氏學者，陽明在時，王心齋、黃五岳、朱得之、戚南玄、
　　周道通、馮南江其著也。陽明歿後，……興起者甚眾。略載其論學於後，
　　其無語錄可考見者附此。

黃氏指出，「南中王門」的代表人物有王艮（心齋）、黃省曾（五岳）、朱得之、戚賢
（南玄）、周衝（道通）、馮恩（南江）為較著者。其中，戚賢（南玄）、馮恩（南江）
等無論學著述，只附見略傳於卷前。而王艮（心齋）屬江蘇泰州安豐場人，因屬「王
門別派」，自成一系，故黃氏另將之歸入「泰州學案」中。「南中王門」雖有三卷，
但由黃氏於「案首小序」所云「略載其論學於後」，可知較之「浙中」與「江右」，

〔註57〕按：此序中所論述及的人物順序，與學案內各傳之順序不盡合，可能是行文時失察
　　　　所致。

其記載是較爲簡略的。

而在卷二八「楚中王門‧案首小序」，黃氏指出：

> 楚學之盛，惟耿天臺一派，自泰州流入。當陽明在時，其信從者尚少。
> 道林（蔣信）、闇齋、劉觀時出自武陵，故武陵之及門，獨冠全楚。……
> 然道林實得陽明之傳，天臺（耿定向）之派雖盛，反多破壞良知學脈，惡
> 可較哉。

黃氏在此處指出，雖然楚學之盛，只有耿天臺一派，然而，因其更近「泰州學案」，故未收納於「楚中王門」當中。黃氏明白指出，蔣信「實得陽明之傳」，〔註58〕堪稱「楚中王門」之代表人物。對於入列「泰州學案」的耿定向，雖然與蔣信同是出自王門，然而，黃氏的學術史觀顯然已將他獨立於王學之外，自成別派矣！黃氏並認爲耿天臺等儒學所代表的「泰州學案」，實是對陽明學所提倡的「良知學脈」多所破壞的。

在卷二九「北方王門‧案首小序」中，黃氏則坦白說出：

> 北方之爲王氏學者獨少，穆玄菴既無問答，而王道字純甫者，受業陽
> 明之門，陽明言其「自以爲是，無求益之心」，其後趨向果異，不可列之
> 王門。非二孟嗣響，即有賢者，亦不過跡象聞見之學，而自得者鮮矣。

在黃氏看來，「北方王門」傳承陽明之學者較少，似乎只有孟秋與孟化鯉二人堪稱王門之傳人。其所以被黃氏所稱許，即在於其有所「自得」於心也。

卷三〇「粵閩王門‧案首小序」云：

> 嶺海之士，學於文成者，自方西樵始。及文成開府贛州，從學者甚眾。
> 文成言潮在南海之涯，一郡耳，一郡之中，有薛氏（薛侃、薛尚賢）之兄
> 弟子姪，既足盛矣，而又有楊氏之昆季（楊驥、楊仕鳴）。其餘聰明特達，
> 毅然任道之器以數十。乃今之著者，唯薛氏學耳。

在「粵閩王門」中，「乃今之著者，唯薛氏學耳。」而「閩中自子莘（馬明衡）以外，無著者焉。」（同上）黃氏本案所著錄二人薛侃（廣東揭陽人）、周坦（羅浮人）皆屬粵人，而唯一的閩人馬明衡只有在「案首小序」稍加提及而已。

經由以上的論述，我們似乎隱約的可以看出眾多王門當中，除了「浙中王門」與「江右王門」，在《明儒學案》當中佔有五卷與九卷的分量以外，有三卷分量的「南中王門」當中，黃氏已明言「略載其論學於後」，而其餘只有一卷的「楚中王門」處

〔註58〕此處所云「實得陽明之傳」，是針對蔣信與耿定向（天臺）所作之比較而言，較之步
入禪學的「泰州學案」耿定向，「南中王門」的蔣信顯然可說是真的得到陽明學的薪
傳，可以置之「王門正宗」。切不可將這句話與「江右王門‧案首小序」所云「姚江
之學，惟江右爲得其傳」的指涉意涵相混同。

則明言「當陽明在時，其信從者尚少」，「北方王門」則只有「二孟嗣響」，「粵閩王門」亦「唯薛氏學耳」。可見一如吳宣德所云，王門後學「雖有浙中、江右、南中、楚中、北方、粵閩等派，獨江右與浙中爲興盛。而江右與浙中於王氏之學又各有貢獻。」〔註59〕實因「浙中」是王學之發源地，而「江右」則是王守仁之妻諸氏之故鄉。王守仁於任官期間，曾數度到江右講學。其學能大盛，實奠基於他在江右這段講學的經歷。

　　既然如此，爲何黃氏於「姚江學案」後，要以六個地域來言明「王門學案」的分佈呢？其實，黃氏似乎想證明王門遍佈大江南北之情況，以與宋代程朱理學互別苗頭，故於「浙中」、「江右」兩大學案以外，又增列了其他四個地域的「王門學門」。

　　總之，黃氏在眾多「王門學案」當中，最推崇者莫過於「江右王門」在王學當中的地位與貢獻，這是因爲：

　　　　是時越中流弊錯出，挾師說以杜學者之口，而江右獨能破之，陽明之
　　道賴以不墜。〔註60〕

「江右王門」是使「陽明學」賴以不墮的維繫所在。是以黃氏特加推崇。黃氏進而爲王守仁之學的流傳作一總評價，云：

　　　　蓋陽明一生精神，俱在江右，亦其感應之理宜也。（卷十六「江右王
　　門・案首小序」）

這便是黃氏對於陽明學說流傳過程中，在眾多王門弟子流派中，所做的判定，亦即以「江右王門」爲陽明心學的眞傳所在。

（2）王門心學之別派：「止修學案」、「泰州學案」

　　黃氏於卷三一「止修・李材學案」云：

〔註59〕詳參氏著《江右王學與明中後期江西教育發展》，頁3。南昌市：江西教育出版社，1996年6月。

〔註60〕越中，《明儒學案》中有多處提及：（一）「浙中王門」序中亦提及：「然一時之盛，吾越尚講誦，習禮樂，絃歌之音不絕，其儒者不能一二數。」此處所提及的越中，顯然是肯定「浙中王門」的正面影響。（二）「蕺山學案」序中云：「戊申歲，羲與惲日初同在越半年。」指的同樣是「越中」所在地。由上可知「越中」所指的是浙江無疑，浙江除了「浙中王門」之外，還有「泰州學案」，黃氏於案首小序云：「泰州、龍溪時時不滿其師說，益啟瞿曇之祕而歸之師，蓋躋陽明而爲禪矣。然龍溪之後，力量無過於龍溪者；又得江右爲之救正，故不至十分決裂。泰州之後，其人多能赤手以搏龍蛇，傳至顏山農、何心隱一派，遂復非名教之所能羈絡矣。」王畿雖然不滿師說，然而有江右之轟豹等人之相互論辨與救正，所以其學與陽明之學還未分道揚鑣。倒是泰州之學，已「非名教所能羈絡」，由此可見當日「越中流弊錯出」者，當是指泰州之顏鈞、何心隱等學者。

> 先生初學於鄒文莊，已稍變其說，…久之…於是拈「止修」兩字，以
> 爲得孔、曾之眞傳。

黃氏又在「案首小序」云：

> 見羅從學於鄒東廓，毋亦王門以下一人也，而到（倒）立宗旨，不得
> 不別爲一案。今講止修之學者，興起未艾，其以救良知之弊，則亦王門之
> 孝子也。

「止修學案」全案只有一人，除了交待其師承授受之外，並未收列門人之學案。雖然我們可以由記載李材語錄處知曉其門人弟子之姓名，不過，卻未能知曉其門人之學術傾向與宗旨，不知是何緣故造成這一現象，值得留意。

在黃氏眼中，「王門別派」當中，當以卷三二「泰州學派」爲代表。「泰州學案‧案首小序」云：

> 陽明先生之學有泰州、龍溪而風行天下，亦因泰州、龍溪而漸失其傳。

這是甚麼緣故呢？黃氏續云：

> 泰州、龍溪時時不滿其師說，益啓瞿曇之祕而歸之師，蓋躋陽明而爲禪矣。

對於人稱「二王」的王艮與王畿，黃氏將後者置入「王門正宗」之「浙中學案」中，前者則被視爲「王門別派」——「泰州學案」的創始人。這是依據怎樣的學術史觀呢，黃氏接著提出了這樣的說明：

> 然龍溪之後，力量無過於龍溪者；又得江右爲之救正，故不至十分決裂。

在黃氏看來，王畿是王守仁得意之門生，黃氏曾說他與錢德洪「親炙陽明最久，習聞其過重之言。」（「浙江王門一‧錢德洪學案」）並常常輔助老師之教學，是「陽明以下」，「辯才」最無礙者。（泰州一‧王艮學案）理應將他視爲王門的嫡傳弟子。對於王門之「四句教」，雖然王畿又「時時不滿其師說」（卷三二），認爲師門教法純屬「權法」，「未可執定」。（《龍溪集》‧卷一‧〈天泉證道記〉）似乎有逸出王門之嫌。不過，因爲受到「江右王門」的聶豹等同門的相互辯議以救正其偏頗，〔註61〕使其學不致偏離師門之學太遠，再加上其學說並未有相應的承傳者足以使之成爲「別子爲宗」的宗主，〔註62〕所以黃氏依然視之爲王門當中「浙中學案」的一員。

〔註61〕此處當指王畿當時原著有〈致知議略〉，「江右學案」的聶豹即對此〈致知議略〉提出疑難，故王畿答之，遂輯成〈致知議辯〉。此辯凡九難九答，是王門中一個重要的論辯。牟宗三於《從陸象山到劉蕺山》一書中特闢專章疏解這段文字。詳參是書第四章，頁 315-395。

〔註62〕在黃氏的學術史觀當中，王艮與李材始可稱爲王門之別派。

　　至於王艮，由於傳承其學者，將其學說引領到與王門漸行漸遠的地步，因而黃氏在學術史觀上視之為「別子為宗」，黃氏云：

　　　　泰州之後，其人多能赤手以搏龍蛇，傳至顏山農、何心隱一派，遂復
　　非名教之所能羈絡矣。（同上）

「泰州」指的即是王艮，引文當中，黃氏指出王艮之門人，多為山野村民，目不識丁，皆云已得陽明「致良知」之旨，而當王艮之學經由徐樾傳至顏鈞，再從顏鈞傳至何心隱之輩，則已非名教所能約束範圍了，或許基於這一緣故，所以黃氏會將倡導「現成良知」的「泰州學案」，認為是「別子為宗」了，這是從理論上來加以辨明的。此外，黃氏在學術史觀中，將「泰州學派」剔除在陽明學之外，是因為從實際的不良影響來著眼的。因為，眾所周知，王門狂蕩之風，是自「泰州學案」所引發的，當時許多學者都目睹這一學風敗壞規矩，使社會上視陽明學為「偽學」的風氣又再復興。〔註63〕

　　黃氏於「泰州學案」卷前所附述的「顏鈞傳」中，指出顏鈞之學云：

　　　　其學以人心妙萬物而不測者也。性如明珠，原無塵染，有何睹聞？著
　　何戒聞？平時只是率性所行，純任自然，便謂之道。及時有放逸，然後戒
　　懼以修之。凡儒先見聞，道理格式，皆足以障道，此大旨也。

亦即其學大旨雖不離儒門，然而，顏氏所云「凡儒先見聞，道理格式，皆足以障道，此大旨也」則否定了儒家經典所蘊含的道理，而宣告它是與王門之學，乃至與儒學有一大落差的。

　　何心隱（原名梁汝元）之學，黃氏指其在言「欲」時云：

　　　　孔、孟之言無欲，非濂溪之言無欲也。欲惟寡則心存，而心不能以無
　　欲也。欲魚，欲熊掌，欲也，舍魚而取熊掌，欲之寡也。欲生，欲義，欲
　　也，舍生而取義，欲之寡也。欲仁非欲乎？得仁而不貪，非寡欲乎？從心
　　所欲，非欲乎？欲不踰矩，非寡欲乎？此即釋氏所謂妙有也。

對於何心隱將儒學之言「無欲」，等同於釋氏之「妙有」，並引經據典以論述，黃氏以為，這是將儒學演變為蘇儀、張秦一類的逞口舌之辯的縱橫家之學。黃氏並引述

〔註63〕陽明學初興之時，一如朱熹之學，對傳統儒學作不同的詮釋方式，在當日都受到傳統官學的反彈與排斥，都被斥為偽學。其後始逐漸受到學者的接受。當日陽明學興起之初，是受到身為官學的程朱學者的質疑，被認為是以謀取眾的巧詐「偽學」，當王學大盛之後，程朱學者排斥無由，只得噤聲。當陽明學的流弊出現之後，程朱學者始大舉反擊，重新指出陽明學為「偽學」無疑，黃宗羲在面臨明亡之後，以及清初程朱學者的反撲，為了澄清陽明心學在儒學發展史上不容抹殺之價值，一方面著《明儒學案》為陽明心學作一見證，一方面也撇清陽明心學與泰州狂禪之間的區別。

東林領袖顧憲成之話說：

> （何）心隱輩坐在利欲膠漆盆中，所以能鼓動得人。只緣他一種聰明，亦自有不可到處。

黃氏則進而指出：

> 義以爲非其聰明，正其學術也。所謂祖師禪者，以作用見性。諸公掀翻天地，前不見有古人，後不見有來者。釋氏一棒一喝，當機橫行，放下拄杖，便如愚人一般。諸公赤身擔當，無有放下時節，故其害如是。

黃氏認爲，何心隱等人之學所以能鼓動世人，並非只是口舌伶俐，心思聰明而已，更確切的說，是因爲其在學術上混同儒釋，援儒入釋，實際上是用「祖師禪」相同的手法在傳揚其學，亦即在接引問學者之時，不以語言文字作正面回答，而是據學人的疑問和心理狀態，或以棒打、或大喝一聲，以打斷學人的意識分別，進入狀況。〔註64〕更有甚者，是「祖師禪」只在啓悟學者之時使用當頭棒喝之法，並非時時刻

〔註64〕在黃氏眼中，禪宗有「祖師禪」與「如來禪」之別。「泰州二・趙貞吉學案」載黃氏云：「朱子云：『佛學至禪學大壞。』蓋至於今，禪學至棒喝而又大壞，棒喝因付囑源流而又大壞。就禪教中分之爲兩，曰如來禪，曰祖師禪。如來禪者，先儒所謂語上而遺下，彌近理而大亂眞者是也。祖師禪者，縱橫掉關，純以機巧小慧牢籠出沒其間，不啻遠理而失眞矣。今之爲釋氏者，中分天下之人，非祖師禪勿貴，遞相囑付，聚群不逞之徒，教之以機械變詐，皇皇求利，其害寧止於洪水猛獸哉！故吾見今之學禪而有得者，求一樸實自好之士而無有。假使達摩復來，必當折棒噤口，塗抹源流，而後佛道可興。先生之所謂（禪）不足以害人者，亦從彌近理而大亂眞者學之，古來如大年、東坡、無垢、了翁一輩，皆出於此。若其遠理而失眞者，則斷斷無一好人也。」黃氏指出「如來禪」是「彌近理而大亂眞者」，是趙貞吉所言「禪不足以害人者」；至於「祖師禪」，則是「遠理而失眞者」，是明代所盛行者，因此黃氏感慨今日學禪而有得者，皆非「樸實自好」之士。又：「諸儒下三・郝敬學案」載黃氏云：「然以某論之，……夫無所爲而爲之之爲仁義，佛氏從死生起念，只是一個自爲，其發願度眾生，亦只是一個爲人，恁他說玄說妙，究竟不出此二途。其所謂如來禪者，單守一點精魂，豈不是自爲？其所謂祖師禪者，純任作用，豈不是爲人？故佛氏者，楊墨而深焉者也，何曾離得楊、墨窠臼？豈惟佛氏，自科舉之學興，儒門那一件不是自爲爲人？仁義之道，所以滅盡。」指出了「如來禪」是「自爲」者，近於楊朱之「爲己」；「祖師禪」是「爲人」者，近於墨翟之「爲人」，皆與儒家所倡之「無所爲而爲之」之「仁義」不同。不過，依據陳兵編著《新編佛教辭典》所云：「『祖師禪』，此詞源自仰山慧寂。禪宗人自稱本尊所傳的禪爲『祖師禪』，以別於佛經所說的『如來禪』。其實相同。」（頁 175、179。）至於「作用見性」，指的是佛門的「祖師禪」，一如上引所云「其所謂『祖師禪』者，純任作用，豈不是爲人？……其純任作用，一切流爲機械變詐者，方今彌天漫地，楊、墨之道方張而未艾也。」指的即是「祖師禪」盛行於明代學術界的情況。「泰州四・祝世祿學案」亦載：「至謂『主在道義，即蹈策士之機權，亦爲妙用』，此非儒者氣象，乃釋氏作用見性之說也。」即指出祝氏此語實受「祖師禪」影響之明證。

刻皆如此。泰州之學，則極盡鼓動之能事，使人人皆以良知現成，滿街都是聖人，不復有紮實的修養與實踐，因而其所造成的流弊很大。

正因爲這個緣故，所以王艮之學被黃氏在明儒史上判定爲「王門別派」之一「泰州學派」的創始者，〔註65〕如果將泰州之學視同王門之正宗，這是粗糙的看待黃氏的學術史觀，並忽視了黃氏的苦心所在。

對於「王門學案」，近人余金華認爲：

> 從名稱上看，宗羲是用人文地理作爲劃分王學後學流派之標準，但從他排列的次序來看，又包含著探索王學發展及流變的軌跡的意義。因爲浙中爲王學的濫觴，亦爲分化的開端；江右、南中起而救正，達到極盛；到楚中已破壞良知學脈；北方、粵閩則背棄陽明宗旨，「自以爲是，無求益於心」；泰州一派，既使王學風行天下，亦將其朝左邊推向極端，而越出王學矩矱，孕育了王學的自我否定。這就是宗羲將同屬左派的王畿乃留在「浙中王門」，而將王艮從「南中王門」，耿天台從「楚中王門」分離出來，另立「泰州」案的旨義。由此向人們展現了王學興盛、分化、辯難及其流變的巨幅畫卷。〔註66〕

余氏所論，試圖發掘黃氏以地域安排「王門學案」的另一層因素，不過，細析之，顯然不很成功。（1）「浙中」自然是王學起源之處，殆無疑義。（2）不過，「江右」、「南中」在黃氏學術史觀上的分量，是難以相提並論的，前者之人物薈萃，與後者之「略載其論學於後」，不可同日而語。（3）黃氏眼中的「楚中王門」，「實得陽明之傳」，並未破壞陽明「良知學脈」，這是真正破壞陽明「良知學脈」的「泰州學案」所無法比擬的。（4）「北方王門」有「二孟嗣響」，「粵閩王門」其著者有薛侃、馬明衡之學，豈可謂「背棄陽明宗旨」？背棄陽明宗旨的，是「受業陽明之門」，而「其後趨向果異」，當日即被王陽明認爲「自以爲是，無求益之心」的王道（純甫），並非「北方王門」與「粵閩王門」之儒者。學者宜細辨其非。

（二）「心學」大宗之二：「甘泉學派」

在明代中期儒學的發展當中，除了王守仁心學風行一時之外，能夠與之相抗衡的，首推湛若水所創立的「甘泉學派」。〔註67〕黃氏指出：

〔註65〕按：「王艮學案」中似不見提及狂禪之譏，只因其所傳弟子顏鈞、何心隱、羅汝芳等將其學蹈入「祖師禪」處，故王艮成爲王門走入歧途的關鍵人物。

〔註66〕引自氏著《〈明儒學案〉的結構與功能分析》，收入《黃宗羲論》，頁236。

〔註67〕繆天綬、褚柏思等人稱此期爲「抗王期」之理學，并指出除了承自江門學派（即白沙學派）陳獻章之學的湛若水之外，還有崇仁學派的余祐、河東學派的呂柟等，都是當中與王學爭鳴者。可說是善讀《明儒學案》之學者。

　　　　王、湛兩家，各立宗旨。湛氏門人，雖不及王氏之盛，然當時學於湛

者，或卒業於王；學於王者，或卒業於湛。亦猶朱、陸之門下，遞相出入也。

黃氏認為，明代中期之儒學，當以王、湛兩家之學，可以互別苗頭，並以宋代的朱、

陸之學方之，不管在人數上與風行程度上，似乎都足堪比擬。由「亦猶朱、陸之門

下」一語，我們可以知道黃氏在編撰《明儒學案》時，隱然是以宋代儒學為其效法

對象的。

　　黃氏指出，湛若水之學，「其後源遠流長，王氏之外，名湛學者，至今不絕。

即未必仍其宗旨，而淵源不可沒也。」可見黃氏似乎特別尊崇湛學，以顯示在王

門心學滿天下之際，還是有和他不盡相同之心學的存在。若我們仔細尋其脈絡，

將不難發現湛若水是與王守仁同期講學之學者，而在王學之外另立門戶，與之相

抗衡。此派之代表人物，除了湛若水之外，尚有呂懷、何遷、洪垣、唐樞、許孚

遠、馮從吾、唐伯元、楊時喬、許孚遠等。〔註 68〕其中，劉宗周之師許孚遠赫然

在列，則前述黃氏所云「源遠流長」、「至今不絕」者，乃至所云「未必仍其宗旨，

而淵源不可沒也。」似乎是指乃師劉宗周而言，黃氏在編寫儒學史之時，顯然也

為乃師劉宗周之師承源流上，找到足以與王門相抗衡的「甘泉學案」。至於會出現

「未必仍其宗旨」之說，除了因為「甘泉學案」之諸儒在詮解湛若水所提出的「隨

處體認天理」之說各有不同之外，〔註 69〕可能也因劉宗周自云雖曾師承許孚遠，

但所學並非完全與許氏相同有關。〔註 70〕

　　黃氏在「姚江學案」之外，另立「甘泉學案」與之抗衡，並對兩家之評價都頗

多贊許。視為明代心學的良性互動之所在，而並非「杜絕天下人之口」的學問。顯

然也是著眼於以「心」為本的「一本萬殊」的學術史觀。

　　這可從黃氏對於承自宋儒程宋理學的明代中期學者都統歸「諸儒學案」，而並未

如明初心學興起以前，分別以「河東學案」、「崇仁學案」、「三原學案」等派別名稱

介紹「一稟宋人成說」的明儒即可得知。

〔註68〕可參《明儒學案》卷三七到卷四二所載之「甘泉學案」。而張豈之將「甘泉學案」視
　　　　為明代晚期之學術，並且是屬於「王門後學對王學有所修正和發揮」者，(《中國思
　　　　想史》，頁 820。) 顯然是未經細究的說法。倉修良亦以「甘泉」之學出自王門，其
　　　　失亦同。(《中國史學史辭典》，「《明儒學案》條，頁 205。)
〔註69〕這其中當然包括許孚遠之說。詳參《中國理學大辭典》，「甘泉學派」條，頁 125。
〔註70〕劉汋〈蕺山先生年譜〉云：「先生起自孤童，始從外祖章穎學，長師許敬菴。」〈蕺
　　　　山同志考序〉云：「蕺山子劉子以清苦嚴毅，疏通千聖之旨，其傳出於德清許司馬敬
　　　　庵，敬庵師吳興唐比部一庵，一庵事南海湛太宰甘泉，甘泉則白沙陳文恭之弟子也。」
　　　　(頁 11-59。) 劉宗周輾轉傳承湛若水之學，自然未必仍秉持其宗旨。

（三）「心學」之辨駁者：「諸儒學案」

黃氏除了介紹明代兩系心學大興時的代表之外，並收編了當時與「心學」之說不同調者，統編爲「諸儒學案」中卷，黃氏云：

中卷則皆驟聞陽明之學而駁之，有此辨難，愈足以發明陽明之學，所謂他山之石，可以攻玉也。

較之上卷介紹明初「諸儒學案」之「宋人規範猶在」的情形，中卷則顯然已強調其學乃針對於王守仁所倡之心學而提出的各種見解。這些儒者，因爲沒有明顯的師承源流，是以總編於此。〔註71〕另一方面，繆天綬認爲羅欽順可作爲中期「諸儒學派」之代表，繆氏之說，將羅欽順視爲中期「諸儒學案」之代表人物則無可厚非。然而，如果視「諸儒學案」爲「諸儒學派」，則顯然是有誤的。因爲黃氏分諸儒之卷爲上、中、下，意即收錄明代諸儒初、中、末三期之代表人物，而繆氏只有指出代表明代儒學中期的「抗王期」中有一「諸儒學派」，而刻意漠視《明儒學案》書中所列代表初、末二期之「諸儒學案」上卷與下卷，顯然是不符黃氏之著述目標的。因爲，一如前所述及的，黃氏於「諸儒學案・案首小序」當中，即明白指出「諸儒學案」是雜收無法歸入各學派的無師承、無門人一類的儒者。而且筆者在前文當中，已指出「學案」除了含有「學派」的意涵之外，也含有陳金生所云「介紹各家學術而分別爲之立案」的意涵。而「諸儒學案」一詞所指涉的意涵，正是屬於後者。意即「爲各家無法歸入學派的儒者分別爲之立案」，黃氏將明儒之無師承源流、無後學相傳、無法歸派的人物，統匯成編，並按時間先後約略區分爲上、中、下三卷，不可視之爲與其他「學案」般，成一「學派」，因爲成一「學派」者，是有師承授受關係的。本期之儒者，除了羅欽順以外，有汪俊、崔銑、何瑭、王廷相等。黃氏所強調的，是他們對於「心學」主張提出質疑與不同的觀點，黃氏都加以保存介紹，正展現了黃氏不黨同伐異、重視學脈內各個不同宗派之主張，讓不同的學說相激發起真理火花的學術史觀。

三、明代後期儒學的派別

在黃氏的儒學史觀當中，很明顯的認爲明末之儒學是以「東林學案」及「蕺山學案」爲代表。而當日一些沒有明顯承傳之儒者則總收於「諸儒學案下」當中，以下分述之：

〔註71〕 詳參卷四七至卷五二，這當中的著名學者有羅欽順、王廷相、何瑭、張邦奇等。其中，羅欽順、王廷相等學者，葛榮晉等學者認爲可以另行列爲明代「氣學派」的代表人物。詳參葛榮晉《王廷相和明代氣學》（北京：中華書局，1990年2月。）與《中國哲學範疇導論》（台北：萬卷樓圖書，民國82年4月。）二書之論述。

（一）源自「王門心學」的「東林學案」

　　黃氏於「東林學案.案首小序」當中，對於「東林」被視爲是一「黨禍」，使「國運」之興亡與之相終始，而將亡國之因由歸咎於「東林」黨禍的觀點非常不以爲然，所以全段文字都在爲「東林」喊冤，認爲「東林」學者，在「東林書院」中講學，「一堂師友，冷風熱血，洗滌乾坤，無智之徒，竊竊然從而議之，可悲也夫！」全段文字未論及學術，多激憤之語，對此許多研究者都看出這種特色。陳錦忠指出：

> 梨洲尊人忠端公之被害，乃至梨洲己身之瀕臨於死者，皆因東林之故，所以其與東林之關係自非比尋常，對於東林更有特殊之情份。是故，其於《明儒學案》中特立東林一案，一方面固然是東林學者如顧憲成、高攀龍、錢一本、孫愼行諸輩，論學頗能救正王學末流之弊且傳者亦不乏其人，自有立案之必要；但另一方面，梨洲與東林的特殊關係與情份，或也是其爲東林立案并次之「諸儒學案」後的另一原因吧！〔註72〕

古清美亦指出：

> 此學案實比其他學案多出一些時代和政治意味，故其政治和歷史的關懷溢於言表而流露於學術著作之中，實爲東林學案之一特色。〔註73〕

其實，黃氏編立「東林學案」表面上似乎是義憤塡膺，情見乎辭。連前述陳錦忠都認爲東林學者論學雖「頗能救正王學末流之弊且傳者亦不乏其人」，不過，卻更傾向於主張黃氏是因與東林的特殊情份才編定「東林學案」的。但是，如果我們從其他各處找尋蛛絲馬跡，將不難發現，在其下的「蕺山學案・案首小序」中即提及：

> 今日知學者，大概以高、劉二先生並稱大儒，可以無疑矣。

由此我們可以知道明末著名儒者，除了劉宗周之外，還有「東林學案」的代表人物高攀龍。〔註74〕此外，黃氏於〈復秦燈巖書〉提及：

> 茲讀先生之書，謂忠憲與文成之學，不隔絲毫，姚江致和之說，即忠憲格物之說也。明眼所照，朱門萬戶，鎖鑰齊墮，始知東林自有眞傳。風雨如晦，雞鳴不已，爲之三復。（頁10-202。）

〔註72〕詳參氏著〈黃宗羲《明儒學案》著成因緣與其體例性質略探〉，收於《東海學報》二五卷，1984年6月，頁121-124。

〔註73〕詳參古清美〈從明儒學案談黃梨洲思想上的幾個問題〉，見於氏著《明代理學論文集》，頁361-362。台北：大安出版社，1990年5月。

〔註74〕在「東林一」中，黃氏首先編列「顧憲成學案」、其下才是「高攀龍學案」，將高氏置於顧憲成之後，而爲第二的位置，可能是在創建「東林書院」上，顧憲成居功至偉，所以有開創之功，而高氏在論著及講學上，最具代表，所以被時人將他與劉宗周合稱爲明末「大儒」。一如黃氏於「東林二・孫愼行學案」末所云：「東林之學，涇陽（顧憲成）導其源，景逸（高攀龍）始入細。」即是指此而言。

在此，我們會發現，不同於陳錦忠所說，東林學者「頗能救正王學末流之弊」，以及古清美所云：「顧、高既復（東林）書院，……相當明顯地透露了重倡朱學以救正王學的含意。」〔註75〕黃氏顯然是贊同秦燈巖所云東林高攀龍（忠憲）之學是與姚江王守仁（文成）之學「不隔絲毫」的，並進而指出「東林自有眞傳」，這句話中有二層含意，其一是指「東林」學者之「清議」，遠承自儒門之眞傳；其二似乎指出「東林」是近傳自王守仁之學。

考查「東林學案一」代表人物小傳中所提及之師承源流，我們會發現：

（1）「顧憲成學案」云：

> （先生）年十五六，從張原洛讀書。原洛授書不拘傳註，直據其所自得者爲說，先生聽之，輒有會。……原洛曰：「舉子業不足以竟子之學，盍問道於方山薛先生乎？」方山見之大喜。授以考亭淵源錄…。

顧憲成問學於薛應旂，薛氏授以己著《考亭淵源錄》，然而，仔細尋析薛氏之師承，不難發現薛氏乃王門後學「南中王門學案」中的代表人物。〔註76〕卷二五「南中王門一・薛應旂學案」末所云：

> 先生嘗及南野之門，而一時諸儒，不許其名王氏學者，以此節也。然東林之學，顧導源於此，豈可沒哉！

引文當中，指出薛應旂曾爲「江右王門」的代表人物歐陽德之及門弟子，但因他在任考功之時，曾下「浙中王門」的王畿於獄，時論以爲此舉是逢迎權臣貴溪。是以不許他自稱爲王門學者，以免辱及師門。然而，站在學術史的立場，黃氏馬上指出「東林之學，導源於此。」

（2）高攀龍自序爲學次第云：

> 吾年二十有五，聞令公李元沖（名復陽）與顧涇陽先生講學，始志於學。……適江右羅止菴（名懋忠）來講李見羅修身爲本之學，正合於余所持循者，益大喜不疑。

高攀龍自云曾聽羅懋忠所講李材以「修身爲本之學」，並欣喜於其學「正合於余所持循者」，所以「益大喜不疑。」考查李材之學，知曉其來自王守仁之門無疑，屬「王門別派」。依此而言，黃氏似乎是認爲「東林學派」之師承流是源自「姚江之學」者，這當中透顯著怎樣的意義，值得玩味。

〔註75〕同註73，頁362。
〔註76〕傅武光亦注意及「顧憲成曾受學於薛應旂之門，應旂雖屬南中王門學，但甚重朱學，嘗續前賢未竟之業，完成《考亭淵源錄》一書，而即以此書授憲成。」（〈東林顧、高二子的爲學宗趣及其對王學的批評〉，《中國思想史論集》，頁198。）

近人容肇祖亦明言顧憲成之學由《傳習錄》入手，早年曾問學於薛應旂，可說是「王門三傳弟子」，只不過後來卻對王學流弊展開激烈的批判。並且又指出顧、高二氏之「格物論」，「依然與陽明相近。」﹝註77﹞顯然是承自黃氏之見。

（二）救正「王門心學」之弊的「蕺山學案」

黃氏於「蕺山學案」序言中先說出明末的著名儒者，云：「今日知學者，大概以高、劉二先生並稱大儒，可以無疑矣。」可見黃氏贊成當日以高攀龍與劉宗周為明代儒學後期的兩大代表人物。不過，黃氏據此試圖再將兩位「大儒」之學作一高下醇疵之比較。黃氏云：

> 然當《高子遺書》初出之時，羲侍先師於舟中，自禾水至省下，盡日翻閱，先師時摘其闌入釋氏者以示羲。後讀先師《論學書》，有〈答韓位〉云：「古之有朱子，今之有（高）忠憲先生，皆半雜禪門。」又讀忠憲〈三時記〉，謂：「釋典與聖人所爭毫髮，其精微處，吾儒俱有之，總不出無極二字；弊病處，先儒具言之，總不出無理二字。」其意似主於無，此釋氏之所以為釋氏也。即如忠憲正命之語，本無生死，亦是佛語，故先師救正之，曰：「先生心與道一，盡其道而生，盡其道而死，是謂無生死，非佛氏所謂無生死也。」忠憲固非佛學，然不能不出入其間，所謂大醇而小疵者。若吾先師，則醇乎其醇矣，後世必有能辨之者。

黃氏仔細閱讀《高子遺書》，用以對照聽聞自乃師之見與閱讀乃師之論著，終於發現高氏是「大醇而小疵」者，而劉宗周是「醇乎其醇」者，究其原因，就在於高攀龍之學雖非佛學，「然不能不出入其間」，則黃氏判斷儒者在儒學史中地位之高低，顯然是否能嚴於「儒釋之辨」是一個重要的衡量標準。這一標準，實是承傳自劉宗周者，卷六二「蕺山學案·來學問答」當中，收有〈答韓位〉一文，載云：

> 古之有朱子，今之有忠憲先生，皆半雜禪門，故其說往往支離或深奧，
> 又向何處開攻禪之口乎？嗚呼，吾道日晦矣。

這顯然是黃氏判定高下的背後根據。因為這個緣故，黃氏將劉宗周之評價置諸與王守仁之貢獻相埒，黃氏〈移史館論不宜立理學傳書〉云：

> 有明學術，白沙開其端，至姚江而始大明。……逮及先師蕺山，學術
> 流弊，救正殆盡。向無姚江，則學脈中絕，向無蕺山，則流弊充塞。

在黃氏看來，明代儒學的發展，心學是其主要線索，從明初陳獻章開啓心學之門，到王守仁而大盛，以至劉宗周之救正，使明代心學的發展成為一個成熟的學問體系。

﹝註77﹞詳參氏著《明代思想史》，台北：開明書店，1978，頁286-287、294、297。

因此，明代儒學從白沙心學的萌芽，以至到陽明心學的大興，到明末出現了流弊之後，「東林學案」與「蕺山學案」都從不同的角度對心學的流弊加以救正，使整個心學的發展已從絢麗歸於平淡，因此，明末其他諸儒的學問，一如黃氏於「諸儒學案・案前小序」所云：

> 下卷多同時之人，半歸仁義，所以證明此學也，否則為偽而已。

在「心學」立論已臻於完備的情況下，本期的其他諸儒，便可安心從「實踐」著手，以實際行動證明明代所盛極一時的「心學」，並非是「偽學」，這些人物當中，以李中、呂坤、黃道周等為代表。

第三節　小　結

經由以上依據黃氏以「心」為「本」的「一本萬殊」的學術史觀所指導下而作的分期，我們若仔細尋析，可能會發現，明代儒學的發展當中，似乎可以得出這樣的一條學脈。這一學脈的尋析，我們可以從明末之「蕺山學派」與「東林學派」開始向上溯源，明代儒學發展出現如下的二而一的兩條譜系：〔註78〕

（一）第一條譜系

劉宗周（蕺山學案）──→許孚遠（甘泉學案）──→唐樞（甘泉學案）──→湛若水（甘泉學案）──→陳獻章（白沙學案）──→吳與弼（崇仁學案）

（二）第二條譜系

（1）顧憲成（東林學案）──→薛應旂（南中王門學案）──→歐陽德（江右王門學案）──→王守仁（姚江學案）──→婁諒（崇仁學案）──→吳與弼（崇仁學案）

（2）高攀龍（東林學案）──→顧憲成（東林學案）──→羅懋忠（止修學案）──→李材（止修學案）──→鄒守益（江右王門）──→王守仁（姚江學案）──→婁諒（崇仁學案）──→吳與弼（崇仁學案）

這兩系當中，皆源起於「崇仁學案」之吳與弼，如表所云，整個明代儒學史的學脈正一目了然的呈現的我們的眼前。

至此，我們也知道黃宗羲之師承源流，是這樣的：

黃宗羲（蕺山學案）──→劉宗周（蕺山學案）──→許孚遠（甘泉學案）──→

〔註78〕以下符號「→→」表示溯源之意。除了以下兩系以外，仔細言之，尚有河東、三原是屬於承繼宋人成說者，只是黃氏並不認為這是明代學脈之所在，只視之為宋人成說之遺風，不足稱許，是以並未特別提出。

唐樞（甘泉學案）───→湛若水（甘泉學案）───→陳獻章（白沙學案）───→吳
與弼（崇仁學案）

簡括而言，亦即：

黃宗羲（蕺山學案）───→劉宗周（蕺山學案）───→湛若水（甘泉學案）───→
陳獻章（白沙學案）───→吳與弼（崇仁學案）

可見黃氏師徒之學的傳承在《明儒學案》一書中是脈絡分明的，並且與王守仁
之學相互爭輝。如此一來，沈芝盈等所云《明儒學案》的佈局，除了可以看出一個
時代的學術思想潮流，「也不排除黃宗羲本人的學術傾向以及他思想上和王守仁學派
的淵源關係。」〔註79〕不過，由本書之推源所得，卻略有所異，因此，似乎可以進
一步從黃宗羲、劉宗周等蕺山之學與湛若水的甘泉之學作一比較與推源的工作。本
文限於時間，無法完成，只是提供此一線索，讓有興趣者可以加入探討的行列。

〔註79〕詳參《明儒學案‧前言》，台北：華世出版社，1987 年 2 月台一版，頁 1-3。沈善洪、
錢明等也從「本體與工夫的關係」、「心物關係」、「人格獨立精神」、「理欲關係」、「君
臣關係」等方面說明黃宗羲思想源自陽明之學處。（按：詳參二氏合撰〈陽明學的演
變和黃宗羲思想的來源〉，《黃宗羲論》，頁 46-73）

第六章　黃宗羲之學術史方法論

　　考察與總結學術史，需要運用一些有效的方法，否則，面對眾多紛雜的史料，將無從著手。對於黃宗羲處理學術史《明儒學案》的編寫方法與原則，謝國楨於《黃梨洲學譜》中概括為四點，李明友據此補充，亦分列四點。〔註1〕本文即在此基礎上，力求更細密的加以介紹與揭示黃氏在撰寫學術史方法上的貢獻。這其中包括黃宗羲對於學術史的史料處理原則，以及黃宗羲對學術史的陳述方法。這些原則的提出，往往是在批評周汝登《聖學宗傳》、孫奇逢《理學宗傳》兩種同時期的學術史論著時所彰顯的，以下即分別言之：

第一節　黃宗羲對學術史的史料處理原則

一、去聞見之私

　　成中英指出：黃宗羲除了以「時間與思想交錯」而編成《明儒學案》這一特色外，「另一特點乃是其包容性與持平性。」〔註2〕實即指出了黃氏「去聞見之私」的學術

〔註1〕謝國楨將黃氏之編纂方法概括為四點：（1）將有明一代儒林為有系統之排比，而以陽明、蕺山為宗，若網在綱，全書前後均有照應；（2）洞見各儒者之宗旨，而能用最簡單之語綜括而出之，提要鉤玄，纖屑無遺，尤為太沖之創見；（3）搜輯有明一代儒者之載籍，亦非易事，而能分別其事實，辨別考訂其年代，分析其一生前後之思想，而明其思想之變遷，於陽明、景逸諸傳均能見之，已含綜核歸納之方法；（4）苟於其理之未當，雖於所宗者亦不惜鬩之。（謝國楨《黃梨洲學譜》，頁15。）李明友則承此以歸納補充為四點：（1）網羅史料，纂要鉤玄；（2）辨別異同，揭示宗旨；（3）分源別派，清理學脈；（4）保存一偏之見，相反之論。（李明友《一本萬殊——黃宗羲的哲學與哲學史觀》，頁149-150。）此外，陳正夫〈試論《明儒學案》〉，則分為：（一）倡「萬殊」之學，排「獨尊」之學；（二）廣集史實，纂要鉤玄；（三）把握宗旨，提倡創見；（四）系統排比，清理學脈。（《黃宗羲論》，頁556。）

〔註2〕引自氏著〈理學與心學的批評的省思——綜論黃宗羲哲學中的理性思考與真理標

史料處理原則。這是黃氏在《明儒學案‧發凡》中，道出了周汝登《聖學宗傳》與孫奇逢《理學宗傳》兩本學術史論著都存有的缺失。黃氏指出，周氏之失，在於「攪金銀銅鐵爲一器」，只存自己「一人之宗旨」；孫氏「雜收」眾說，「不甄別」，且「其批註所及，未必得其要領」。故黃氏認爲兩人之「聞見」相同，亦即「見聞狹陋」，以及有「見聞之私」，只以一人主觀之見解去介紹各儒者，使各儒者不具各自的學術特色，反倒是成了周、孫兩人主觀的臆測罷了。這是一種不尊重客觀史料的行爲，只會讓讀者誤解，而不能達到讓讀者更便捷的縱觀與全面了解整個明儒思想的目標。所以，黃氏在撰寫思想史論著時，即念茲在茲的極力加以避免。因爲，雖然說在撰述思想史論著的時候，難免會有思想史家自身的見解夾雜在其間，然而，並不是說這是理所當然的要加以肯定的。在黃氏的眼中，撰述思想史時，需要盡量反映出各儒者的學術主張，依據各儒者之著述全貌來歸納出他們的特色，而並非跟隨一己主觀的見解對於所介紹之儒者任意增刪各家之宗旨，這就是需要以持平之心態來進行批註與甄別的。

是以黃氏常引述前賢對明儒的評價，或爲定評，或爲注腳，或考辨其非。總之，都是力求公允之論，務去聞見之私。基於這樣的理念，黃宗羲也才能摒棄一己之好惡，對於一些明儒所主張的「一偏之見，相反之論」，才能客觀的加以引介，展現學術史上各種不同的學術風貌，而不任意取捨。馮契云：「學問貴在創造，對於『一偏之見』、『相反之論』，只要是獨特見解就應重視。這種觀點反對了儒家的道統觀，具有民主精神。」〔註3〕就連黃氏打從心底就頗爲反感的「述朱學派」，〔註4〕黃氏也在書中加以引介。雖然說黃氏對王守仁所倡導的「心學」一系的儒者多所介紹，然而，在「去聞見之私」的理念指導下，也安排了「諸儒學案」的內容，保存了許多儒者的「一偏之見」。因爲，就一學術史家而言，態度須更公允客觀，就算所介紹之儒者所見有所偏頗，所得僅是小智小慧，並非大道之全。不過，黃氏深知大道之全，亦即整個學術流變的眞象，是必須由各個大大小小的學說宗旨所相激盪，或相補綴而成的，因此，在處理史料之時，力求避免犯上與周、孫二人相同的錯誤。是以錢穆稱許道：「黃宗羲能在他們（明儒各家）的全部著作裏，各爲他們找出各自的精義，不論是一偏的或是相反的，他都把來寫進他的學案裏去，這是《明儒學案》最了不得的地方。」〔註5〕洵非過譽之論。

　　　　準〉，收於《黃宗羲論》，頁 34。

〔註3〕詳參氏著《中國古代哲學的邏輯發展》，下，頁 1037。

〔註4〕「述朱學派」，泛指亦步亦趨的依據程朱一派學者立論的明儒，尤其是明初儒者。詳參「黃宗羲的學術史觀」一章。

〔註5〕引自氏著《中國史學名著》，「黃梨洲的《明儒學案》」，台北：三源圖書公司，海外版，頁 288。（未著出版年月）

二、甄別分類而不雜收

黃氏於《明儒學案・發凡》云：「鍾元雜收，不復甄別。」孫奇逢《理學宗傳》，在黃氏看來，是一本「雜收」各代儒者，不復甄別各儒者之師承與派別，條理不明，使得各家宗旨隱沒不顯。謝國楨指出，黃氏能「搜輯有明一代儒者之載籍，抉擇至精，亦非易事。」〔註6〕謝氏看到了黃氏對史料載籍「抉擇至精」的貢獻。的確，黃氏面對眾多的明儒學術史料，不可能照單全收，否則只能成為文獻學的輯存工作，而無法成為思想史的論著。一如李明友所說：「有了豐富生動的材料，還要能正確處理這些材料，纂要鉤玄，擷精採華，方能從這些材料中透露其一生之精神和學術。」〔註7〕黃氏是書，即是將眾多明儒學術的史料「甄別」分類，在「甄別」的過程當中，就是要「甄別」出各派別的思想，以及各家的宗旨，用以彰顯有明一代儒學的思想，以及有明一代各個儒者的個別思想主張。基於這樣的史料處理原則，是以黃氏對於孫奇逢之著作頗有微言。

馮友蘭曾將歷史上撰寫的學術史分成兩種體裁：「一為敘述式的，一為選錄式的。」馮氏指出，西洋人所寫之哲學史，多為敘述式的，用此方式，可讓哲學史家盡量敘述其所見之哲學史。但其弊則讀者若僅讀此書，即不能與原來史料相接觸，易為哲學史家之見解所蔽；且對於哲學史家所敘述亦不易有明確的了解。中國人所寫此類之書幾皆為選錄式的，如《宋元學案》、《明儒學案》等，哲學史家在選錄之際，選錄者之主觀的見解，自然亦會攙入，然讀者得直接與原來史料相接觸，對於其研究之哲學史易得較明確的知識。惟用此方式，哲學史家之所見，不易有系統的表現，讀者不易知之。馮氏並進而指出，若能兼用上述兩種方式，或者可得較完善之結果。〔註8〕

馮氏將黃宗羲《明儒學案》歸為「選錄式的哲學史」，可見馮氏是觀察到黃氏對於明儒的眾多著述是有所選擇的，這便是黃氏對明儒史料已下過「甄別」與篩選的工夫。此一「甄別」標準，首先在於從各類型的論著當中，通觀全集當中所呈現的學問「宗旨」，再進行選擇全集當中有關論學的文字，不管是書信、語錄，

〔註6〕詳參謝國楨，《黃梨洲學譜》，頁15，台灣商務印書館，民國56、60年二版。

〔註7〕詳參李明友《一本萬殊——黃宗羲的哲學與哲學史觀》，頁148，北京：人民出版社，1994年5月。

〔註8〕詳參馮芝生（按：馮友蘭，字芝生）〈中國哲學史緒論〉一文，收於《中國思想史方法論文選集》，韋政通編，台北：水牛出版社，民國70年10月，頁75-96。韋政通則認為根本無所謂「選錄式的哲學史」，「如果在今日仍襲用這種方式，我們認為那不過是作者無能和偷懶的遁詞罷了。」詳參〈中國思想史方法論的檢討〉一文，收於前述氏編論著中。頁1-32。

或是在文集、文鈔、詩、序、跋等基本上不屬於思想類的著述當中，黃氏也試圖從中摘選出有關論學的文字。因此，所謂的「存各家宗旨」，並非是毫無準則的兼容雜收，而是在「自得」與「一本」等原則，結合學術史觀的照映下，加以簡擇甄別的。錢穆云：「諸位要讀《明儒學案》，最好能讀《明儒學案》以外的書，如讀了《王文成全書》，再來讀《明儒學案》中之「陽明學案」，便知其所謂擇精語詳者是什麼一回事。最好又能讀《明儒學案》中所未收各集，便更知其所謂擇精語詳者是什麼一回事。」〔註9〕錢氏這段話，可以見證《明儒學案》的甄別與用心之處。

職是之故，《明儒學案・原序》所云：「往時湯公潛菴有云：『《學案》宗旨雜越，苟善讀之，未始非一貫。』」指的即是黃氏在存「各家宗旨」的情況下，表面上看來似乎是「宗旨雜越」，漫無節制的雜收並蓄，然而，仔細釐析出黃氏的用心，則不難發現「各家宗旨」都是經過甄別選擇的。「這種甄別事實上含有分析之意，把甄別視為得其要領的條件，意味著肯定分析方法在整理取捨材料中的作用。」〔註10〕這便是黃氏「甄別」史料的用心所在。

三、以批註得其要領

黃宗羲以豐富的材料和細心的纂要鉤玄功夫編撰《明儒學案》，并且對孫奇逢《理學宗傳》一書之內容頗有微言。《明儒學案・發凡》云：「鍾元雜收，不復甄別，其批註所及，未必得其要領」。對於孫奇逢在論著當中雖然對各儒者有用批註以明其要領的企圖，不過，在黃氏眼中，孫氏之批註意見，顯然是未能彰顯各儒者之學術主張之要領的。因此，我們由此可知黃氏在史料處理的原則上，是希望能做到「以批註得其要領」的目標。朱仲玉即指出，黃宗羲對所引材料有可疑之處還進行考辨，對不易為讀者理解的材料進行詮釋或發揮，對學者的言論有矛盾處進行駁議。」〔註11〕在《明儒學案》當中，除了夾雜於所摘錄著述語錄內之按語，共有十九處一百二十二條外，〔註12〕其他主要是黃氏在小傳當中，引述足以代表各儒者主張之話語，並進行批註與評價。如黃氏於卷七「河東上・薛瑄學案」中，首先引述薛瑄之說，再進行評斷批註：

〔註9〕 同註5，頁290。
〔註10〕 引自楊國榮語，詳參楊國榮《王學通論——從王陽明到熊十力》，上海三聯書店，1990年12月，頁198。
〔註11〕 詳參氏著〈試論黃宗羲《明儒學案》〉，《黃宗羲論》，頁568。
〔註12〕 詳參「《明儒學案》之體例與內容」之相關章節。其中約有四十五條是黃氏按語，其餘是引述乃師劉宗周之按語。

　　（薛瑄）謂『理氣無先後，無無氣之理，亦無無理之氣』，不可易矣。

又言：『氣有聚散，理無聚散。以日光飛鳥喻之，理如日光，氣如飛鳥，
理乘氣機而動，如日光載鳥背而飛，鳥飛而日光雖不離其背，實未嘗與之
俱往。而有間斷之處，亦猶氣動，而理雖未嘗與之暫離，實未嘗與之俱盡
而有滅息之時。』義竊謂：理為氣之理，無氣則無理，若無飛鳥而有日光，
亦可無日光而有飛鳥，不可為喻。蓋以大德敦化者言之，氣無窮盡，理無
窮盡，不特理無聚散，氣亦無聚散也。以小德川流者言之，日新不已，不
以已往之氣為方來之氣，亦不以已往之理為方來之理，不特氣有聚散，理
亦有聚散也。先生謂『水清則見毫毛，心清則見天理。喻理如物，心如鏡，
鏡明則物無遁形，心明則理無蔽跡。』義竊謂，仁人心也，心之所以不得
為理者，由於昏也。若反其清明之體，即是理矣。心清而見，則猶二之也。

此是先生所言本領，安得起而質之乎？

由上引文字可知，黃氏於此明顯的指出了薛瑄「所言本領」，並對薛瑄「所言本領」
作了批註，黃氏首先肯定了薛瑄所云「理氣無先後，無無氣之理，亦無無理之氣」，
認為這是「不可移易」之主張，不過，對於以「日光」「飛鳥」來比喻「理」「氣」，
黃氏頗不以為然。另外，對於以「鏡」喻「理」，黃氏亦不贊同。可見黃氏對於史料
所持的原則，就是在甄別摘收之後，還要對其中的似是而非之處加以批註，並對其
所言要領加以評價。

　　此外，在《明儒學案》中處處可見黃氏在引述各儒者之主張後，多批註各儒
者之學，諸如於卷二六「南中王門・唐鶴徵學案」對唐氏主張「剛柔強弱昏明萬
有不同矣，皆不可不謂之性也」之說，黃氏即指出「此言尚有未瑩」；卷二九「北
方王門・楊東明學案」敘及楊氏之理氣論時，亦指出「其間有未瑩者」；卷四一「甘
泉五・馮從吾學案」，指出馮氏「其論似是而有病」；卷五三「諸儒下一・薛蕙學
案」指出薛氏「聖人盡性，則寂多於感，眾人私感不息，幾於無寂。」「此言似是
而非」；卷三五「泰州四・方學漸學案」則指出「先生之言，煞是有病。」這些都
是黃氏在論述各家宗旨的同時，藉由「批註」的方式，將各儒者之學的要領與得
失和盤托出。

　　其實，「批註」並非易事，首先作者必須對這一理論學說有一相應的了解，乃至
整全的認識，才具備有「批註」的能力。並且要對「各家宗旨」有一精確的認知，
也才能在眾多的主張與見解當中，獨具慧眼的指出各個儒者所倡「宗旨」之優劣得
失。最後才能依據這認識，再對這些儒者做一中肯的評價，讓各儒者在明儒學術史
上擁有一個恰如其分的定評，這是學術史家最終的理想。

四、存「各家宗旨」

卷十五「浙中王門五・胡瀚學案」中曾載胡氏云：「宋儒學尙分別，故勤註疏；明儒學尙渾成，故立宗旨。」或許是這個緣故，黃氏特重在書中留存「各家宗旨」。錢穆指出：「《明儒學案》能對明代各家各自提出他講學的一番宗旨，那是一件極重要當注意的事。」〔註13〕至於何謂「宗旨」？李明友指出：「宗旨是一個思想家的本質特徵，也是其學說的精華所在。」〔註14〕余金華則云：「所謂宗旨就是該系統的信息控制中心，每個思想家都是在運用自己的哲學素養回答自己時代和地區所提出的哲學問題時，形成自己的這個核心，并圍繞這一核心展開哲學思辨，運用一系列哲學範疇來建構自己的哲學體系。可見，宗旨是思想的精華，是能反映其本質特徵。」〔註15〕所以揭示「各家宗旨」，是學術史家的第一要務。職是之故，黃氏披覽當代學術史論著，對於周汝登之著，頗有微言，即因周氏「擾金銀銅鐵爲一器」，只存「一人之宗旨」。陳正夫指出：「堅持『萬殊』之學，反對『一途』之學」〔註16〕，這是黃氏編撰《明儒學案》的重要指導原則，存「各家宗旨」，正是反對「獨尊」、反對「一途」之學的展現。這是黃氏爲何批評周汝登只存「一人之宗旨」、「主某家而捨棄萬家」〔註17〕的原因所在。這種「存各家宗旨」的原則，盧鍾鋒稱之爲「兼綜百家」，意即「凡屬儒家內部各派，均兼容并包」，「而不以王學的是非決定其取捨。」〔註18〕黃氏在《明儒學案・發凡》中，點明存「各家宗旨」是非常重要的，因爲：

> 大凡學有宗旨，是其人之得力處，亦是學者之入門處。

「各家宗旨」是各儒者之學習修養所體會最深刻之所在，最足以顯現這位儒者一生的學術風格，另一方面，這也是問學者最容易了解這位儒者所得的學術特色的地方，成爲入門最便捷的所在。「學者的獨創性思想，集中體現於這種宗旨之上，而其整個體系，則是圍繞這一宗旨而展開的。」〔註19〕

爲了「存各家宗旨」，必然要將所搜集到的儒者論學材料加以吸收剪裁，融會貫通，而以三言兩語來進行濃縮概括。不然，各個儒者一生論學之著述，著作等身者

〔註13〕同註5，頁289。
〔註14〕同註7，頁149。
〔註15〕引自氏著〈《明儒學案》的結構與功能分析〉，收於《黃宗羲論》，頁226-227。
〔註16〕引自陳正夫〈試論《明儒學案》〉，收於《黃宗羲論》，吳光主編，浙江古籍出版社，1987年12月。
〔註17〕李明友語，同註7，頁147。
〔註18〕詳參氏著〈略論《明儒學案》學術風格的新特點〉，收於《黃宗羲論》，頁558。
〔註19〕同註10，頁199。

比比皆是，再加上一代儒者人數眾多，如果都是雜收并列，不進行歸納與作提要鉤玄的工夫，則在「天下之義理無窮」的情況下，「苟非定以一二字，如何約之使其在我！」的確，若是不能以短短的幾句來介紹每位儒者的論學宗旨，則在茫茫書海之中，眾多頭緒當中，到底該從何處下手或立基呢？因此，黃氏指出，「故講學而無宗旨，即有嘉言，是無頭緒之亂絲也。」整理學案，一如講學，須要有其宗旨所在，才能有頭緒可尋。學者若不能首先明瞭這位儒者的論學宗旨之所在，即驟然讀其著述，必然會不得其要領，而發生事倍功半的結果，「亦猶張騫初至大夏，不能得月氏要領也。」這便是《明儒學案》側重「分別宗旨，如燈取影」的緣故。只要能掌握到「宗旨」，則如盤中轉丸般，萬變不離其中也。〔註20〕所以謝國楨說「洞見各儒者之宗旨，而能用最簡單之語綜括而出之，提要鉤玄，纖屑無遺，尤為太沖之創見。」〔註21〕這並非過譽之論。

　　馮契指出：「黃宗羲善於用簡練的語言概括一個學者、學派的宗旨。」〔註22〕證諸《明儒學案》，黃宗羲在書中所揭示的「各家宗旨」，的確簡明扼要，令讀者能一目了然。諸如指出「崇仁之學」「大要在涵養性情」；「河東之學」重在「踐履」；陳獻章主「靜中養出端倪」；王守仁主「心即是理」、「致良知」；鄒守益重「戒懼」；聶豹重「歸寂」；羅洪先「主靜」；李材主「止修」之學；湛若水主「隨處體認天理」；顧憲成之學「與世為體」；高攀龍之學「以格物為要」；劉宗周「以慎獨為宗」等，皆能一針見血的點出「各家宗旨」之所在。侯外廬指出：「這些論斷，對於揭示學派和人物的思想風貌和性格，實有畫龍點睛之妙，它能使人一目了然。」〔註23〕此外，還因提綱挈領的保存了許多史料菁華，使一些較未受重視的「各家宗旨」都能留存於今日。尤其是以十五卷「諸儒學案」收錄眾多不屬任何學派的個別儒者。

五、求　備

　　《明儒學案・發凡》云：

　　　　從來理學之書，前有周海門《聖學宗傳》，近有孫鍾元《理學宗傳》，
　　　　諸儒之說頗備。然陶石簣〈與焦弱侯書〉云：『海門意謂身居山澤，見聞
　　　　狹陋，嘗願博求文獻，廣所未備，非敢便稱定本也。』

黃氏指出，周汝登、孫奇逢二氏之著述，對於「諸儒之說」大體上雖「頗備」，但是

〔註20〕　《明儒學案・發凡》引述杜牧之之語云：「丸之走盤，橫斜圓直，不可盡知。其必可知者，是知丸不能出於盤也。」夫宗旨亦若是而已矣。
〔註21〕　同註6。
〔註22〕　同註3，頁1036。
〔註23〕　引自侯外廬等編《宋明理學史》，下卷，頁822。

仔細求證，則不難發現黃氏對二氏皆頗有微言。這可從黃氏接著引述周汝登之弟子陶望齡曾在寄書給焦竑時，提及乃師周汝登曾對一己所著《聖學宗傳》有過這樣的評價：「意謂身居山澤，見聞狹陋，嘗願博求文獻，廣所未備，非敢便稱定本也。」亦即雖然在論著《聖學宗傳》之時，有「博求文獻」以「求備」的理念，只是未能貫徹執行，是以不敢自稱所著是「定本」。

因此，我們可知黃氏編寫學術史的目標之一，顯然也是要「博求文獻」，以廣所未備，亦即以整全完備呈現明代各儒者的論學資料為目標。其具體方法，即試圖將「所有原始材料皆從每人全集中節錄，不走捷徑，不襲前人舊本，力求做到通過所輯之材料透露其人一生精神和思想特色。」〔註24〕這一目標殆無疑義，只不過各人只能盡一己之力以博求其備，但因為一人之精力有限，又常受時空等因素限制，因此，很難作到「十全十美」的「完備」境界，黃氏也自知如此。不過，黃氏對於一己在「求備」原則下所著成《明儒學案》，頗具信心，是以指出讀者只要將它與周、孫二氏之書作一比較，就能很明顯的評斷出「兩家之疏略」，可見黃氏是常肯定一己所著之「詳備」的。平心而論，黃氏的確將這一目標又往前推進不少。

在「求備」的前提之下，黃氏對於當時儒者評述先儒時，總是只鈔錄「先儒語錄」者，表達了一己的不滿，黃氏於《明儒學案·凡例》云：「每見鈔先儒語錄者，薈撮數條，不知去取之意謂何。其人一生之精神未嘗透露，如何見其學術？」間接表現出對於不能綜觀先儒全部著述，而只以摘鈔先儒語錄為限的不滿。其實，一如前章所述及，如果我們細按《明儒學案》全書，將不難發現約有五十位明儒在小傳後並未附有論學著述，而以附傳形式出現的儒者，亦有六十位以上是未收論學著述的。而且，許多有附錄論學著述的明儒，也多是以語錄為主。然而，因為語錄不成系統，如果編者未能有所引介，而只是胡亂摘抄，便不能達到以簡馭繁的目的，有時反而成為誤解明儒學問的源頭，這無疑是一種不尊重基本史料的行為表現。因此，黃氏站在思想史家的立場，堅持希望對明儒思想作貫串的工作，這種工作即是求宗旨之所在，才能進行有效的摘抄與引介。黃氏自云：「是編皆從全集纂要鈎玄，未嘗襲前人之舊本也。」可見同是收錄論學著述，黃氏都力求從各儒者的全集當中「纂要鈎玄」而得，而反對取巧的傳鈔陳陳相因諸儒語錄。在反對摘抄「語錄」與堅持綜覽「全集」的理念當中，我們可以看出黃氏「求備」的心意，除了在明儒的人數上「求全備」以外，在每位明儒的著述上，亦求能目

〔註24〕倉修良語，詳參〈黃宗羲的史學貢獻〉，《黃宗羲論》，頁399。

睹全貌之後，才進行濃縮與歸納。雖說《明儒學案》當中，一般學案末所選附的資料種類，以一種為主，尤其是「論學書」及「語錄」為主，表面上似乎與黃氏側重從綜觀各儒者之全集後，再進行摘抄的目標不符。其實，這是因為，許多明儒所著述，或所留存的著述當中，都只有「語錄」一種。如：「三原學案」之王恕，學案只選了「石渠意見」一種，而王恕亦只有這一種著述，可見並非是黃氏不求備之緣故，而是王恕的著述只有一種的緣故。

　　李明友云：「要把握好某一時代的學術思想，在材料上當然要網羅宏富，同樣，要揭示一個學者學術思想，也必須了解其全部著作，憑片甲零星的資料或憑他人之二手材料，是不可能準確把握學術思想的。」〔註25〕大概是基於這樣的見解與抱負，所以，黃氏曾自詡「是書搜羅頗廣」。然而，黃氏並不以此自滿，又指出「然一人之聞見有限，尚容陸續訪求。」黃氏是朝向「求備」的目標前進，這是毋庸置疑的。黃氏又以一己的經歷指出：「即羲所見而復失去者，如朱布衣《語錄》、韓苑洛、南瑞泉、穆玄菴、范栗齋諸公集，皆不曾採入。」亦即一己在搜羅眾家著述的過程當中，也有得而復失者，可見求備之不易，是以黃氏呼籲有志之士，應為保存先儒文獻而共同努力，黃氏云：「海內有斯文之責者，其不吝教我，此非末學一人之事也。」這實在是一個學術史家所應有的嚴肅的治學態度。既不自負，也不自是。畢竟，力求保存先儒文獻，在異族統治的環境下，不讓先賢的智慧結晶付諸流水，是身為思想史家的黃氏所自我期許的責任，他也期許身處異代更迭的士人能分擔這分歷史使命。這在在顯示了黃宗羲「防偏求全的精神」。〔註26〕

六、重自得之學

　　在「一本萬殊」的史觀指導下，黃氏面對眾多史料之時，就非常重視彰顯具有「自得」之學。這在《明儒學案・凡例》當中，黃氏即已明言：

> 學問之道，以各人自用得著者為真。凡倚門傍戶、依樣葫蘆者，非流俗之士，則經生之業也。此編所列，有一偏之見，有相反之論。學者於其不同處，正宜著眼理會，所謂一本而萬殊也。以水濟水，豈是學問！

可見，黃氏所謂「自得」之意，是「自用得著者」，亦即「真」為一己苦心孤詣所得，也是最值得傳達給後人者。至於流俗之士，隨波逐流，以謅取寵、人云亦云者，實在是不值一顧，是以黃氏對於「倚門傍戶、依樣葫蘆」之學，毫不留戀。因此，《明儒學案》所收編者，多為自得之見。這方面的訊息，不時的流露在全書的字裏行間。

〔註25〕同註7，頁149。
〔註26〕同註18。

　　黃氏在許多地方，顯現出他以「自得」為分案原則，由「自得」而評定明儒地位之高低。黃氏曾在「東林三・耿橘學案」中曾引述御史左宗郢之言，曰：「從來為學，無一定的方子，但要各人自用得著的便是。學問只在人自肯尋求，求來求去，必有入處。須是自求得的，方謂之自得；自得的，方受用得。」並指出「當時皆以為名言。」（卷六〇）黃氏在《明儒學案・凡例》所堅持的，便是著重從史料中釐析出左宗郢所云的「自用得著」的自得之學。

　　為何堅持「自得」之學，實是因為黃氏有鑑於明代學風在科舉制度的影響下，使得許多學子只會在文字上說道理，而將儒家性命之學視為與一己身心修養了不相涉，因此，黃氏在學案中處處針對人云亦云之鄉愿之學加以立論。黃氏在「白沙下・林光學案」處引林光之言道：「所謂聞道者，在自得耳。讀盡天下書，說盡天下理，無自得入頭處，終是閒也。」（卷六）黃氏從側面指出心中有「自得」即是「聞道」之始。否則，就算是「讀盡天下書，說盡天下理」，也只是閒言閒語，根本無法真正的受用得著。唯有有所「自得」，才真有入頭之處。

　　在「白沙下・陳庸學案」處，黃氏即曾記載陳庸遊於白沙之門，白沙示以自得之學時曾謂：

> 「我否子亦否，我然子亦然。然否苟由我，於子何有焉！」先生深契之。（卷六）

可見黃氏之見，在於肯定自得之學，勇於提出一己的見解與所得，而不是然否是非全隨老師或他人起舞，一己卻毫無主見可言。

　　黃氏於《明儒學案・發凡》舉例云：

> 胡季隨從學晦翁，晦翁使讀《孟子》。他日問季隨：「至於心，獨無所同，然乎？」季隨以所見解，晦翁以為非，且謂其讀書鹵莽不思。季隨思之既苦，因以致疾，晦翁始言之。古人之於學者，其不輕授如此，蓋欲其自得之也。即釋氏亦最忌道破，人便作光景玩弄耳。此書未免風光狼藉，學者徒增見解，不作切實工夫，則義反以此書得罪於天下矣。

在黃氏眼中，學問是要求「自用得著者」，為真受用之處，因此，為人師者，總是千方百計的誘導學者深思以自得之，否則必因得之甚易，而忽視其得自實踐的意涵。黃氏於「白沙上・李承箕學案」即云：

> 白沙與之登臨弔古，賦詩染翰，投壺飲酒，凡天地間耳目所聞見，古今上下載籍所存，無所不語。所未語者，此心通塞往來之機，生生化化之妙，欲先生深思而自得之，不可以見聞承當也。（卷五）

陳獻章對於門人李承箕，無所不傳，唯獨此心之妙，未曾道破，即是希望李承箕能

深思而自得之，以免弟子將此性命之學視爲聞見之學。另外，「泰州四‧祝世祿學案」中，亦載云：

> 及天臺（耿定向）倡道東南，海内雲附景從，其最知名者，則新安潘去華（藻）、蕪陰王德孺與先生（祝世祿）也。去華初入京師，雖親講會，不知爲學之方。先生隨方開釋，稍覺拘迫，輒少寬之；既覺心懈，輒鞭策之；終不爲之道破，使其自得。（卷三五）

本處所強調的，亦是「不爲之道破」的講學方式，其目的在使學者能親自體驗而自得其眞。否則，一切學問只不過是聞見口耳之學，無法對個人的身心性命有所幫助。

由於黃氏在編纂《明儒學案》之時，即是秉持著闡發各儒者之自得之學，因此，似乎是將向來各儒者最有收穫的性命之學和盤托出，看上去如數家珍般，好像是一家家的學說主張，若是學者不能由此而得到啓迪，紮實的踐履所聞所見之學，則此一思想史所呈現的各家自得之學，到頭來也會變成「聞見」之學，而與實踐毫無干涉，則與本書所彰顯的「自用得著」的精神正相矛盾，所以黃氏於〈發凡〉處一再提醒學者，要學者由此而得其入門實踐處。

黃氏於學案當中，對於所學有自得者，多大加贊賞，如：「河東上‧段堅學案」云：「（段堅）自齊、魯以至吳、越，尋訪學問之人，得閻禹錫，白良輔，以溯文清（薛瑄）之旨，踰年而歸，學益有得。……其形於自得者，詩云：『風清雲淨雨初晴，南畝東阡策杖行。幽鳥似知行樂意，綠楊煙外兩三聲。』（卷七）即從「學益有得」著眼。是以黃氏對私淑薛瑄而有所自得的段堅，大加贊譽，云：「先生雖未嘗及文清之門，而郡人陳祥贊之曰：『文清之統，惟公是廓。』則固私淑而有得者也。」在「諸儒下二‧呂坤學案」，亦載呂坤「一生孜孜講學，多所自得，大抵在思上做工夫，心頭有一分檢點，便有一分得處。蓋從憂患中歷過，故不敢任情如此。（卷五四）指出了呂坤的「多所自得」。

黃氏並引述了某些儒者有所自得之見解，讓讀者由此而知其所自得之處，云：

> 其（朱得之）語尤西川（時熙）云：「格物之見，雖多自得，未免尚爲見聞所梏，雖脱聞見於童習，尚滯聞見於聞學之後，此篤信先師之故也。不若盡滌舊聞，空洞其中，聽其有觸而覺，如此得者尤爲眞實。子夏篤信聖人，曾子反求諸己，途徑堂室，萬世昭然。」（卷二五「南中王門一‧朱得之學案」）

面對這段話，黃氏認爲，可以覺察出朱得之將「格物」之說回歸到此心，而有所創發之處，故評價云：「即此可以觀其自得矣！」

另一方面，黃氏藉由他人之評價，而得出案主於學問所得之深者，「白沙下‧張

詡學案」載：

> 白沙以廷實（張詡）之學，以自然爲宗，以忘己爲大，以無欲爲至，
> 即心觀妙，以揆聖人之用。……觀此，則先生之所得深矣。」（卷六）

可見黃氏對於自得之學的重視。

基於重視「自得之學」的緣故，黃氏對於未能「反身理會」的「此亦一述朱，彼亦一述朱」的承傳朱子之學者，以及「恪守宋人矩矱」的明儒，向來評價不高。不過，若是他們當中有一二位能有「自得之學」的展現，黃氏也不會吝於贊美。如：「諸儒上三·章懋學案」載：「其學墨守宋儒，本之自得，非有傳授，故表裏洞澈。望之龐朴，即之和厚，聽其言，開心見誠，初若不甚深切，久之燭照數計，無不驗也。」（卷四五）對於遠承自宋代「金華朱學」〔註27〕的章懋，因爲能「本之自得」，故其學能「表裏洞澈」，因而黃氏即表示了相當的肯定，在字裏行間描繪章懋具有大儒之形象。

此外，黃氏於「諸儒中二·崔銑學案」中，亦贊美崔銑云：「至其言理氣無縫合處，先生自有眞得，不隨朱子腳下轉是也。」（卷四八）其「自有眞得」之處，即是能「不隨朱子腳下轉」，亦即能有所自得，而不是人云亦云的隨波逐流，於身心無所著力處。

承此以往，黃氏進一步的對於學有自得，尤其是能「發先儒所未發」之見者，特加提出，以示其學之特色。《明儒學案·發凡》所云：「嘗謂有明文章事功，皆不及前代，獨於理學，前代之所不及也。牛毛繭絲，無不辨晰，眞能發先儒之所未發。」這便是黃氏重「自得之學」的最好聲明。在《學案》當中，我們也可以看到黃氏對個別儒者的類似稱譽。如：「東林二·孫愼行學案」中，即指出孫氏「其發先儒所未發者，凡有數端」〔註28〕，使得「天下浸淫久矣，得先生而雲霧爲之一開，眞有功於孟子者也。」（卷五九）同樣的，黃氏對於「泰州四·祝世祿學案」中，祝氏「身在心中」一語，亦極贊美，指出這句話「實發先儒所未發」。由此可知黃氏對於自得之見的重視。

「這種不徒空言，見諸行事，在尊師重道，交友論學的實踐活動中所形成的蔑

〔註27〕「金華朱學」，是南宋的學術派別。孝宗時呂祖謙與朱熹、張栻共同倡道於東南浙江金華地區，朱子高弟黃榦授學何基及其弟子王柏、柏弟子金履祥、祥弟子許謙，是公認的金華朱學之主要傳人，史稱「金華四先生」。章懋學案即云「金華自何、王、金許以後，先生承風而接之。」可見章懋之學是遠有端緒的。詳參《中國哲學大辭典》，「金華朱學」條，頁458。
〔註28〕指的是孫氏論述「理義之性」、「氣質之性」、「心」三者之見。詳參卷五九「東林二·孫愼行學案」。

視剽襲成說、支持創新的觀點。」〔註29〕正是黃氏學貴「自得」的精神所在。

以上這些基本的原則與方法，是黃氏在「一本萬殊」的學術史觀的引導下，所呈顯出的具體方法與原則。

第二節　黃宗羲的學術史陳述方法

依據張高評的研究，認爲《明儒學案》的陳述方法，是對「姚江學案」與「蕺山學案」「探鳥瞰式之透露，將其學說大旨囊括無遺」；「其他諸家之編作，則採提要鉤玄之法，約略二三語句，以表現其人學術之旨趣。」〔註30〕其實，《明儒學案》之陳述方法，其詳略與否是立基於對不同儒者資料之掌握與了解的情況而有不同，張氏所云，並非是黃氏陳述各學案所使用的根本原則。

對於整個明代儒學史的演變，該如何將它作一如實的呈現，是黃氏在陳述這一段學術史所必須面對的難題。在面對前述周汝登、孫奇逢兩位先進的著作，都未能如實呈現這段學術史的情況之下，黃宗羲嘗試從以下諸種環環相扣的陳述方式，架構起整個明代儒學之流變史。

一、分源別派，清理學脈

成中英指出：「若就全書通觀之，宗羲顯然已有全盤整體的觀念蘊蓄心中。故能於大學統中分別個別學案，於各學案中復能見相互關連，又就各學案之輕重先後敘陳之。」〔註31〕因此，黃宗羲在編撰《明儒學案》時，首先「分源別派」，將明儒分成崇仁、白沙、河東、三原、姚江、浙中王門、江右王門、南中王門、楚中王門、北方王門、粵閩王門、止修、泰州、甘泉、諸儒、東林、蕺山等十七個學案，作爲陳述整個明儒學術史的綱目。馮契指出，黃氏要分源別派，是要看「各學派如何提出自己的宗旨，而對『一本』有所『發明』，并將它們聯繫起來加以考察，以求把握其演變、發展的線索。」〔註32〕其實，這些學案當中，是有一「學脈」貫串其中的。至於有關「學脈」的內容，黃宗羲於〈移史館論不宜立理學傳書〉曾經提及：

> 有明學術，白沙開其端，至姚江而始大明。……逮及先師蕺山，學術

〔註29〕詳參許蘇民、蕭萐父《明清啓蒙學術流變》，沈陽市：遼寧教育出版社，1995 年 10 月，頁 530。

〔註30〕詳參氏著《黃梨洲及其史學》，頁 153-154。許錟輝於《黃宗羲》中所述及之觀點與此相同。

〔註31〕同註 2。

〔註32〕同註 3。

流弊，救正殆盡。向無姚江，則學脈中絕；向無蕺山，則流弊充塞。（頁
10-213。）

《明儒學案》所呈顯的內容，很明顯的是由這一「學脈」貫串其中的，亦即黃氏以
「白沙」、「姚江」、「蕺山」作爲明儒「學脈」初、中、晚三期的代表人物，架構起
明代心學由萌芽、大興到修正的發展過程，使明代心學由產生、發展到總結有一個
完整的輪廓，再經由師友授受淵源串連起其餘的十四個學案。在「白沙」以前有其
啓蒙師承「崇仁」之學，以及「白沙」之學興起前專門承繼宋人成說的「河東」與
「三原」學派；中期則屬「姚江」門徒的天下，只有「甘泉」之學差堪抗衡；晚期
則有被譽爲明末兩大儒所表代的「東林」與「蕺山」之學相輝映。

一如楊國榮所云：「在清理學脈的過程當中，黃氏實際上把分源別派與綜合考察
視爲同一過程的兩個方面，這一思想顯然觸及了分析與綜合相統一的辯證觀點。」
〔註33〕其中，「分源別派」指的正好是前述黃氏將《學案》全書分成十七個學案；
而「綜合考察」則是黃氏著手在這十七個學案當中考察出白沙、姚江、蕺山是這一
學脈的綱領所在。

「東林二·錢一本學案」（卷五九）載及錢氏曾著《源編匯編》，以存「儒學
正脈」。也側面道出了「學脈」指的即是「儒學正脈」，而這一「學脈」之重心，
即在求其源流之正變。黃氏於〈蘇州三峰漢月藏禪師塔銘〉云：「然儒者之學，孟
軻之死，不得其傳，程明道以千四百年得之於遺經。董仲舒、王通顧亦未聞何所
授受。」（頁10-513）指出了這一學脈可以上溯到先秦孔、孟，以至北宋的程顥。
明代王守仁之地位，與北宋之程顥正好相類。黃氏所清理的學脈，當是指此一儒
學發展脈絡而言。黃氏所云之「理學」、或「儒學」，亦即鄧潛谷分道學爲「理學」
與「心學」當中的「心學」而言。因而我們在前述章節當中指出了黃氏是以「一
本萬殊」的學術史觀來看待明代儒學，而這當中的「一本」，從某一層面而言即指
「心學」。所以黃氏首先重視梳理出明代「心學」的脈絡。「清理學脈」的用意，
顯然是如黃氏於〈移史館論不宜立理學傳書〉中所云：「浙東學派，最多流弊」，
此中所云「浙東學派」，即指以陽明爲代表的明代心學而言。〔註34〕因爲當時學界

〔註33〕同註10，頁199。
〔註34〕此處所云「浙東學派」，指的是陽明心學而言。王鳳賢於〈關於浙東學術和浙東學派
研究中的幾個問題〉，已觸及此，將王陽明心學納入廣義的「浙東學派」中。（收於
《論浙東學術》，頁1-10。）此處所云「浙東學派」，是專指陽明心學而言。而與黃
宗羲、全祖望爲首的浙東史學不相干。這可由〈子劉子行狀〉所云得到很好的證明：
「當是時，浙河東之學，新建一傳，而王龍溪畿；再傳而爲周海門汝登、陶文簡，
則湛然澄之，禪入之；三傳而陶石梁奭齡，輔之以姚江沈國謨、管宗聖、史孝咸，

都把坊間狂禪之風視爲王陽明心學所引起的。黃氏即希望透過學脈的清理，將狂禪等流弊歸之王門後學如「泰州學案」等，而與白沙、陽明所倡之心學無關。試圖還給「心學」在明代儒學史的貢獻，有一個更公允的評價標準。余金華指出：「如果不注意在學派思想發展過程中去考察個人思想，就難以弄清其來龍去脈，也就難以歷史地、準確地把握他了。」〔註35〕黃氏應該是基於這樣的緣故，所以在陳述明代儒學史之初，即進行「分源別派，清理學脈」的工作。

二、重視派別當中，正宗、別派之分

在「清理學脈」的過程當中，黃氏非常重視「正宗」與「別派」之分，以完成正本清源的學術史任務。不過，並非「正宗」則是最受肯定的，而「別派」則必是受歧視的。因爲，黃氏從事學術源流的考察工作，勢必會分辨其正傳與別傳之流衍，但黃氏並未就此定其褒貶。以下即舉例言之，「崇仁學案‧案前小序」云：

> 康齋（吳與弼）倡道小陂，一稟宋人成說。言心則以知覺而與理爲二，言工夫則靜時存養，動時省察。故必敬義夾持，明誠兩進，而後爲學問之全功。其相傳一派，雖一齋（婁諒）、莊渠（魏校）稍爲轉手，終不敢離此矩矱也。白沙出其門，然自敘所得，不關聘君（吳與弼），當爲別派。

本段文字當中，黃氏首先點出了吳與弼所創的「崇仁學案」，其流傳可以分成「正宗」與「別派」。亦即婁諒、魏校一派對乃師之說雖然「稍爲轉手」，然而，「終不敢離此矩矱」，則屬吳門「正傳」可知；陳獻章雖出自吳氏之門，然而倡導「靜中養出端倪」，與乃師承自宋儒「敬義夾持，誠明兩進」之說顯然有所不同，已能自標宗旨，所以僅可說是吳門之「別派」。這便是黃氏著重分別學術源流當中的「正傳」與「別傳」，或「正宗」與「別派」的分別，以言明學術之間的轉變之處。不過，卻並未就此以爲「正宗」即值得褒揚，而「別派」則貶爲異端。這可由黃氏對陳獻章「白沙之學」多所贊許，而吳門「正傳」婁諒、魏校的評價是不可與陳獻章相提並論的。

除了「崇仁學案」有「正宗」與「別派」之分以外，黃氏在指出了「河東學案」與「三原學案」實是「關學」（關中之學）的「正宗」與「別派」。對於「姚江學案」，黃氏也以「浙中王門」、「江右王門」、「南中王門」、「楚中王門」、「北方王門」、「粵閩王門」爲王門之「正宗」，而以「止修」〔註36〕、「泰州」〔註37〕爲王門之「別派」。

而密云悟之，禪又入之。」可知《學案》所指「浙東學派」實專指王陽明心學而言。（頁1-253。）
〔註35〕同註15，頁235。
〔註36〕卷三一「止修學案‧案前小序」云：「見羅從學於鄒東廓，固亦王門以下一人也，而到立宗旨，不得不別爲一案。今講止之學者，興起未艾，其以救良知之弊，則亦王

此外，在不同的「學派」當中，黃氏還嘗試從其歷史淵源處爲其源流尋析出線索，諸如在卷二「崇仁二·胡居仁學案」云：「其以有主言靜中之涵養，尤爲學者津梁。然斯言也，即白沙所謂『靜中養出端倪，日用應酬隨吾所欲，如馬之御銜勒也。』宜其同門冥契。」道出了「崇仁學案」胡居仁之學說主張是與同是出自吳與弼門下，而別開一派的陳獻章之學相近的。「崇仁三·魏校學案」云：「聶雙江（聶豹）歸寂之旨，當是發端於先生者也。」（卷三）即指出「江右王門」的聶豹「歸寂」之說，實是受到「崇仁學派」中胡居仁的弟子魏校之學的影響。這是從學術影響脈絡上貫穿各自獨立的「學案」的方式，使各個獨立的「學案」有其相互關聯的地方。將各個獨立的「學案」有機的貫串起來，使學術史並非孤立的學派，而是由「學案」間的儒者相互影響或關聯所組成的一個整體。

在「江右王門」當中，黃氏則指出了這一流派正是王門的「正宗」中的「正宗」，黃氏云：

> 姚江之學，惟江右爲得其傳，東廓、念菴、兩峰、雙江其選也。再傳
> 而爲塘南、思默，皆能推原陽明未盡之旨。（卷十六）

指出了這是「陽明之道賴以不墜」的因素。

而在一派的內部當中，黃氏還是會釐析出其中之正宗與別傳之分。卷二八「楚中王門學案·案前小序」即是如此的範例：

> 楚學之盛，惟耿天臺一派，自泰州流入。當陽明在時，其信從者尚少。
> 道林（蔣信）、闇齋（冀元亨）、劉觀時出自武陵，故武陵之及門，獨冠全

門之孝子也。」按：校勘記云：「『止修學案序言』原缺，據莫刊本補。」文中指出李材雖受學於江右王門之鄒守益，不過，黃氏於「止修·李材學案」中指出：「先生初學於鄒文莊，學致良知之學。已稍變其說，謂『致知者致其知體，良知者發而不加其本體之知，非知體也』。已變爲性覺之說。久之，喟然曰：『總是鼠遷穴中，未離窠臼也。』於是拈『止修』兩字，以爲得孔、曾之眞傳。……」指出了李材雖然學自鄒守益，不過，在其學問的轉變當中，已逸出師說，另有所主矣。是以黃氏將他視爲王門別派──「止修學案」，而不將他歸入「江右王門學案」當中。

〔註37〕「泰州學案·案前小序」云：「陽明先生之學有泰州、龍溪而風行天下，亦因泰州、龍溪而漸失其傳。泰州、龍溪時時不滿其師說，益啓瞿曇之祕而歸之師，蓋躋陽明而爲禪矣。然龍溪之後，力量無過於龍溪者；又得江右爲之救正，故不至十分決裂。泰州之後，其人多能赤手以搏龍蛇，傳至顏山農、何心隱一派，遂復非名教之所能羈絡矣。」黃氏在這段文字當中，指出「泰州學案」的王艮，以及「江右王門」的王畿，對陽明學而言，實可說是「成也蕭何，敗也蕭何。」對於這樣的陽明弟子，黃氏在幾經考量之後，在學術史上，將「不至十分決裂」的王畿依然列入王門正傳──「江右王門」當中；至於王艮，則因其流「遂復非名教之所能羈絡矣」，是以忍痛將王艮所創的「泰州學派」摒棄於王門正傳之外，而以「王門別派」視之，以免後人將陽明學與這些「別派」的不良流弊等同起來，從而減損了陽明學的眞諦。

楚。然道林實得陽明之傳，天臺（耿天臺）之派雖盛，反多破壞良知學脈，
惡可較哉。

這是黃宗羲在一派當中，特別重視這一派的承傳，黃氏除了指出那些代表人物所
傳門徒特盛，以及當日顯達者之外，更重視清理出那一支流派更能承傳此一學派
之眞。一如在陽明學當中，以鄒守益、羅洪先等江右學派爲王學嫡傳，而將李材、
王艮等視爲別派一般。黃氏在承襲前述史觀，認爲耿天臺一派雖然堪稱楚學之代
表，不過，因爲此一支承傳自陽明學之別派——泰州學派，是以當然不可視爲陽
明學嫡傳，而將他視爲別派，不如蔣信等〔註38〕所傳乃「實得陽明之傳」，亦即
是陽明學之正傳。不過，或許是因爲「楚中王門」之弟子本來就較少，是以黃氏
並未如「浙中之學」下分「浙中」與「泰州」般，另立學案之目。雖然如此，黃
氏仍未混同視之。

三、重視一派當中的學術正變

對於一派當中的學術正變，在《學案》一書中，其大者展現爲黃氏所云「正宗」、
「別派」之分，一如上節所述；其小者表明於揭示其使「師門之學不失其傳」、或是
使「師門之學又一轉」。以下即舉例言之：

如：「河東上・閻禹錫學案」指出閻氏「勵士以原本之學，講明《太極圖說》、《通
書》，使文清（薛瑄）之學不失其傳，先生之力也。…觀先生所立，雖未知所得深淺，
亦不負文清之所戒矣。」（卷七）即言明閻禹錫對師承所自的薛瑄之學有功。「河東
下・呂潛學案」則指出師事呂柟的呂潛，使得「涇野（呂柟）之傳，海內推之。」
（卷八）視呂潛爲繼承呂柟之學的主要傳人。

而「東林四・陳龍正學案」載：

先生師事吳子往、高攀龍，留心當世之務，故以萬物一體爲宗。其後
始湛心於性命，然師門之旨又一轉矣。（卷六一）

指出了東林之學到陳龍正已有所轉變。

「江右王門一・鄒守益學案」載及鄒守益之孫鄒德涵之學云：

然潁泉（鄒守益之子鄒善之別號）論學，於文莊（鄒守益）之教無所

〔註38〕 「楚中王門學案・案前小序」當中所云「然道林（蔣信）實得陽明之傳」一語，除
了指蔣信以外，實還包括了其他「出自武陵」的學者，如冀元亨、劉觀時等人。其
實，此處黃氏以蔣信爲代表，與「楚中王門・蔣信學案」所云：「是故先生之學得於
甘泉者爲多也」之斷語，則以蔣信先後受學於王、湛二家之後，於湛學較爲有得，
兩處之判語似乎有些扞格之處，是爲小疵。不知爲何不將蔣信列入「甘泉學案」當
中？

走作，入妙通玄，都成幻障。而先生以悟爲入門，於家學又一轉手矣。（卷
十六）

黃氏嘗試在同中求異，不泛泛的讀過與介紹。秉持著學術史演變的脈絡，不輕易放
過一丁點的轉變的契機及現象的發掘與描述。就算是承自家學淵源者，也指出其演
變脈絡。

「崇仁三・魏校學案」云：

> 先生疑象山爲禪，其後始知爲坦然大道，則於師門之教，又一轉矣。

先生提學廣東時，過曹溪，焚大鑒之衣，椎碎其缽，曰：『無使惑後人也。』

（卷三）

其中所云，「則於師門之教，又一轉矣。」顯然指出了魏校在「崇仁學派」當中，是
與其私淑對象胡居仁所講之學有所不同，並非恪守師門，而是對師門之學的承傳有
所轉變的。

「江右王門八・羅大紘學案」也有類似的情況發生，黃氏指出羅氏受學於江右
徐用檢，不過，黃氏基於學術史家的立場，檢視有關羅氏之主張時發現：「然觀其所
得，破除默照，以爲一念既滯，五官俱墮，於江右先正之脈，又一轉矣。」指出了
羅氏與江右的主張已有所不同。

總之，黃氏是非常重視師門當中的學術正變的。

四、重視一人之學問演變、爲學次第

一如余金華云：「因爲每個人的宗旨都不是孤立靜止地形成，而是隨著他的社
會經歷的變化，學術研究的不斷深入，和師友間的相互講求、辯難而得以逐漸形
成，并不斷發展而臻於成熟的，所以必須注意考察案主的思想發展，作爲一個過
程來把握，才能準確地把握其宗旨。」〔註 39〕黃宗羲對於各個儒者之學問演變與
爲學次第，即刻意加以論述與載明。至於陳述的方式，則可分爲引述各儒者所自
述者、黃氏疏理自各儒者之生平學問者、以及黃氏轉引他人之論述者三種，以下
即分別言之：

（一）黃氏引述「自序」者

在陳述學術史的過程當中，對於「各家宗旨」，如果能引述各儒者所「自序」之
爲學次第，作爲簡明扼要的介紹，無疑是更具說服力，且事半功倍的事情。如：「江
右王門六・萬廷言學案」引述萬廷言所自敘爲學之經過云：

〔註39〕同註15，頁228。

　　　　弱冠即知收拾此心，甚苦思，難強息，一意靜坐，稍覺此中恰好有個
自歇處，如猿猴得宿，漸可柔馴，頗爲自喜。一日讀《易》石蓮洞，至『艮
思不出位』，恍有契證。請於念菴師，師甚肯之。入仕後，交遊頗廣，聞
見議論遂雜，心淺力浮，漸爲搖眩，商度於動靜寂感之間，參訂於空覺有
無之辨，上下沉掉，擬議安排，幾二十年。時有解悟，見謂弘深，反之自
心，終苦起滅，未有寧帖處。心源未淨，一切皆浮，幸得還山，益復杜門
靜攝，默識自心。久之，一種浮妄熱鬧習心，忽爾銷落，覺此中有個正思，
惟隱隱寓吾形氣，若思若無思，洞徹淵澄，廓然邊際，夐與常念不同。日
用動靜初不相離，自是精神歸併在此，漸覺氣靜神恬，耳目各歸其所，頗
有天清地寧，沖然太和氣象，化化生生，機皆在我，眞如遊子還故鄉，草
樹風煙皆爲佳境矣。（卷二一）

上述文字即是引述萬氏「自序」者。身爲學術史家的黃宗羲，爲何不以一己之言語
加以濃縮？這大概是因爲黃氏想讓資料自己說話，加上萬氏所述成學經過，也是條
理井然，毋須再進行刪節的緣故。

　　「東林一・高攀龍學案」亦是如此，云：

　　　　其自序爲學之次第云：「吾年二十有五，聞令公李元沖（名復陽），與
顧涇陽（憲成）先生講學，始志於學。……看（朱子）《大學或問》，……
久之，忽思程子謂『心要在腔子裏』，……以爲心不專在方寸，渾身是心
也，頓自輕鬆快活。適江右羅止菴（名懋忠）來講李見羅修身爲本之學，
正合於余所持循者，益大喜不疑。……」此先生甲寅以前之功如此。其後
涵養愈粹，到頭學力，自云「心如太虛，本無生死」。……（卷五八）

可見黃氏在述及各學者之「爲學次第」，乃至於「學問轉變」之時，常常以各學者之
自述文字剪裁入學案常中，以便能更加取信於讀者。

（二）黃氏代爲梳理者

　　在一人之中，亦即在各儒者之學術當中，黃氏重視揭示各儒者之治學轉變：如
王守仁之學前三變，學後又三變即是最著名的例子，「姚江・王守仁學案」云：

　　　　先生之學，始泛濫於詞章，繼而遍讀考亭之書，循序格物，顧物理吾
心終判爲二，無所得入。於是出入於佛、老者久之。及至居夷處困，動心
忍性，因念聖人處此更有何道？忽悟格物致知之旨，聖人之道，吾性自足，
不假外求。其學凡三變而始得其門。

　　　　自此以後，盡去枝葉，一意本原，以默坐澄心爲學的。……江右以後，
專提「致良知」三字，默不假坐，心不待澄，不習不慮，出之自有天則。……

居越以後，所操益熟，所得益化，時時知是知非，時時無是無非，開口即得本心，更無假借湊泊，如赤日當空而萬象畢照。是學成之後又有此三變也。（卷十）〔註40〕

其他如「浙中王門四‧程文德學案」指出程氏「初學於楓山（章懋），其後卒業於陽明。」（卷十四）「以眞心爲學之要，雖所得淺深不可知，然用功有實地也。」「諸儒下五‧孫奇逢學案」載云：「初尙節俠，……其後一變而爲理學。」（卷五七）則指出兩人之初學與轉變的情況。而「江右王門四‧黃弘綱學案」載：「先生之學再變，始者持守甚堅，其後以不致纖毫之力，一順自然爲主。」（卷十九）則指出了黃弘綱之學問主張由「持守甚堅」到「一順自然爲主」的變化。「江右王門三‧羅洪先學案」載：「先生之學，始致力於踐履，中歸攝於寂靜，晚徹悟於仁體。」（卷十八）則將羅洪先之學問，分成「初、中、晚」三個時期的變化。

在「泰州三‧羅汝芳學案」中，黃氏歷敘了羅汝芳之問學過程：「先生十五定志於張洵水，二十六而正學於山農，三十四而悟《易》於胡生，四十六而證道於泰山丈人，七十而問心於武夷先生。」對於羅汝芳學問轉變的疏理，可謂鉅細靡遺矣。這種陳述方式，實是「在掌握了大量的史實材料基礎上，加以融會貫通，然後下筆的。」〔註41〕

（三）黃氏轉引他人論述者

在介紹一些儒者的學問演變與爲學次第時，黃氏有時會引述其他儒者的論述，如卷十一「浙中王門一‧錢德洪學案」就是引述羅洪先之見來介紹錢氏之學，云：

念庵（羅洪先）曰：「緒山之學數變，其始也，有見於爲善去惡者，以爲致良知也。已而曰：『良知者，無善無惡也，吾安得執以爲有而爲之而又去之？』已又曰：『吾惡夫言之者之淸也，無善無惡者見也，非良知也。吾惟即吾所知以爲善者而行之，以爲惡者而去之，此吾可能爲者也。其不出於此者，非吾所得爲也。』又曰：『向吾之言猶二也，非一也。夫子嘗有言矣，曰至善者心之本體，動而後有不善也。吾不能必其無不善，吾無動焉而已。彼所謂意者動也，非是之謂動也。吾所謂動，動於動焉者也。吾惟無動，則在吾者常一矣。』」按先生之無動，即慈湖之「不起意」也。不起意，非未發乎？然則，謂「離已發而求未發，必不可得」者，非先生之末後語矣！

〔註40〕黃宗羲於王守仁學案當中未記載王氏師承許孚遠，只在〈師說‧許孚遠傳〉當中載及「余嘗親受業許師，見師端凝敦大，言動兢兢，儼然儒矩。」不知何故。

〔註41〕同註23，頁822。

黃氏引述一大段文字，無非是想透過陽門私淑弟子羅洪先的論述來說明錢德洪學問之演變，使論述更具說服力，以達到事半功倍的效果。

五、重視師承源流、學問異同之考訂

《明儒學案‧發凡》云：「故此編以有所授受者分爲各案。其特起者，後之學者不甚著者，總列諸儒之案。」顯示了本書主要是以師承授受源流爲其架構所在的。對於師承源流的介紹，黃氏並非是只將所瀏覽的現成史料排比，照抄不誤，而有進行考訂其眞僞然否的工作；至於各師徒學問異同的問題，黃氏也多所考訂著墨。以下即分兩點言之：

（一）重師承源流考訂

「泰州二‧趙貞吉學案」云：

> 先生之學，李贄謂其得之徐波石（樾）。按先生之論中也，曰：……
>
> 波石之論中也，亦曰……。故知先生有所授受也。（卷三三）

對於趙貞吉的師承，李贄曾謂他承自徐樾。黃氏並不放心秉筆直書，而是將趙貞吉與徐樾關於討論「中」的見解作一比較，才肯定兩人是有師承關係的。

至於在「諸儒下一‧舒芬學案」中，黃宗羲則並不認爲明儒舒芬有所師承，是以指出周汝登 [註42] 因舒芬曾請王守仁書「拱把桐梓」一章，[註43] 周汝登即指舒芬曾「見文成於南昌，與論樂之元聲，躍然起拜，稱弟子。」黃氏援引舒芬之書信撰寫之年代與王守仁行蹤時間作比對，指出他當時「無見文成之理」，是以得出周氏所云「庚辰之見」，「眞爲烏有」，以及「其非（陽明）弟子可知」的結論。在經由以上的考查以後，認爲舒芬之師承授受不明，屬於「特起」者，故將他編入「諸儒學案」當中，而不願「附會源流」，硬將他納入「王門」之支流下。可說是黃氏重視考訂師承源流的明證。

「三原‧王承裕學案」中，首先指出王承裕乃「王恕之季子」，並指出他曾於「十四、五時，從莆田蕭某學」，其父王恕認爲「眞汝師矣」。而載及「馮少墟（從吾）以爲，其學本之家庭者也。」黃氏於此則未加考訂，或許是因爲資料不足，所以只能兩說並陳，讓後人知所斟酌考辨，而非泛泛引述而已。

〔註42〕周氏曾撰《聖學宗傳》十八卷，然似未爲舒芬作傳。可能是書中附帶提及者，或在他處曾述及。黃氏於此並未交待周汝登於何處提及。

〔註43〕即《孟子‧告子上‧第十三章》：孟子曰：「拱把之桐梓，人苟欲生之，皆知所以養之者。至於身，而不知所以養之者，豈愛身不若桐梓哉？弗思甚也。」詳參楊伯峻，《孟子譯注》，頁 268。香港，中華書局，1984 年 9 月。

（二）重學問異同之考察

　　除了重視師承源流的考訂以外，對於各儒者之學問，黃氏也多所考辨。「諸儒下一‧來知德學案」即考辨來氏之學，指出「先生之學，與程子、陽明有異同者二端。」（卷五三）「浙中王門五‧萬表學案」載：「先生之學，多得之龍溪（王畿）、念菴（羅洪先）、緒山（錢德洪）、荊川（唐順之），而究竟於禪學。」指出萬表之學雖傳自儒門，但卻遁入禪門之中。承此以往，黃氏又特意辨明萬表與王畿之學術異同：「然兩家皆精禪學，先生所謂本體呈露者，眞空也；龍溪離物無知者，妙有也，與宋儒、白沙之論，雖似而有差別，學者又當有辨矣。」（卷十五）可見黃氏對於各學說主張「雖似而有差別」這當中似是而非的差別的重視。

　　最後，黃氏在「浙中王門五‧張元忭學案」指出：「先生之學，從龍溪得其緒論，故篤信陽明四有教法。」對於張氏「吾以不可學龍溪之可」的學習態度，稱許為「可謂善學者也。」且對照朱熹與張元忭之說，考察出「先生談文成之學，而究竟不出於朱子，恐於本體終有所未明也。」刻意對學問之異同與來龍去脈作一深入剖析與了解，黃氏這種論述學術史之嚴謹態度，由此可見一斑。

　　總之，一如湯斌所云：「黃先生論學，如大禹導水導山，脈絡分明。」用來說明黃宗羲在《明儒學案》條理陳述的特色，是再好也不過了。司徒琳則指出，黃宗羲《明儒學案》在陳述方法上的貢獻，在於「將過去主要以哲學論述為中心內容，（論述從思想到思想的發展）轉變為主要以歷史的論述為其宗旨（縝密地闡述處於時空中的人物之間的具體聯繫。）這在明清學術和認識論中是一個雖然微妙但卻十分重要的轉變」〔註44〕，《明儒學案》正好扮演著這一關鍵的角色。

〔註44〕引自氏著《〈明夷待訪錄〉與〈明儒學案〉的再評價》，收於《黃宗羲論》，頁301。

第七章 《明儒學案》的評價與研究展望

第一節 《明儒學案》的評價及其商榷

有關前人對於《明儒學案》的評價，我們先從肯定黃宗羲在編撰學術史貢獻的角度來論述，清代莫晉在刊刻《明儒學案》時，曾作序云：

> 黃梨洲先生《明儒學案》一書，言行並載，支派各分，擇精語詳，鉤玄提要，一代學術源流，瞭如指掌。要其微意，實以大宗屬姚江，而以崇仁爲啓明，蕺山爲後勁。凡宗姚江與闢姚江者，是非互見，得失兩存，所以闡良知之祕而防其流弊，用意至深遠也。

這一評價，可以從幾方面來解讀之，其一是肯定《明儒學案》在鉤勒明代學術源流時的用心，這包括「言行並載，支派各分，擇精語詳，鉤玄提要」，使得明代儒學之發展情形在書中展現無遺；其二是指出本書刻意介紹自崇仁、姚江以至蕺山一脈相承的心學，並由此而架構起以姚江爲重心的明代儒學史；其三是肯定黃宗羲能對不同學派的學說都加以論述，使各派學說「是非互見，得失兩存」，其持平之心隱然可見。

而清代于準則從細部處肯定《明儒學案》在「案前小序」之論評得體，云：

> 觀其總評數則，品騭犁然，非深於理學者，能如是乎！

他肯定黃宗羲對理學深有研究，是以在總評明儒學術時態度能夠較爲中肯。

民國以來，喜好史學的梁啓超對《明儒學案》之貢獻處著墨最多，他認爲「中國有完善之學術史，自梨洲之著學案始。」〔註1〕此外，梁氏又云：「黃宗羲之《明儒學案》，實爲中國有學術史之始；其書有宗旨，有條貫，異乎鈔撮餖飣者。」〔註2〕

〔註1〕《中國近三百年學術史》，台北：華正書局，民國73年8月，頁54。
〔註2〕引自氏著《中國歷史研究法》，第二章，「過去之中國史學界」，台北：里仁書局，民

今人許錟輝則在論及黃宗羲之史學思想處指出黃氏「立學術史之規模」：

所著《明儒學案》六二卷，開啓我國純學術性之專史。〔註3〕

勞思光則云：

《明儒學案》歷述各家之言，然其評斷皆依序文所揭示之哲學立場，固頗有一貫性。而就黃氏著此書之宗旨言，則本意即在於將陽明之學置於一歷史背景中，從正反各面闡明陽明之大方向，大主張所在。故學案以陽明爲中心，而以蕺山爲結局。其間清理王門後學之種種異說弊端，亦皆以陽明之說隱爲標準。合而觀之，此書固非純客觀之抄錄註釋之作，而是以明確之哲學觀念爲基礎以評述諸家之哲學史著作也。倘以嚴格哲學史標準繩之，則梨洲之析解殊未臻嚴密，其敘述各家亦未能一一清理其理論結構。然此書已屬中國傳統儒學中空前之作；不唯非周海門、孫鍾元之作所及，且亦遠勝於未完之《宋元學案》也。〔註4〕

馮契亦云：

中國眞正的哲學史、學術史可說是由黃宗羲開創的。〔註5〕

馮友蘭則譽之爲「第一部成熟的斷代哲學史」，云：

《宋元學案》和《明儒學案》在中國哲學史研究工作中具有劃時代的意義。在此以前中國還沒有一部成書可以稱爲哲學史，這兩部書是具有成熟形式的斷代中國哲學史，從這一方面說這兩部書有同樣的意義。〔註6〕

蕭萐父、許蘇民則以「斷代學術史」譽之，云：

其《明儒學案》，實開斷代學術史論的先河。疏觀其綜述有明一代的理學思想，「言行并載，支派各分，擇精語詳，鈎玄提要，一代學術源流，了如指掌。」（莫晉序）隱然把握到以心學的產生、發展、分化到總結爲時代思潮的主線；但又「論不主於一家」（賈潤序），雖「以大宗屬姚江」，而「凡宗姚江與闢姚江者，是非互見，得失兩存」，（莫晉序）確係優秀史作。〔註7〕

國 73 年 10 月，頁 70。

〔註 3〕《黃宗羲》，收於《中國歷代思想家》第三十六冊，台灣商務印書館，民國 67 年 5 月。

〔註 4〕新編《中國哲學史》，三下，頁 642-643，台北：三民書局，民國 70 年 2 月；76 年 11 月增訂四版。

〔註 5〕引自氏著《中國古代哲學的邏輯發展》，下，上海：人民出版社，1985 年 4 月；1987 年 8 月二刷，頁 1038。

〔註 6〕《中國哲學史新編》，第六冊，台北：藍燈文化事業出版，民國 80 年 12 月，頁 11。

〔註 7〕許蘇民、蕭萐父《明清啓蒙學術流變》，瀋陽市：遼寧教育出版社，1995 年 10 月，

侯外廬等又以「明代理學史」譽之，云：

> 從資料收集的完備、編纂體例的嚴謹和論述的精當等方面來看，《明儒學案》均超過前此的學術史著作。從這個意義上說，《明儒學案》堪稱為我國第一部內容宏富、體例嚴謹、觀點鮮明的明代學術史專著。由於它是以理學的發展、演變為主線來編纂的，因此，實際上是一部明代理學史專著。〔註8〕

陳祖武則以《明儒學案》為：

> 我國最早的一部系統的學術思想史專著。對研究明代學術思想史，尤其是王學源流演變，很有價值。〔註9〕

張豈之則指出《明儒學案》所呈顯的明代學術風貌，云：

> 首先在於它較全面客觀地反映了明代學術思想的風貌。……通過以學派為綱目的編排，反映了明代三百年間學術思想的全貌。尤其是明代學術思想的起伏波瀾，在書中得到了比較充分的體現。……而且還在於它提出了一些有價值的思想。……正由於它具有上述學術思想價值，使它超出了以前的學術思想專著。〔註10〕

倉修良則從史學的角度肯定黃氏創制「學案」新史體的貢獻，云：

> 黃宗羲編著《明儒學案》，其貢獻不僅在於為我們留下了一部完善的學術思想史專著，而且還在於創立了一種新的史體——學案體。〔註11〕

朱葵菊則從黃氏此書對史學的影響角度來論述，云：

> 他的史學開了浙東史學的先河，兩部《學案》開創了系統編寫中國學術思想史的先例。因此，梁啓超稱他為清代「史學之祖」。〔註12〕

陶清又以「歷史主義」稱譽黃宗羲：

> 堅持了學術思想史研究的主體——歷史主義的原則立場，從而為後世保存了一分較為客觀、詳實的明代學術思想史資料，彌足珍貴。〔註13〕

頁 510-511。

〔註8〕 詳參《宋明理學史》，侯外廬等主編，第二十八章「《明儒學案》及其對明代理學的總結」，北京：人民出版社，1987 年 6 月，頁 821-822。

〔註9〕 《中國歷史大辭典·思想史卷》，中國歷史大辭典編委會編，「明儒學案」條，上海辭書，1989 年 6 月，頁 274。

〔註10〕 《中國思想史》，台北：水牛出版社，民國 81 年 6 月，頁 819-821。

〔註11〕 《中國史學名著評介》，第二卷，台北：里仁書局，民國 83 年 4 月，頁 1171。

〔註12〕 詳參《中國歷代思想史·清代卷》，第六章「黃宗羲的實學及民主思想」，台北：文津出版社，民國 82 年 2 月，頁 107-142。

〔註13〕 詳參氏著《明遺民九大家哲學思想研究》，台北：洪葉文化事業公司，1997 年 6 月，

除了肯定黃宗羲《明儒學案》的貢獻之外，有些學者對此書也有一些負面的評價。其中，約略可以分成三點：

（一）門戶之見

這是起因於全祖望與《四庫全書》的相關評述，全祖望云：

> 先生之不免餘議者則有二：其一，則黨人之習氣未盡，蓋少年即入社會，門戶之見，深入而不可猝去；其二，則文人之習氣未盡，以正誼明道之餘技，猶留連於枝葉。〔註14〕

《四庫全書·《明儒學案》提要》云：

> 宗羲生於姚江，欲抑王尊薛則不甘，欲抑薛尊王則不敢。故於薛之徒，陽為引重，而陰致微詞；於王之徒，外示擊排，而中存調護。……宗羲此書，猶勝國門戶之餘風，非專為講學設也。〔註15〕

在《四庫全書提要》的撰者看來，黃宗羲實是存在著「姚江學派」的門戶情結的。侯外廬即據此而云：

> 當然，《明儒學案》也有自身的弱點，這就是：它還留有王學的「枝葉」和學術宗派的「習氣」。因此，它在材料的取捨和編排以及對於理學論爭的辯難和對於學派與人物的評價等方面，還有袒護陸、王的偏見。
>
> 〔註16〕

指出黃氏論著還存有王學的「枝葉」與學術宗派的「習氣」的評價，顯然是承自全氏與《四庫》之論。成中英則從細部處指出黃氏之失，云：「宗羲雖宗心學，其批評的心學實已超出了王學窠臼，但在評述『甘泉學案』時卻不幸陷入門戶之見了」。〔註17〕

（二）所收人物不全

《明儒學案》雖已收錄了近 300 位的儒者，有些學者覺得本書還是有遺珠之憾，即在於有些著名學者並未被黃宗羲收入書中。王樹民云：

頁 432。按：「歷史主義」：《主義大辭典》云：「對事物、事件、現象，根據它們產生的歷史條件，從其發生和發展的過程進行研究的一種方法。」（劉建國編，北京：人民出版社，1995 年 9 月，頁 46-47。）《中國大百科全書·哲學》吳元梁云：「從歷史的聯繫和變化發展中考察對象的原則和方法。」（北京：中國哲學大百科出版社編印，1987 年 10 月，頁 482。）

〔註14〕引自《鮚埼亭集》，外編，卷四四，〈答諸生問南雷學術帖子〉，台北：華世出版社，民國 66 年 3 月。

〔註15〕《四庫全書總目提要》，卷五八，史部十四，傳記類二，「《明儒學案》六二卷」條。

〔註16〕同註 8，頁 821-822。

〔註17〕引自氏著〈理學與心學的批評的省思——綜論黃宗羲哲學中的理性思考與真理標準〉，《黃宗羲論》，頁 41。

從另一方面來看，黃氏雖然提出了「一本而萬殊」的原則，可是《明儒學案》的主要缺點仍爲關於明代思想家的論述不夠全面，尤其是較爲進步的思想家，如李贄，爲繼王艮之後批評王學最有力量的人，也是明代最重要的思想家之一，而黃氏不爲立學案；又顏山農、何心隱（即梁汝元）等，也只在「泰州學案」序中附敘其事，顯然於其自標的原則未能認眞貫徹，透露了黃氏思想的侷限性。〔註18〕

王樹民指出了黃宗羲不但不能對顏鈞、何心隱等學者立一小傳，只在「案前小序」中約略帶過，並對李贄則連附傳的位置都沒有，顯示了黃宗羲「思想的侷限性」。

倉修良亦有相同的論點，認爲《明儒學案》的編纂，雖然基本上已做到「反對宗派，不樹立門戶，不以主觀上下結論」，不過，卻「做得並不徹底，還不全面。」倉氏指出：

有些重要的學者、思想家應當立案而未立，如王世貞和李贄等人，無論從文學思想、史學思想，還是政治思想來說，對當時和後世都發生過較大的影響。……這就是說，在黃宗羲的學術思想中，那些習氣的殘餘還很難一下除盡，既有殘餘存在，勢必有所反映。……他在《泰州學案》小序中，自己也有所表白：「泰州之後，其人多能赤手以搏龍蛇，傳至顏山農、何心隱一派，遂復非名教之所能羈絡矣。顧端文曰：『心隱輩坐在利慾膠漆盆中，所以能鼓動得人，只緣他一種聰明，亦自有不可到處。』羲以爲非其聰明，正其學術之所謂祖師禪者，以作用見性。諸公掀翻天地，前不見古人，後不見來者，釋氏一棒一喝，當機橫行，放下拄杖，便如愚人一般。諸公赤身擔當，無有放下時節，故其害如是。」唯其如此，就連顏、何諸人也僅在小序中略加敘述而不單獨立傳，當然李贄也就不可能被收入學案。這就說明，對於黃宗羲的學術思想及其著作的研究，也必須要用兩分法的觀點，在肯定其貢獻同時，還應當看到他的不足之處。〔註19〕

倉氏在王樹民的基礎上，增加了一位人物，即王世貞。

其後，李明友亦論述及此，云：

就人物而言，除明代的重要思想家劉基、李贄、何心隱等幾位外，基本上已網羅進去。〔註20〕

〔註18〕王樹民《史部要籍解題》，台北：木鐸出版社，民國72年9月，頁266-267。
〔註19〕《中國史學名著評介》，第二卷，台北：里仁書局，民國83年4月，頁1171。
〔註20〕李明友，《一本萬殊——黃宗羲的哲學與哲學史觀》，北京：人民出版社，1994年5月，頁146。

李明友又加入了明初的劉基。總上所述,王樹民、倉修良、李明友等學者認為《明儒學案》除了應該為列入附傳的顏鈞、何心隱另立小傳以詳述其學術以外,對於遺漏的劉基、李贄、王世貞等人物,理應立一學案加以介紹。

(三)「氣學派」未獨立成一「學案」

在近來研究氣本論的風潮下,李明友即以此一觀點來評判《明儒學案》,云:

> 我以為,此書的缺陷在於「諸儒學案」。黃宗羲將羅欽順、王廷相等思想家統歸於「諸儒學案」,實際上沒有真正揭示羅、王的學說的學派性。羅、王不屬於心學派和理學派,這是有道理的,但究竟屬何派呢?實際上,明代中期,道學內部已形成了區別於理學、心學的氣學派,羅欽順、王廷相便是。《明儒學案》沒有將氣學派作為一個學案列出來,這是一個缺陷。我以為,造成這一缺陷的倒不是「門戶之見」,而是由黃氏本人的哲學思想和師承關係所決定的。〔註21〕

在李明友看來,黃氏所編撰之《明儒學案》,最理想的是在現有的「理學派」與「心學派」之外,再加上「氣學派」,鼎足而三,才算是明代儒學的整全發展情況。

對於上述三種負面評價,本處擬作說明:首先,對於《四庫全書》以《明儒學案》為「欲抑王尊薛則不甘,欲抑薛尊王則不敢」的批評,山井湧已辨明這一看法只能表明是《四庫全書》編纂者的立場,未必能符合《明儒學案》的實際情況。〔註22〕某些學者認為全書以王學為明代學術思想的中心,這是黃氏的「門戶之見」,山井湧等學者在駁斥時指出,「王學實際上就是明代學術的中心,黃氏只是充分反映其實際情況,是以黃宗羲之以王學為中心的見解有很大程度的客觀性。」山井湧續云:「對他對王學本身的評價暫作別論,我們首先看到的是,他以王學為明代學術思想的中心,這是不可置疑的定論。可以說,黃宗羲的這種明代儒學史觀是以學術上的卓越的見解為其基礎的,而且,其見解有很大程度上的客觀性。」山井湧並進而指出,對於陽明之學,黃氏並非一味調護,也曾說過陽明傳道「言之過高」的毛病。另外,在「姚江學案·案前小序」中,指出黃宗羲「對於陽明致良知說及四句教由於被誤解而產生的各種弊端發出了感嘆,對於王學末流更有許多批評。」〔註23〕

〔註21〕同註20。
〔註22〕詳參山井湧〈《明儒學案》考辨〉一文,由〈關於〈四庫全書《明儒學案》提要〉的若干問題〉一文刪節而成,收於《黃宗羲論》,吳光主編,杭州:浙江古籍出版社,1987年12月,頁485。
〔註23〕同註22,頁484-485。

誠如錢穆所說：「他的《明儒學案》，只以陽明爲中心。但我們也不得認爲這是他的偏見，或是他的主觀。因明代理學本來是以陽明爲中心，恰恰梨洲是這一派，他的書當然以陽明爲中心。既非偏差，而由他寫來，也能勝任。」〔註24〕

沈芝盈亦云：「黃宗羲以『大宗屬姚江』，即以王守仁爲明代學術的中心人物，不是毫無道理，而是客觀地反映明代學術思想潮流的。」〔註25〕倉修良亦云：「如《明儒學案》一書，講陽明學派的幾佔學案總數的一半，正是因爲王學『門徒遍天下，流傳逾百年』，當時的歷史事實就是如此。」〔註26〕因此，我們不能就此視之爲「門戶之見」或「黨人之習氣未盡」所使然。檢視今日所編的斷代史，諸如容肇祖《明代思想史》、錢穆《宋明理學概述》等論著，無不以《明儒學案》的編撰方式爲綱目，可見黃氏所述明代儒學發展並非一時的門戶之見，而是學術演變之本然。

換個角度來說，就算黃氏染有「門戶之見」或「黨人之習氣」，我們也不應被這些貶抑之辭而忽視了黃宗羲的著述苦心，古清美指出：「在王學命脈衰微之際，梨洲這樣努力尊崇王學，我們豈能只從其不免於門戶之見來評論這件事；他固然是『黨人之習氣未盡』，但當時朝野一片闢斥王學之聲，視同洪水猛獸，對王學又豈是公平？《明儒學案》一書作於移史館函之前，故我們不能說此書觀點完全是偏激之見，且此書之流傳，對王學之留存有極大之貢獻，因爲在清初館臣尊朱絀王的作法之下，宗朱學者的作品大都被搜羅齊全，留存在《四庫全書》中，且加意褒揚；而若干王門學者的論著，若非賴《明儒學案》一書保存，恐已如風中飄絮，其學術之見知於後代，大概少有可能了。」〔註27〕唯有經過這樣的反覆論述與推敲，才能更了解這批評的背後是值得肯定的還是屬於無稽之談。

至於以《明儒學案》未爲李贄、劉基、王世貞、顏鈞、何心隱等人立學案，似乎是《明儒學案》之保守與缺陷處。其實，黃宗羲之門人全祖望即曾評述《明儒學案》云：「有明三百年儒林之藪也。」（〈梨洲先生神道碑文〉，頁 12-10。）梁啓超亦指出此書所敍「限於理學一部分」，因而王世貞、楊愼等之學術在《明儒學案》中即不曾引介。〔註28〕因此，只要我們認清黃宗羲《明儒學案》的著述宗旨，是在於保存明代儒者有所自得之學，並將儒者定義爲志於道、通三才的成德者，是「原自

〔註24〕詳參氏著《中國史學名著》，「黃梨洲的《明儒學案》」，收於《錢賓四先生全集》，聯經文化事業公司。
〔註25〕引自華世本《明儒學案・前言》，頁 4。
〔註26〕同註 11，頁 1178。
〔註27〕詳參〈從《明儒學案》談黃梨洲思想上的幾個問題〉，收於《明代理學論文集》，台北：大安出版社，1990 年 5 月，頁 380-381。
〔註28〕同註 1，頁 325。

不輕」的稱譽，豈可泛泛的用以稱呼明代所有的知識份子？鄭性序即云：「三教既興，孰能存其一，去其二。」就是肯定黃宗羲存儒之學，而去釋道之論。李贄遁入佛老頗深，並大肆抨擊「儒學」，豈可以儒者視之？〔註29〕劉基之道教因緣頗深，而又與王世貞同屬文士，豈可入列，否則一切釋道之徒或文士皆宜收錄矣，這樣一來，將使得《明儒學案》成為不倫不類的「儒學」史矣。顏鈞、何心隱已於「泰州學案」案前小序中提及，一如文中提及學案之附傳人物的處理，一般都是因沒有詳細資料可據以立傳，所以先依附於案前小序中，並非刻意的貶抑。

最後，有關李明友所說《明儒學案》未將「氣學派」獨立成案，而主張應將羅欽順、王廷相等人歸入「氣學派」的問題。其實，姑不論宋明理學發展史上自程朱理學與陸王心學外，是否有一「氣學派」足以與心學派、理學派相抗衡，另一方面，從黃氏一己亦主張「氣化流行」的觀點看來，理應更有資格就明代是否有「氣學派」作一判斷。更何況黃氏之學術史觀也並非以「理學派」與「心學派」作為全書綱領，而疏忽了另立「氣學派」者。依據李明友所云，黃宗羲所述，就學派而言，心學派最為詳細、清晰，對理學一派，也列了吳與弼、薛瑄、胡居仁、婁諒等，而將非屬心學派和理學派的統歸「諸儒學案」。明末的東林、蕺山，則是作為「心學派的修正者。」〔註30〕

若果真如李明友所說，黃氏真的加入「氣學派」以論述有明一代之儒學，則除了理學、心學、氣學三派以外，為何獨有「心學派之修正者」，而「理學」、「氣學」卻無所謂「修正者」？況且，「諸儒學案」中之人物，豈可皆視之為「氣學派」之儒者！這當中難道沒有屬於「理學派」或「心學派」的儒者？可見如此以「理、心、氣」來解析《明儒學案》，只可說是李氏削足適履的看法，並非一心將「心學」、「理學」、「道學」復歸於「儒學」當中的黃宗羲的學術史觀所觀照之處。

總而言之，《明儒學案》可爭議的，在於其中是否真實反映了各儒者之思想觀點，雖然說這是較難馬上有定論的課題，不過，只有在學者不斷的研討下，才能得到較中肯的答案與更接近於真實的境地。一如古清美於《顧涇陽、高景逸思想之比較研究》中，即曾附論〈黃梨洲東林學案與涇陽‧景逸原著之比較〉、牟宗山於《從陸象山到劉蕺山》中，論述黃宗羲對於王門「四句教」乃至整個陽明學之體系的理解有

〔註29〕可參林其賢《李卓吾的佛學與世學》（台北：文津出版社，民國81年4月）；王煜〈李卓吾雜採儒道法佛四家思想〉（收於氏著《明清思想家論集》，台北：聯經出版事業公司，民國70年5月，頁1-60）；孫毓徹《李卓吾成學過程之研究》（台灣大學中文所博士學位論文，民國75年10月）等相關論著。

〔註30〕同註20。

偏差，這些角度是值得開拓與肯定的。〔註31〕

　　除此之外，對於《明儒學案》一些原始資料即發生疑誤之處，也應詳加辨析，不管是傳目文字，或是引述之原著資料，乃至於是黃宗羲在陳述一己之見解，或判斷評價其中出現的疑誤，諸如「師說‧羅汝芳傳」，筆者曾辨析其中可能的疑誤與陷阱，使我們在引述時不得不多加留意。以下還有三處亦疑有謬誤之處：

　　一、卷十五「浙中王門五‧張元忭學案」載云：

　　　　先生之學，從龍溪得其緒論，故篤信陽明四有教法。龍溪談本體而諱言工夫，識得本體，便是工夫。先生不信，而謂本體本無可說，凡可說者皆工夫也。

比對傳末所收《不二齋論學書》中，有〈寄羅近溪〉一文，云：

　　　　楊復所（起元）談本體，而諱言功夫，以為識得本體便是功夫。某謂本體本無可說，凡可說者，皆功夫也。識得本體，方可用功夫。明道言「識得本體，以誠敬存之」，是也。

由以上之比對結果，可以很明顯的看出黃宗羲由於一時筆誤，而出現張冠李戴的情形，「張元忭學案」所論，實是張元忭寫信給羅汝芳時論及自己不贊同「泰州學派」楊起元之見解，而並非評論王畿之文字。

　　二、卷二〇「江右王門五‧王時槐學案」載云：

　　　　陽明沒後，致良知一語，學者不深究其旨，多以情識承當，見諸行事，殊不得力。雙江（聶豹）、念菴（羅洪先）舉未發以救其弊，中流一壺，王學賴以不墜，然終不免頭上安頭。先生謂：「知者，先天之發竅也。謂之發竅，則已屬後天矣。雖屬後天，而形氣不足以干之。故知之一字，內不倚於空寂，外不墮於形氣，此孔門之所謂中也。」言良知者未有如此諦當。

比對黃氏於傳末所摘收的王時槐「語錄」所云：

　　　　「致良知」一語，惜陽明發此於晚年，未及與學者深究其旨。先生沒後，學者大率以情識為良知，是以見諸行事，殊不得力。羅念菴乃舉未發以究其弊，然似未免於頭上安頭。夫所謂良知者，即本心不慮之真明，原自寂然，不屬分別者也，此外豈更有未發耶？（頁7-557,558）

經過一番比對，我們會發現「王時槐學案」中，有關王時槐對王門羅洪先以「未發」論「致良知」的評論，黃宗羲似乎暗自加上了王門另一門人「聶豹」的名字，或許一如黃氏於卷十七「江右王門二‧聶豹學案」所云：「先生之學……惟羅念菴深相契

合」，不過，在論述各儒者的見解時，實應如實的陳述各儒者之見解，而不宜在陳述中突兀的加入「雙江」二字，以啓後學之疑惑，讓人不知本段文字，是黃氏在介紹王時槐之學，還是黃氏在表達一己之主張。

三、卷四六「諸儒上四・陳眞晟學案」載云：

> 聞臨川吳聘君名，欲往質之。……行至南昌，張東白（元楨）止之宿，扣其所學，大加稱許，曰：「楨敢僭謂自程、朱以來，惟先生得其眞，吳、許二子不足多也。如聘君者不可見，亦不必見耳。」遂還鎭海。……先生無師承，獨得於遺經之中。自以僻處海濱，出而訪求當世學者，百尺竿頭，豈無進步？奈何東白以得眞一言，遂爲金梘？康齋、白沙，終成欠事。然先生之學，於康齋似近，於白沙差遠。而白沙言：「聞其學術專一，教人靜坐，此尋向上人也。」……

張元楨所云是「吳、許二子不足多也」，認爲陳眞晟之學，不須再去與吳與弼以及許璋見面，並未提及陳獻章，黃氏會作此論者，有兩種可能：其一是由張元楨阻止陳眞晟去見吳與弼，使黃宗羲聯想到若陳氏去見吳與弼，必然會遇見吳與弼之門人陳獻章；其二是因爲黃氏在下文引述陳獻章對陳眞晟學術之評論，因而在上文處將張元楨所云「吳與弼、許璋」兩人之名，誤置成「吳與弼、陳獻章」二人，實是心儀陳獻章之學，是以提及與陳獻章相關之學者，都不免聯想到陳獻章。

本文指出《明儒學案》的疑誤之處，並非是想全盤否定《明儒學案》的價值，畢竟六二卷的論著以外，黃宗羲還完成了許多的著述，因此無法關照到每一細節，這是在所難免的。一如古清美所云，「這些錯誤，是自覺或不自覺，無從追究，只能就學術研究者尊重眞理的角度，如實指出其矛盾與主觀處，而不必深責之。」〔註32〕

在眾多褒貶當中，梁啓超對《明儒學案》的肯定是值得引述的，梁氏云：

> 著學術史有四個必要的條件：第一、敍一個時代的學術，須把那時代重要各學派全數網羅，不可以愛憎爲去取。第二、敍某家學說，須將其特點提挈出來，令讀者有很明晰的觀念。第三、要忠實傳寫各家眞相，勿以主觀上下其手。第四、要把各人的時代和他一生經歷大概敍述，看出那人的全人格。梨洲的《明儒學案》，總算具備這四個條件。所以《明儒學案》這部書，我認爲是極有價值的創作，將來做哲學史、科學史、文學史的人，對於他的組織雖有許多應改良之處，對於他的方法和精神，是永遠應採用

〔註32〕同註27，頁361、393。

的。〔註33〕

雖然這當中所謂的整全、客觀是相對的，不過，卻不能藉此否定《明儒學案》在編撰上的總體原則值得我們學習。倉修良也指出用這種「學案體」來編撰學術史有四大明顯的長處：

第一，由於同一個學派放在同一個學案之中，因而每個人的學術淵源、師承關係都可以得到充分反映。

第二，學術思想的發展變化都得到反映，既得知師承關係，又瞭解發展變化。因為有的學派，往往是同中有異，異中有同；有的雖同出一源，可是發展到後來卻分道揚鑣。

第三，由於每個人的主要著作要點均已摘錄，故對每個人的學術宗旨、思想特點，都基本上得以瞭解。

第四，便於研究一個時代學術發展的大勢和學風的盛衰，全書學案的設立，其本上體現出一個時代學術思想發展的特點，自然也就便於瞭解一個時代學術發展的主流及主要代表人物。〔註34〕

因此，自《明儒學案》的編纂和學案體裁創立以來，後學者不斷效法，諸如《宋元學案》、《兩漢三國學案》、《清儒學案》、《清儒學案新編》、《新儒家學案》等，都仍然採用了「學案體」的編撰方式。

不過，「學案體」無法明顯的反映各學派間儒者所處之年代的平面關係，也是不爭的事實。雖然成中英指出：「宗羲並未依照一個時間程序，他看到的學術思想史是立體的，多面的，也是突出時間之上的，因之是以學術思想的重要性決定學術思想的排列，然後再看每一學派（學案）之時間性的流變。此一時間與思想交錯決定的學術史，也可以說為其批評的史學的重大特色。」〔註35〕依據成中英之說法，黃宗羲之「學案體」是「突出時間之上的」，是以「並未依照一個時間程序」，因此，若非善讀《明儒學案》者，並不知道在王學大興的明代中期儒學發展當中，盛於明初的「崇仁學派」與「河東學派」的學者並未缺席，如「崇仁學派」的余祐，「河東學派」的呂柟等，都是在明代儒學中期與王學爭鳴者。要如何避免造成這樣的錯覺呢？其實，全祖望續成的《宋元學案》，雖然在每個案首列有標明師承源流的「學案表」，但是也並不能解決時序不明的缺陷。這一難題，如果能效法司馬遷《史記》「年表」之體例，一如「十二諸侯年表」的表列形式，以十七個學案

〔註33〕同註1，頁54-55。
〔註34〕同註11，頁1178。
〔註35〕同註17，頁34。

與各年代爲座標，必能克服這個難題，可惜黃氏師徒未能由此使「學案體」更臻完備。不過，一如侯外廬所云：「瑕不掩瑜」、「正因爲如此，我們才說它是黃宗羲的一部獨具匠心的學術思想史著作。」〔註36〕

總而言之，誠如古清美所云：

> 《明儒學案》之作，梨洲努力保存各種不同的學說，並盡可能客觀的加以評論，但其中確實顯出一些主觀和矛盾之處，就著這些問題，我們不必去深責梨洲，反而應當在此中看出歷史和時代在一個學者身上挪動腳步的痕跡。……且其史學精神近及於浙東學術，遠而至於乾嘉，對清代學術有相當的影響力和貢獻，可以說克盡了一個儒者承先啓後的使命，對中國學術文化的傳承和開展當有一定的意義和價值。〔註37〕

這段文字，或許可以作爲我們對黃宗羲《明儒學案》之研究的定評。

第二節　《明儒學案》研究的未來展望

有關《明儒學案》的研究，在本文從考釋「學案體」，介紹《明儒學案》之成書與內容，對「師說」與《明儒學案》作一比較研究，說明黃宗羲的學術史觀以及其陳述學術史的方法，似乎對《明儒學案》一書有了更深入的了解。其實，一人之精力有限，而六二卷的《明儒學案》所論及的儒者有幾近三百人之譜，因此，這其中還有許多課題與角度值得有志者進一步開拓與探討。

（一）我們可以對書中的十七學案作「學派」式的探討，這一方面已有的成果，最具代表的是對「陽明學派」的探討，如謝無量所著《陽明學派》〔註38〕、嵇文甫《左派王學》〔註39〕等，至於對於其他「學派」與人物的研究，有陳郁夫《江門學記——陳白沙、湛甘泉研究》〔註40〕、吳宣德《江右王學與明中後期江西教育發展》〔註41〕、袁爾鉅《蕺山學派哲學思想》〔註42〕、古清美《顧涇陽、高景逸思想之比較研究》，〔註43〕、傅武光《高攀龍》〔註44〕葛榮晉《王廷相和明代氣學》〔註45〕、

〔註36〕同註8，頁821-822。
〔註37〕同註27，頁394。
〔註38〕上海：中華書局，1934年。
〔註39〕上海：開明書店，1934年，台北：國文文地雜誌社，民國79年4月。
〔註40〕台北：學生書局，民國73年3月。
〔註41〕南昌：江西教育出版社，1996年1月。
〔註42〕濟南：山東教育出版社，1993年12月。
〔註43〕台灣大學中文所博士學位論文，民國68年6月。
〔註44〕《中國歷代思想家》第三十五冊，臺灣商務印書館，民國67年6月；68年3月。

呂妙芬《胡居仁與陳獻章》〔註46〕、東方朔《劉蕺山哲學研究》〔註47〕、曾文瑩《劉蕺山心性學研究》〔註48〕等，其中，古清美之論著，即曾附論〈黃梨洲東林學案與涇陽、景逸原著之比較〉，這是以各儒者之原著來比較研究黃宗羲在《明儒學案》中，其引述資料是否忠於原著，還是斷章取義，乃至對黃宗羲用以評價儒者時所依據的論據，是否詮釋得體，都能進一步得到印證或推翻，這是一條在以微觀的角度來研究《明儒學案》時所值得延續的道路；

（二）對於十七學案中，除了作「學派」式的探討外，其中對於黃宗羲所云「正宗」與「別派」之分，不論是「姚江學派」與「泰州學派」、「止修學派」之別，或是「王學正傳」與「王學別派」的分野，以及「河東學派」與「三原學派」，「崇仁學派」與「白沙學派」的正宗與別派的關係，都值得我們進一步深入研究；

（三）有關《明儒學案》與《孟子師說》的理學觀點比較，乃至《明儒學案·師說》與《孟子師說》的關係，也是值得努力探討的方向；

（四）有關《明儒學案》與《宋元學案》的比較研究，在馮友蘭說「黃宗羲基本上是一個哲學家，全祖望基本上是一個史學家，經過他大編排的《宋元學案》在精神上和面貌上和《明儒學案》都不大相同了。這兩部書都不失為前無古人的斷代哲學史，但《宋元學案》史學多於哲學；《明儒學案》哲學多於史學。」〔註49〕之後，黃宗羲與全祖望所改編的「學案」，有何異同，也是值得我們進一步研究的主題；

（五）有關《明儒學案》與此前《聖學宗傳》、《理學宗傳》兩本學術史論著的比較研究，不論是從編纂體例，或學術史觀的的異同之處，都值得我們注意；

（六）有關《明儒學案》與後代「學案體」著作，諸如《清儒學案》、《兩漢三國學案》、《新儒家學案》等，從其體例之異同，到學術史觀的特點，都值得我們深入挖掘；

（七）最後，對於《明儒學案》各版本的比較研究，似乎也是可以用來判斷出各版本之論述，那些更接近於黃宗羲的主張，那些地方在刊印的過程已漸偏離黃宗羲原著的風采。

只有不斷的深入研究，尤其是在弘觀與微觀雙管齊下的探討，才能使我們對黃宗羲，乃至「學案體」，以及明代思想有更深一層的認識。

〔註45〕北京：中華書局，1990 年 2 月二版。
〔註46〕台北：文津出版社，民國 85 年 5 月。
〔註47〕上海人民出版社，1997 年 3 月。
〔註48〕中央大學中文所碩士學位論文，民國 85 年 6 月。
〔註49〕同註 6 書，頁 13。

參考書目

一、黃宗羲之論著

1. 《明儒學案》，繆天綬選註，台灣商務印書館，民國 57 年 1 月，75 年 2 月臺六版。

2. 《明儒學案》，黃宗羲撰，台北：世界書局，民國 54 年 4 月再版。

3. 《明儒學案》，黃宗羲撰，精四冊，臺灣中華書局，民國 59 年 6 月臺二版。

4. 《明儒學案》，黃宗羲著，六冊，沈芝盈點校，台北：華世出版社，1987 年 2 月台一版。

5. 《明儒學案點校釋誤》，朱鴻林，中央研究院歷史語言研究所編印，民國 80 年 12 月。

6. 《重編明儒學案》，李心莊編著，二冊，台北：中正書局，民國 34 年 6 月，62 年 5 月臺四版。

7. 《黃宗羲全集》，沈善洪主編，第一～十二冊，浙江古籍出版社，1985～1994 年 6 月。

8. 《黃宗羲詩文選譯》，平慧善，盧敦基譯注，巴蜀書社，1991 年 10 月，1994 年 5 月二刷。

二、專　著

1. 《一本萬殊——黃宗羲的哲學與哲學史觀》，李明友，北京：人民出版社，1994 年 5 月出版。

2. 《三民大辭典》，中冊，三民書局，民國 74 年 8 月。

3. 《三國演義辭典》，沈伯俊、譚良嘯編著，成都：巴蜀書社出版，1989 年 6 月，1993 年 10 月三刷。

4. 《中外社會科學名著千種評要》，劉淑蘭主編，北京：華夏出版社，1992 年 10 月。

5. 《中日陽明學比較》，深圳大學國學所，北京：三聯書店，1991 年 5 月。

6. 《中國大百科全書‧哲學》，北京：中國大百科全書出版社編印，1987 年 10 月，1994 年 10 月四刷。

7. 《中國心性論》，蒙培元，台北：學生書局，民國 79 年 4 月。

8. 《中國古代哲學的邏輯發展》，馮契，上海人民出版社，1985 年 4 月，1987 年 9 月二刷。

9. 《中國古代哲學問題發展史》，方立天，下冊，台北，洪葉文化，1995 年 4 月。

10. 《中國古典詩詞地名辭典》，魏嵩山主編，南昌市：江蘇教育出版社，1989 年 4 月，1992 年 2 月二刷。

11. 《中國史學史辭典》，台北：明文書局編印，民國 75 年 6 月。

12. 《中國史學名著》，錢穆，台北：三源圖書出版，海外版，未著出版年月。

13. 《中國史學名著評介》，倉修良，卷二，台北：里仁書局，民國 83 年 4 月。

14. 《中國史學名著題解》，張舜徽，北京：中國青年出版社，1984 年 2 月，1992 年 2 月八刷。

15. 《中國史學論文引得》，余秉權編，台北：泰順書局，民國 60 年 10 月。

16. 《中國史籍解題辭典》，神田信夫、山根幸夫編，東京：燎原書店，1989 年 9 月。

17. 《中國宋代哲學》，石訓等八人著，鄭州市：河南人民出版社，1992 年 12 月。

18. 《中國近三百年學術史》，梁啓超，台北：華正書局，民國 73 年 8 月。

19. 《中國近三百年學術史》，錢穆，台灣商務印書館，民國 26 年 5 月，76 年 3 月九版。

20. 《中國近世儒學史》，宇野哲人，台北：文化大學出版部，民國 71 年 10 月。

21. 《中國思想史》，張豈之主編，下冊，台北，水牛出版社，民國 81 年 6 月。

22. 《中國思想史》，山井湧等著，張昭譯，台北：儒林圖書公司，民國 70 年 4 月。

23. 《中國思想史》，蔡仁厚，《國學導讀》第三冊，台北，三民書局，民國 82 年 10 月。

24. 《中國思想史方法論文選集》，韋政通編，台北：水牛出版社，民國 70 年 10 月。

25. 《中國思想史論集》，傅武光，台北：文津出版社，民國 79 年 9 月。

26. 《中國思想通史》，侯外廬主編，北京：人民出版社，1960 年 4 月，1992 年 9 月四刷。

27. 《中國紀傳體文獻研究》，王錦貴，北京大學出版社，1996 年 8 月。

28. 《中國倫理思想史》，唐宇元，台北：文津出版社，民國 85 年 8 月。

29. 《中國哲學三百題》，夏乃儒主編，上海：上海古籍出版社，1988 年 9 月。

30. 《中國哲學大辭典》，方克立主編，北京：中國社會科學出版社，1994 年 5 月。

31. 《中國哲學史》，北大哲學系，下冊，北京：中華書局，1980 年 7 月，1985 年

5 月三刷。

32. 《中國哲學史》，蕭萐父、李錦全，下卷，北京：人民出版社，1983 年 10 月，1989 年 8 月七刷。

33. 《中國哲學史》，任繼愈主編，北京：人民出版社，1979 年 3 月，1990 年 3 月三刷。

34. 《中國哲學史》，孫開泰、劉文雨、胡偉希，台北：文津出版社，民國 84 年 12 月。

35. 《中國哲學史》，臧廣恩，台灣商務印書館，民國 71 年 3 月。

36. 《中國哲學史史料學》，台北：崧高書社編印，民國 74 年 6 月。

37. 《中國哲學史本義》，褚柏思，台北：黎明文化事業公司，民國 67 年 4 月。

38. 《中國哲學史新編》，勞思光，三下，台北：三民書局，民國 70 年 2 月，76 年 11 月增訂四版。

39. 《中國哲學史新編》，馮友蘭，第六、七冊，台北：藍燈文化事業公司，民國 80 年 12 月。

40. 《中國哲學史資料選輯・清代》，台北：九思出版社，民國 67 年 8 月。

41. 《中國哲學名著簡介》，石倬英等，河北人民出版社，1985 年 10 月。

42. 《中國哲學的反省與新生》蔡仁厚，台北：正中書局，民國 83 年 11 月。

43. 《中國哲學初步》，李錦全、馮達文主編，廣州：廣東人民出版社，1993 年 12 月。

44. 《中國哲學思想的古今》，陳俊輝編著，台北：水牛出版社，民國 81 年 8 月。

45. 《中國哲學問題史──中國哲學大綱》，張岱年（宇同），台北：彙文堂出版社，民國 76 年 11 月。

46. 《中國哲學概論》，王開府，《國學導讀》第三冊，台北：三民書局，民國 82 年 10 月。

47. 《中國哲學範疇發展史，天道篇》，張立文，北京：中國人民大學出版社，1988 年 1 月，1989 年 3 月三刷。

48. 《中國傳統哲學》，周桂鈿編著，北京：師範大學出版社，1990 年 7 月，1991 年 3 月二刷。

49. 《中國理學大辭典》，董玉整主編，暨南大學出版社，1996 年 10 月。

50. 《中國學案史》，陳祖武，台北：文津出版社，民國 83 年 4 月出版。

51. 《中國學術名著提要・哲學卷》，哲學卷編委會編，復但大學出版社 1992 年 10 月，1995 年 6 月二刷。

52. 《中國學術思想史》，林啟彥，香港教育圖書公司，1993 年版。

53. 《中國學術思想史》，鄺士元，台北：里仁書局，民國 81 年 1 月，84 年 2 月增訂三版。

54. 《中國學術思想史隨筆》，曹聚仁，北京：三聯書店，1986 年 6 月。

55. 《中國學術思想論叢》，王煜，台北：明文出版社，民國 83 年 3 月。

56. 《中國歷代地名要覽》，日·青山定雄編，台北：洪氏出版社，民國 73 年 1 月。

57. 《中國歷代職官詞典》，沈起煒、徐光列編著，上海：上海辭書出版社，1992 年 8 月，1993 年 11 月二刷，頁 202。

58. 《中國歷代三百題》，本社編，上海古籍出版社，1989 年 9 月。

59. 《中國歷史大辭典·思想史卷》，中國歷史大辭典編委會編，上海辭書，1989 年 6 月。

60. 《中國歷史研究法》，梁啓超，台北：里仁書局，民國 73 年 10 月。

61. 《中國歷代思想史，清代卷》，朱葵菊，台北：文津出版社，民國 82 年 12 月。

62. 《中國歷代思想家傳記匯詮》，王蘧常，二冊，上海：復旦大學出版社，1993 年 8 月。

63. 《中國歷代哲學文選》，馮契主編，台北：洪葉文化事業公司，1993 年 4 月。

64. 《中國歷史大事典·明朝》，苑書義主編，石家莊：河北教育出版社，1988 年 10 月。

65. 《中國歷史大辭典·思想史卷》，中國歷史大辭典編纂委員會，上海辭書，1989 年 6 月。

66. 《中國歷史研究法》，台北：聯經文化出版社，錢賓四先生全集第三十一冊，乙編書目。

67. 《中國實學思想史》，葛榮晉主編，北京：首都師大，1994 年 9 月。

68. 《中國儒家心理思想史》，余書麟，二冊，台北：心理出版社，民國 83 年 8 月。

69. 《中國儒家倫理思想發展史》，李書有編，江蘇古籍出版社，1992 年 1 月。

70. 《孔子大辭典》，張岱年主編，上海辭書出版社，1993 年 12 月，1996 年 2 月二刷。

71. 《心體與性體》，牟宗三，三冊，台北：正中書局，民國 58 年 6 月，76 年 5 月七刷。

72. 《王廷相與明代氣學》，葛榮晉，北京：中華書局，1990 年 2 月。

73. 《王學通論——從王陽明到熊十力》，楊國榮，上海三聯書店，1990 年 12 月。

74. 《日本中國學史》，嚴紹璗，南昌市：江西人民出版社，1991 年 5 月，1993 年 9 月二刷。

75. 《王廷相和明代氣學》，葛榮晉，北京：中華書局，1990 年 2 月。

76. 《王船山學術論叢》，嵇文甫，台北：谷風出版社，民國 76 年。

77. 《王陽明與禪》，陳榮捷，台北：學生書局，民國 73 年 11 月。

78. 《主義大辭典》，劉建國編，北京：人民出版社，1995 年 9 月。

79. 《史記會注考證》，瀧川龜太郎著，台北：洪氏出版社，民國 75 年 9 月。

80. 《史部要籍解題》，王樹民，台北：木鐸出版社，民國 72 年 9 月。

81. 《四庫全書總目提要》，清・永瑢等撰，台北：洪氏出版社，民國 71 年 1 月，頁 146-147。

82. 《左派王學》，嵇文甫，上海：開明書店 1934 年，台北：國文天地雜誌社，民國 79 年 4 月。

83. 《在非有非無之間》，湯一介，台北：正中書局，民國 84 年 9 月。

84. 《有無之境——王陽明哲學的精神》，陳來，北京：人民出版社，1991 年 3 月。

85. 《朱學論集》，陳榮捷著，萬先法譯，台灣學生書局，民國 71 年 4 月。

86. 《朱熹思想研究》，張立文，二冊，台北：谷風出版社，1986 年 10 月。

87. 《江右王學與明中後期江西教育發展》，吳宣德，南昌市：江西教育出版社，1996 年 6 月。

88. 《江門學記——陳白沙、湛甘泉研究》，陳郁夫，台灣學生書局，民國 73 年 3 月。

89. 《牟宗三先生與中國哲學之重建》，蔡仁厚等，台北：文津出版社，民國 85 年 12 月。

90. 《西方思想史》，賈士蘅譯，台北：國立編譯館，民國 85 年 9 月。

91. 《宋元學案》，黃宗羲原著，全祖望補修，精六冊，台北：華世出版社，1987 年 9 月台一版。

92. 《宋元學案》，繆天綬選註，臺灣商務印書館，民國 59 年 9 月，74 年 12 月臺五版。

93. 《宋代「理」概念之開展》，鄧克銘，台北：文津出版社，民國 82 年 6 月。

94. 《宋代儒釋調和論及排佛論之演進》，蔣義斌，台灣商務印書館，民國 77 年 8 月。

95. 《宋明理學》，陳來，遼寧教育出版社，1991 年 12 月，1992 年 6 月二刷。

96. 《宋明理學史》，侯外廬等主編，下卷，北京：人民出版社，1987 年 6 月。

97. 《宋明理學研究》，張立文，北京：中國人民大學出版社，1985 年 7 月。

98. 《宋明理學研究論集四》，馮炳奎等著，台北：黎明文化公司，民國 72 年 7 月。

99. 《宋明理學研究論集》，詹秀惠，台北：黎明文化公司，民國 72 年 7 月。

100. 《宋明理學概述》，古清美，北市：台灣書店發行，民國 85 年 11 月。

101. 《宋明理學概論》，陳郁夫，國學導讀第三冊，台北：三民書局，民國 82 年 10 月。

102. 《宋明理學與文學》，馬積高，長沙市：湖南師範大學，1989 年 10 月。

103. 《快樂的哲學——中國人生哲學史》，錢憲民，台北：洪葉文化事業公司，1996 年 3 月。

104. 《李卓吾的佛學與世學》，林其賢，台北：文津出版社，民國 81 年 4 月。

105. 《忠臣孝子的悲願——明夷待訪錄》，董師金裕，台北：時報文化出版公司，1987 年 1 月，1995 年 12 月三版一刷。

106. 《明中晚期理學的對峙與合流》，于化民，台北：文津出版社，民國 82 年 2 月。

107. 《明代史》，孟森，中華業書委員編印，未著出版年月。

108. 《明代理學論文集》，古清美，台北：大安出版社，1990 年 5 月。

109. 《明代經學國際研討會論文集》，林慶彰、蔣秋華編，台北：中國文哲所籌備處，民國 85 年 6 月。

110. 《明末清初儒學之發展》，李紀祥，台北：文津出版社，民國 81 年 12 月。

111. 《明末清初學術思想研究》，何冠彪，台北：學生書局，民國 80 年 2 月。

112. 《明初大儒方孝孺研究》，姬秀珠，台北：文史哲出版社，民國 80 年 4 月。

113. 《明清人物與著述》，何冠彪，香港商務印書館，1996 年初版，台灣商務印書館，1996 年 12 月初版一刷。

114. 《明清思想史之研究》，山井湧，東京大學出版會發行，1980 年 12 月。

115. 《明清思想史研究》，山井湧，東京大學出版會，1980 年版。

116. 《明清思想家論集》，王煜，台北：聯經出版事業公司，民國 70 年 5 月。

117. 《明清啓蒙學術流變》，許蘇民、蕭萐父著，瀋陽市：遼寧教育出版社，1995 年 10 月。

118. 《明學探微》，林繼平，台灣商務印書館，民國 73 年 12 月。

119. 《明遺民九大家哲學思想研究》，陶清，台北：洪葉文化事業公司，1997 年 6 月。

120. 《周易》，王弼、韓康伯注，台北：新興書局，民國 68 年 12 月。

121. 《東亞文化的探索》，日本「東亞傳統文化國際會議」，黃俊傑編，台北：正中書局，民國 85 年 11 月。

122. 《思想的探險》，韋政通，台北：正中書局，民國 83 年 2 月。

123. 《思辯錄》，勞思光，台北：東大圖書公司，民國 85 年 1 月。

124. 《胡居仁與陳獻章》，呂妙芬，台北：文津出版社，民國 85 年 5 月。

125. 《高攀龍》，傅武光，收於《中國歷代思想家》三五，臺灣商務印書館，民國 67 年 6 月，68 年 3 月二版。

126. 《唐荊川先生研究》，吳金娥，台北：文津出版社，民國 75 年 5 月。

127. 《容肇祖集》，容肇祖，山東：齊魯書社，1989 年 9 月。

128. 《氣》，張立文主編，北京：中國人民大學出版社，1990 年 12 月。

129. 《氣的思想》，山井湧等，上海人民出版社，1990 年 7 月，1992 年 6 月三刷。

130. 《哲學大辭典》，馮契主編，上海辭書出版社，1992 年 10 月。

131. 《張載哲學與關學學派》，陳俊民，台灣學生書局，民國 79 年 11 月。

132. 《晚明思潮》，龔鵬程，台北：里仁書局，民國 83 年 11 月。

133. 《晚明思潮與社會變動》，淡江大學中文系編，台北：弘化出版社，民國 76 年 12 月。

134. 《清儒學案》，徐世昌等編，台北：燕京文化事業公司，民國 65 年 6 月。

135. 《清學案小識》，唐鑑，台灣商務印書館，民國 58 年 12 月。

136. 《理學宗傳》，孫奇逢，台北藝文印書館，民國 58 年 5 月。

137. 《理學與中國文化》，姜廣輝，上海人民出版社，1994 年 6 月。

138. 《符號，神話，文化》，卡西爾著，羅興漢譯，台北：結構群出版社，民國 79 年 4 月。

139. 《章學誠的歷史文化哲學》，朱敬武，台北：文津出版社，1996 年 10 月。

140. 《無善無惡的理想道德主義》，曾陽晴，台大出版委員會，民國 70 年 6 月。

141. 《陽明學說體系》，黃敦涵，台北：泰山出版社，民國 51 年 3 月，51 年 9 月再版。

142. 《從陸象山到劉蕺山》，牟宗三，臺灣學生書局，民國 68 年 8 月，73 年 11 月再版。

143. 《黃宗羲》，許錟輝，收於《中國歷代思想家》第七冊，台北：商務印書館，民國 67 年 5 月。

144. 《黃宗羲心學的定位》，劉述先，台北：允晨文化事業公司，民國 83 年 6 月。

145. 《黃宗羲遺著考・「明儒學案」考》，吳光，收於《黃宗羲全集》，第十冊・附錄。

146. 《黃宗羲著作彙考》，吳光，台灣學生書局，民國 79 年 5 月。

147. 《黃宗羲論——國際黃宗羲學術論會論文集》，吳光主編，浙江古籍出版社，1988 年 12 月。

148. 《黃梨洲及其史學》，張高評，台北：文津出版社，民國 78 年 10 月。

149. 《黃梨洲著述考》，謝國楨，收於《黃宗羲全集》，第十二冊，頁 241。

150. 《黃梨洲學譜》，謝國楨，台灣商務印書館，民國 56、60 年二版。

151. 《聖學宗傳》，周汝登，收入《孔子文化大全》，濟南：山東友誼書社，1989 年 7 月。

152. 《新史學五大家》，史學史研究室編，北京：社科文獻出版社，1996 年 6 月。

153. 《新編佛教辭典》，陳兵編著，北京：中國世界語出版社，1994 年 11 月。

154. 《新譯莊子讀本》，黃錦鋐註譯，台北：三民書局，民國 63 年 1 月。

155. 《新儒家思想史》，張君勱，台北：弘文館出版社，民國 75 年 2 月。

156. 《傳習錄》，王守仁，台北：金楓出版社，1987 年 3 月。

157. 《道佛儒思想與中國傳統文化》程念祺，上海人民出版社，1994 年 3 月。

158. 《語文的闡釋——中國語文傳統的現代意義》，申小龍，瀋陽：遼寧教育出版

社，1991 年 12 月，1992 年 6 月二刷。

159. 《漢學師承記》，江藩，台灣商務印書館，民國 59 年 11 月，66 年 11 月二版。

160. 《漢學研究之回顧與前瞻》，下冊，林徐典編，北京：中華書局，1995 年 9 月。

161. 《劉蕺山黃梨洲學案合輯》，蘇德用纂輯，台北：正中書局，民國 43 年 8 月。

162. 《劉蕺山哲學研究》，東方朔，上海人民出版社，1997 年 3 月。

163. 《蕺山學派哲學思想》，袁爾鉅，濟南：山東教育出版社，1993 年 12 月。

164. 《論陽明哲學之圓融統觀》談遠平，台北：文史哲出版社，民國 82 年 9 月。

165. 《儒佛道與傳統文化》，文史知識編委會，北京：中華書局，1990 年 3 月，1995 年 4 月二刷。

166. 《儒家的淑世哲學》，曾春海，台北：文津出版社，民國 81 年 9 月。

167. 《儒家哲學》，吳汝鈞，臺灣商務，1995 年 12 月。

168. 《儒家圓教底再詮釋——從道德的形上學到溝通倫理學底存有論轉化》，謝大寧，台灣學生書局，1996 年 12 月。

169. 《儒道論述》，吳光，台北：東大圖書公司，民國 83 年 6 月。

170. 《儒學思想與日本文化》，王家驊，台北：淑馨出版社，1994 年 1 月。

171. 《鮚埼亭集》，全祖望，台北：華世出版社，民國 66 年 3 月。

172. 《學問的生命與生命的學問》，傅偉勳，台北：正中書局，民國 83 年 1 月。

三、學位論文

1. 《李卓吾成學過程之研究》，孫叡徹，台灣大學中文所博士學位論文，民國 75 年 10 月。

2. 《明末清初之經世學風與史學思想》，林煌崇，政治大學歷史所碩士論文，民國 80 年 6 月。

3. 《明代前期理學思潮研究》，鄭自誠，台灣大學中文所碩士學位論文，民國 86 年 6 月。

4. 《明初十六子研究》，長安靜美，台灣大學中文所碩士論文，民國 83 年 6 月。

5. 《黃宗羲經世思想之研究》，齊婉先，政治大學中文所碩士論文，民國 80 年 8 月。

6. 《黃梨洲之生平及學術思想》，古清美，台灣大學中文所碩士論文，民國 64 年 6 月。

7. 《黃梨洲及其《明夷待訪錄》之研究》，李東三，台灣大學中文所碩士論文，民國 72 年 6 月。

8. 《黃梨洲政治哲學之研究》，林朝和，文化大學哲學所碩士論文，民國 75 年 6 月。

9. 《黃梨洲歷史性儒學之建立》，楊自平，中央大學中文所碩士論文，民國 84 年 5 月。

10. 《經史與經世──清代浙東學者的學術思想》，鄭吉雄，台灣大學中文所碩士論文，民國 79 年 6 月。

11. 《劉蕺山心性學研究》，曾文瑩，中央大學中文所碩士論文，民國 85 年 6 月。

12. 《顧涇陽、高景逸思想之比較研究》，古清美，台灣大學中文所博士論文，民國 68 年 6 月。

四、期刊論文

1. 〈中國思想史方法論的檢討〉，韋政通，收於《中國思想史方法論文選集》，韋政通編，台北：水牛出版社，民國 70 年 10 月，頁 1-32。

2. 〈中國哲學史研究的四十年〉，谷方，《中國哲學史研究季刊》，1989 年四期。

3. 〈中國哲學史研究的必要工具－介紹《哲學大辭典・中國哲學史卷》〉，于鵬彬，《中國哲學史研究季刊》，1985 年四期。

4. 〈中國哲學史緒論〉，馮芝生（按：馮友蘭，字芝生），收於《中國思想史方法論文選集》，韋政通編，台北：水牛出版社，民國 70 年 10 月，頁 75-96。

5. 〈中國貴州王陽明國際學術討論會綜述〉，王路平，《孔子研究》，1997 年二期。

6. 〈「心即理」說的動搖與明末清初學風之轉變〉，王汎森，《中央研究院歷史語言研究所集刊》，第六五本，第二分，民國 83 年 6 月。

7. 〈全國宋明理學討論會綜述〉，傅鼎文，《中國哲學史研究季刊》，1982 年二期。

8. 〈《宋元學案》編纂的原則與體例〉，陳金生，收於《書品》，1987 第三期。

9. 〈《宋元學案》導讀〉，楊祖漢，《鵝湖月刊》，六卷十二期，民國 70 年 6 月。

10. 〈宋代理學與心學分歧探源〉，來可泓，《中國哲學與哲學史月刊》，1996 年三期。

11. 〈李贄研究在國外〉，白秀芳，《中國哲學與哲學史月刊》，1996 年五期。

12. 〈明中葉學者的儒釋之辨──以王守仁、羅欽順為例〉，陳志明，《孔子研究》，1991 年四期。

13. 〈明代經學研究論著目錄 1900～1994〉，黃琪莉，《中國文哲研究通訊》，第五卷，第二期。

14. 〈明嘉靖初年哲學上的一場辯論－王廷相〉，葛榮晉，《中國哲學史研究季刊》，1982 年四期。

15. 〈《明儒學案》的版本〉，趙九成，收於《大眾報・圖書》，1936 年 3 月 19 日。

16. 〈《明儒學案》辨微錄〉，收於《建設》，台北：1966 年 11 月～1967 年 8 月，第十五卷第六期至第十六卷第三期。

17. 〈建國以來的宋明理學研究〉，劉宏章，《中國哲學史研究季刊》，1981 年四期。

18. 〈怎樣估價中國哲學史上的歷史觀〉，張智彥，《中國哲學史研究季刊》，1986 年二期。

19. 〈紀念黃宗羲逝世三百周年暨國際學術研討會綜述〉，諸煥燦，收於《浙江學

刊》，1996 年第一期（總第九十六期）。

20. 〈哲學史的主觀性與客觀性〉，勞思光，《中國文哲研究通訊》一卷二期 80 年 6 月。

21. 〈秦漢思想史要籍評介〉，賴炎元等三人，《中國文哲研究通訊》二卷一期 81 年 3 月。

22. 〈從《孟子師說》看黃宗羲的唯心主義思想〉，夏瑰琦，《中國哲學史研究季刊》，1989 年三期。

23. 〈國際黃宗羲學術討論會概述〉，翟汶，《中國哲學史研究季刊》，1987 年二期。

24. 〈從明儒學案談黃梨洲思想上的幾個問題〉，古清美，收於氏著《明代理學論文集》，頁 364。

25. 〈梨洲歷史性儒學對人存有之歷史性的開啟〉，楊自平，《鵝湖月刊》二一卷五期，1995 年 11 月。

26. 〈清初思想趨向與《劉子節要》──兼論清初蕺山學派的分裂〉，王汎森，《中央研究院歷史語言研究所集刊》，第六十八本，第二分，民國 86 年 6 月。

27. 〈理學與心學的道德實踐分歧及禪學意思〉，邢東風，《孔子研究》，1993 年一期。

28. 〈略談哲學史學〉，趙宗正，收於《中國哲學史研究》，第三期，1982 年 7 月。

29. 〈勞思光《中國哲學史》的檢討〉，林麗真等，《中國文哲研究通訊》一卷二期，民國 80 年 6 月。

30. 〈陽明學的研究交流在浙江〉，葉土，《浙江學刊》，1994 年六期。

31. 〈黃宗羲《明儒學案》著成因緣與其體例性質略探〉，陳錦忠，《東海學報》二五卷，民國 73 年 6 月。

32. 〈黃宗羲哲學新論〉，姜廣輝，《國際儒學研究》，國際儒學聯合會編，北京：人民出版社 1995 年 10 月。

33. 〈黃宗羲與《明儒學案》〉，收於《杭州大學學報》，1983 年第四期。

34. 〈黃梨洲對四句教的理解、批判與創造性詮釋〉，楊自平，《孔孟月刊》，三四卷二期。

35. 〈新編《黃宗羲全集》札記〉，吳光，《中國哲學史研究季刊》，1986 年二期。

36. 〈萬化根源在良知──陽明心學論綱〉，吳光，《孔子研究》，1993 年二期。

37. 〈經典導讀──《明儒學案》〉，曾春海，《哲學與文化》，十九卷四期，民國 81 年 4 月。

38. 〈試從黃宗羲的思想詮釋其文學視界〉，張亨，《中國文哲研究集刊》，四期，1994 年 3 月。

39. 〈試論《明儒學案》〉，陳正夫，收於《黃宗羲論》，吳光主編，浙江古籍出版社，1987 年 12 月。

40. 〈劉念台思想的展開－其中日比較，難波征男，收於《論浙東學術》，方祖猷、

滕復主編，北京：中國社會科學出版社，1995 年 2 月，頁 227-230。

41. 〈談明儒學案中的明儒氣象〉，成中英，《幼獅月刊》，四七卷二期，民國 67 年 2 月。

42. 〈論中國哲學史研究的對象問題〉，陳俊民，《中國哲學史研究季刊》，1981 年二期。

43. 〈論朱熹及其《伊洛淵源錄》〉，盧鍾鋒，《孔子研究》，1990 年三期。

44. 〈論明儒學案之師說〉，陳榮捷，最早發表於《幼獅月刊》，第四八卷一期，民國 67 年 7 月，頁 6-8；後收入氏著《王陽明與禪》論文集中，台灣學生書局，民國 73 年 11 月，頁 181-190。

45. 〈論胡適的宋明理學觀〉，董根洪，《中國哲學與哲學史月刊》1996 年二期。

46. 〈論梁啓超的歷史觀〉，張錫勤，《中國哲學史研究季刊》，1988 年三期。

47. 〈論清代浙東學派的歷史地位〉，孫善根，《浙江學刊》，1996 年二期。

48. 〈論黃梨洲對陽明心學的批判繼承與理論修正〉，吳光，收於《中國哲學》第十七期，長沙市：岳麓書社，1996 年 3 月，頁 337-357。

49. 〈論蕺山學派對王學的師承與嬗變〉，洪波，《浙江學刊》，1995 年四期。

50. 〈論顧炎武的歷史觀〉，沈嘉榮，《中國哲學史研究季刊》，1983 年四期。

51. 〈「學案」體裁產生的思想背景——從李紱的陸子學譜談起〉，黃進興，《漢學研究》第二卷第一期，民國 73 年 6 月。

52. 〈學案體裁源流初探〉，阮芝生，《史原》，台灣大學歷史所編印，第二期，民國 60 年 10 月。

53. 〈禪宗對陽明心學的影響〉，方爾加，《中國哲學史研究季刊》，1989 年一期。

54. 〈瞿秋白的歷史哲學及現代思考〉，郭建寧，《中國哲學與哲學史月刊》1996 年五期。